Interações socioprofissionais e assédio moral no trabalho

"Ou você interage do jeito deles ou vai ser humilhado até não aguentar mais"

Leandro Queiroz Soares

Interações socioprofissionais e assédio moral no trabalho

"Ou você interage do jeito deles ou vai ser humilhado até não aguentar mais"

Casa do Psicólogo®
uma empresa PEARSON

1ª Edição	*2008*
2ª Edição Revista e Ampliada	*2015*
Editor	*Ingo Bernd Güntert*
Coordenadora Editorial	*Marcela Roncalli*
Assistente Editorial	*Cíntia de Paula*
Preparação	*Denise Camargo*
Revisão	*Andrea Vidal e Janaína Silva*
Diagramação	*Fabio Alves Melo*
Capa	*Sérgio Gzeschnik*

Dados Internacionais de Catalogação na Publicação (CIP)
Angélica Ilacqua CRB-8/7057

Soares, Leandro Queiroz
Interações socioprofissionais e assédio moral no trabalho "ou você interage do jeito deles ou vai ser humilhado até não aguentar mais" / Leandro Queiroz Soares. - 2. ed. - São Paulo : Casa do Psicólogo, 2015.

Vários autores
Bibliografia
ISBN 978-85-8040-499-9

1. Ambiente de trabalho 2. Assédio Moral 3. Assédio moral - Estudo de casos 4. Psicologia industrial 5. Relações de trabalho 6. Violência

13-0946 CDD 158.7

Índices para catálogo sistemático:
1. Assédio moral: Psicologia do trabalho e interações socioprofissionais

Impresso no Brasil
Printed in Brazil

Casapsi Livraria e Editora Ltda.
Avenida Francisco Matarazzo, 1500 - Conjunto 51
Edifício New York - Centro Empresarial Água Branca
Barra Funda - São Paulo/SP - CEP 05001-100
Tel. Fax: (11) 3672-1240
www.casadopsicologo.com.br

A todas as vítimas injustiçadas pelas perniciosas práticas de assédio moral no trabalho. Que nunca deixem de acreditar que "existe luz ao final deste tenebroso túnel" e que, cedo ou tarde, a justiça vai lhes acenar.

SUMÁRIO

Prefácio à 2ª Edição

Há que democratizar as relações laborais e transformar a organização de trabalho

Permitam-me os leitores expressar a alegria contida em mim por ter o privilégio de ser escolhida pelo autor para fazer o prefácio desta segunda edição. Na verdade, passaram-se quase sete anos desde sua dissertação de mestrado. Dois anos depois, fomos presenteados com o lançamento da primeira edição. E por que tal êxito, se vivemos em um país em que poucos leem? Porque o autor, com muita franqueza, nos mostra o lado real do mundo do trabalho. Conseguiu romper com os altos muros que tornavam invisível o sofrimento daqueles que laboram. Igualmente, não esqueceu a vida-vivida por esses trabalhadores, contextualizando-a historicamente. Sendo um pesquisador sensível e comprometido com a classe trabalhadora, Leandro estabeleceu um diálogo respeitoso e verbalizou o silêncio daqueles que não têm voz. As poderosas ferramentas de automediação foram a dor do outro e o sofrimento imposto. Leandro tratou essa dimensão com respeito e coerência, de forma ética, profunda e sincera. Sendo exigente, suas reflexões nos desconcertam com a crueza dos fatos que suscitam a corrosão do caráter. Ele nos apresentou um espelho no qual muitos se veem. Esse é um dos méritos deste livro: permitir que nos identifiquemos.

Sua análise exibe importante contribuição à compreensão do assédio laboral, que vem a ser a maneira como uma pessoa é isolada, posta de lado, humilhada, desprezada, desqualificada e desmoralizada de forma repetitiva e sistemática, no tempo em que labora, em consequência das políticas de gestão que exigem a cada dia maior resolutividade e produção. Não é à toa que o assédio laboral tem sido causa de processos e jurisprudências extraordinárias, uma vez que acontece em todos os estados brasileiros, em todas as categorias e em todas as instituições, públicas ou privadas.

É na exigência de jornadas extenuantes e pressão contínua por maior produção, maiores metas associadas às desqualificações cotidianas que encontramos a arqueologia do assédio laboral e que conduz ao adoecer. Psicologicamente, as pessoas são torturadas, traumatizadas, ignoradas, colocadas de lado e, posteriormente, descartadas. E a postura das empresas em nosso país tem sido caracterizada com fuga, o que acentua no humilhado a sensação de desamparo. É uma condição em que o ser humano desaparece, dando lugar ao ser-máquina ou ser-objeto, que não pode ficar doente nem se queixar.

Sabemos que, no período histórico atual, a grande arte dos administradores está centrada na fragmentação do trabalhador, nas múltiplas exigências, na constante violação da sua dignidade; na flexibilização dos direitos; nas terceirizações, quarteirizações e consequente precarização das condições de trabalho.

Assim, a dimensão vital dos atos de violência no trabalho está centrada no abuso de poder e práticas autoritárias.

Sem penetrar na essência do meio ambiente do trabalho e das relações laborais, não podemos deixar de referir-nos ao culto da banalização e naturalização das exigências expressas em afrontas, rebaixamentos, múltiplas desqualificações, controle intenso a cada jornada, que fazem parte não somente de um modo singular de administrar e organizar o trabalho, mas, sobretudo, da implementação de estratégias flexíveis que solapam direitos. E, por isso, este livro é uma mostra da força e da consistência do autor.

Esta segunda edição revela o consenso dos leitores a suas ideias e análises do mundo real do trabalho. Igualmente, a pesquisa de Leandro é, no sentido mais exato da expressão, comprometida e significativa. Seu sentido está na escolha do tema como parte essencial de suas reflexões, decorrentes da abordagem dialética do real. Inevitavelmente, Leandro revela a intolerância institucionalizada e nos propõe, ao longo do texto, uma práxis humanista mais que possível – condição necessária para transformar nossas potencialidades em realidade!

É na linha do tempo de cada organização que aparecem os traços típicos daquilo em que as instituições modernas se transformaram: uma organização autoritária que demite os adoecidos e retarda ao máximo o retorno ao trabalho daqueles que tiveram alta da Previdência. Omite doenças e acidentes. Censura cipeiros e dirigentes sindicais, tornando suas práticas difíceis ou até mesmo impossíveis no marco da ética. Nessas organizações, evitam mulheres que tenham filhos pequenos, criam obstáculos para as grávidas trabalharem, demitem os funcionários com altos salários e até mesmo aqueles que criticam as jornadas exaustivas e as exigências sem limites. Pode-se ver que as exigências são objetivas e ocorrem com alto nível de pressão, frequente desqualificação e pouco reconhecimento pelo fazer dos trabalhadores. Assim, o chefe de setor humilha um humilhador que humilha um trabalhador que não é seu subordinado. As desqualificações repetitivas, aos poucos, vão minando a autoconfiança do trabalhador, que passa a sentir-se culpado, desestabilizando-se. Sentindo-se humilhado e sem ter a quem recorrer, se isola e fica em silêncio. Essa estratégia não lhe traz a paz desejada, na medida em que a empresa intensifica as exigências, estabelecendo para todos mais eficiência.

A questão pertinente e contraditória nos dias atuais é que o trabalho, enquanto atividade humana criadora, identificatória, de subsistência e prazer, continua central em nossa vida. Entretanto, na atualidade, ele já não possibilita nosso desenvolvimento pleno; não nos autoriza a realizar nossos desejos, exceto o de consumo. Já não responde às nossas necessidades vitais; ao contrário: nos consome, oprime, expropia e mata. Então, por que e para que trabalhamos? Para a manutenção de uma vida precária? Será que o neoliberalismo redefiniu nossos desejos?

Na contemporaneidade, o mundo do trabalho em que todos vivem é de um constante culto à produção, estímulo à competitividade, às disputas entre pares, às práticas individualistas e egoístas. É suficientemente concreto: falta espaço para a ajuda mútua e laços de camaradagem no ambiente laboral. E nessas condições há morte da criatividade e da autonomia. Não há entusiasmo, confiança, respeito mútuo, reconhecimento no grupo que compartilha o mesmo despotismo e coação por mais e mais produção. A ausência do respeito ao outro favorece o adoecer, dá lugar ao desânimo coletivo, o que contribui para o anacronismo da produção: diminuição da laboriosidade, na medida em que os interesses estão voltados exclusivamente para as metas e os lucros.

As situações vivenciadas socialmente revelam que o trabalhador é um ser que vive contingências, entre elas seus vários medos: de adoecer e tornar-se incapaz para o trabalho, de morrer social ou definitivamente. E, por isso, as afecções do corpo caracterizam os modos de adoecer do/no trabalho, revelando uma dimensão dramática, entre muitas, de organizar o trabalho e que pode resultar em morte de muitos, por acidentes, doenças e até mesmo suicídio.

Nesse sentido, o sofrimento que se origina nas organizações é gerado por condição social e sustentado pelas emoções. De natureza ético-política, concretiza-se em atos e ações gestados no autoritarismo e na dominação em que o outro não é visto como dono de direitos e garantias. As identidades e afinidades que se estabelecem entre superiores e subordinados, ou mesmo entre pares, com frequência desnudam o antagonismo e as carências que existem na organização e no meio ambiente laboral.

O sofrimento introjetado aos poucos nos revela um cotidiano multifacetado, diferente e diversificado. Muitas vezes, a resposta ao que se vive fica na fronteira do silêncio, resultado da moral imposta e das normas disciplinadoras. Mas esse sofrimento passivo nos fala dos medos, raiva, vontade de não trabalhar naquele local, por sentir-se "um lixo", "um zé-ninguém", "um zero", "sem valor". É exatamente esse sofrimento imposto que coloca em desordem as emoções, manifestas em tristeza, vergonha, insegurança, sentimento de inutilidade, angústia, apatia, solidão, irritabilidade, depressão. Esse processo de padecer, imposto por ferramentas disciplinares, transforma-os em objetos da ação de outros homens e da organização, submetendo-os à dor do existir. Isso representa o lado negativo do trabalho, na medida em que lhes rouba a "consciência de si" e de humanidade, na medida em que não existe espaço para emergir uma prática social transversada por valores como autonomia, solidariedade, cooperação, generosidade e afetividade ética entre os pares.

Essa é mais uma das inúmeras contradições da organização do trabalho, uma vez que separa os homens da sua autonomia e capacidade de pensar, mobilizando-os em uma só direção: cumprir as metas com produtividade máxima, sem desperdícios e com qualidade. Esse determinismo econômico leva a uma situação-limite: quanto mais exige a produção, mais seres humanos adoecem do/no trabalho. Maiores são os custos para o Estado. Maiores são os prejuízos à saúde do trabalhador e da família. Esse é o diagnóstico da realidade. Tal prática gera conflito para o trabalhador, ser humano que não existe sem corpo. Mente e corpo não se articulam separadamente. Um corpo é matéria biológica, emocional e social que se constitui na mente. E sua morte não é somente biológica, mas também ética e social. E, por isso, ao pensarmos a saúde de homens e mulheres no trabalho, assim como as relações laborais que se estabelecem, não devemos esquecer as amizades, pois o corpo não existe sem emoções, até porque a ordem e a conexão das ideias na alma é a mesma ordem e conexão das afeições do corpo.

Aqui são situações que nos colocam como desafio a necessidade de compreendermos a saúde como uma questão eminentemente sócio-histórica e, portanto, ética, porque é um processo da ordem da convivência humana. Isso significa que é necessário colocarmos no centro das reflexões sobre o trabalho a humanidade e, como temática, o sujeito e a maneira como ele se insere e se relaciona com o social (família, trabalho, diversão e sociedade).

Apesar do tempo passado desde a primeira edição deste livro e da visibilidade do tema em nosso país, há quase duas décadas, ainda há muito por fazer, até porque persiste um mundo do trabalho em que as humilhações prosseguem, ameaçadoramente. Entretanto, sem reconhecimento e respeito ao outro e sem mudanças transformadoras na/da organização do trabalho, torna-se quase impossível democratizar as relações laborais, na medida em que há carência de respeito e reconhecimento, tornando o ambiente carente de manifestação de uma vida digna e saudável. Este livro permanecerá fundamental para a vida dos trabalhadores e para a compreensão do assédio laboral.

Margarida Barreto
Médica, Doutora em Psicologia Social da PUC-SP
Vice-coordenadora e pesquisadora do NEXIN/PUC-SP
(Núcleo de Estudos Psicossociais da Dialética da Exclusão/ Inclusão Social)
Coordenadora nacional da Rede de Combate ao Assédio Moral e outras formas de violência no trabalho.

Apresentação à 2ª Edição

Assédio Moral como Instrumento de Dominação e Poder nas Organizações

Folheando novamente este livro e relendo certas passagens das falas dos trabalhadores, me deparei com lembranças que podem ser associadas, de certa forma, com as verbalizações que tenho ouvido em fóruns diversos, tanto acadêmicos quanto de contextos organizacionais: "Aqui no meu setor prevalece a lei do 'manda quem pode, obedece quem tem juízo', 'filhos para criar e conta para pagar'"; "Quando as coisas dão certo, o mérito é da chefia; quando dão errado, a culpa é do sicrano, beltrano"; "Tem gerente que acha que é o dono de tudo e que a gente está aqui para servi-lo, esquecendo que o órgão público é do povo brasileiro"; "De que adianta buscar fazer o melhor se a gente não é reconhecido, valorizado?"; "Fico pensando: a gente passa muito tempo de vida no trabalho! Se é um tempo chato, então a vida é chata... e vida chata não vale a pena!". Meus registros de depoimentos, alguns aqui evocados, ilustram olhares negativos para o contexto organizacional que têm caracterizado os espaços de fala dos trabalhadores. Olhares que expressam, sobretudo, como o trabalho tem se afastado de seu caráter ontológico de produtor de felicidade, de construção individual e coletiva da identidade humana. Um afastamento que, em grande parte, tem nas práticas do assédio moral no trabalho uma fonte de alimentação, de sobrevida renitente.

Passados sete anos, desde a primeira edição em 2008, eis que esta importante obra de Leandro Soares Queiroz permanece atual, necessária, útil. E as razões disso, infelizmente, são muitas – infelizmente porque o "cenário 'melhor dos mundos'" seria que o assédio moral no trabalho fizesse parte do passado, o que, lamentavelmente, não é o caso.

Sua atualidade deve-se ao implacável processo de metamorfoses que se opera no mundo do trabalho pautado numa "ética" de reificação do trabalho humano e das relações socioprofissionais que lhe são inerentes. As inovações tecnológicas e organizacionais que presidem as mudanças na paisagem interna das organizações não são indolores a seus principais protagonistas: os trabalhadores. Entre tantos impactos negativos sobre o bem-estar e a saúde, a literatura científica põe em relevo o crescimento dos casos de assédio moral no trabalho, de DORT; dos acidentes de trabalho; dos transtornos mentais (com destaque para a depressão); da síndrome do esgotamento físico e mental. Como se não bastassem tais mazelas, os casos de suicídio, especialmente na França, desnudam a face mais trágica dos efeitos da reificação do trabalho.

É esse panorama de fundo, inquietante e preocupante, cujos efeitos avassaladores se espraiam nas organizações contemporâneas, que torna esta publicação igualmente importante. Ela é absolutamente necessária para a comunidade científica e, sobretudo, para todos os que atuam no mundo das organizações privadas e públicas: dirigentes, gestores, técnicos, equipes multiprofissionais, legisladores, operadores do direito e demais trabalhadores. A obra é relevante, pois a crônica da violência psicológica que habita o cotidiano de muitas organizações no limiar do século XXI se revela fortemente presente, resistente. As práticas de violência psicológica e/ou física que se instrumentalizam do isolamento, da desestabilização, da difamação e da exclusão como armas de guerra incessante da humilhação e do aniquilamento do outro precisam ser extirpadas da cultura do modo de pensar e agir quase "medieval" que as retroalimenta.

Para além de sua inequívoca necessidade, o livro é também muito útil para todos os que não apenas se interessam pela sua temática, mas, sobretudo, precisam do seu conteúdo naquilo que ele tem de caráter prático ou aplicado para construir estratégias e modos de enfrentamento das práticas de assédio moral no trabalho nas organizações. Não se pode combater, com a devida chance de sucesso, aquilo que não se sabe ao certo o que é ou do que se trata efetivamente. Nesse sentido, a atualização do conceito de *assédio moral* no trabalho, presente nesta segunda edição, expressa de forma mais cabal esse caráter prático de seu conteúdo para seus potenciais usuários. O aprimoramento do conceito acrescentou maior clareza aos elementos essenciais do assédio moral no trabalho, destacando o finalismo das práticas de violência. Inequivocamente, agregou-se mais qualidade à obra, pois combinou duas virtudes fundamentais em abordagens das ciências do trabalho e da saúde: o ponto de vista do autor é tanto útil (compreender o fenômeno) quanto utilizável (saber lidar com o problema).

Revisitando as contradições inerentes aos fatos e às situações que os trabalhadores têm vivenciado nos ambientes organizacionais e que são terrenos férteis para a ocorrência do assédio moral no trabalho – algumas delas apontadas no texto de apresentação da primeira edição –, constata-se, infelizmente, que elas permanecem muito vivas nas organizações. As fontes de mal-estar, com destaque para o assédio moral, são uma espécie de combustível que alimenta a infelicidade nos ambientes de trabalho contemporâneos. Tais fontes têm se manifestado de modo eloquente nas nossas pesquisas sobre qualidade de vida no trabalho (QVT). Elas concernem, fundamentalmente, a quatro tipos de fatores: condições precárias de trabalho; estilos gerenciais desumanos; falta de reconhecimento e crescimento profissionais; e relações socioprofissionais conflituosas. Algumas verbalizações de trabalhadores ilustram a face concreta dessas fontes de mal-estar no cotidiano:

> Ter de deixar o conforto da minha casa e me dirigir para um local de péssima urbanização externa, sem calçadas e com estacionamentos precários, escassos e lotados e, depois, adentrar na sala de trabalho com péssimas condições.
>
> Os superiores sabem que você existe e que quer outras oportunidades, mas simplesmente o ignoram. É preciso força para não entrar em depressão e continuar a fazer o melhor trabalho possível.
>
> Sempre temos a sensação de que não estamos servindo a sociedade, e sim a interesses particulares de alguns, que a chefia do [órgão] está repleto de arrogantes que acham que os servidores são seus empregados pessoais.
>
> A maioria dos cargos gerenciais imediatos é ocupada por pessoas inadequadas a cargos de confiança, sem aptidões de liderança, sem formação gerencial adequada.
>
> Saber que nada que faço é reconhecido e saber que não terei chance de crescimento profissional.
>
> Saber que não posso interagir com o usuário como gente [...] é muita formalidade para resolver um problema [...] o usuário quando entra em contato conosco não está buscando máquinas, e sim humanos para ajudá-los.

Esses são alguns dos "fios que tecem" a falta de qualidade de vida no trabalho nas organizações contemporâneas. Ao dar visibilidade à fala dos trabalhadores, não tardam a aparecer relatos que evidenciam o cenário bem característico onde o assédio moral é elemento inseparável, peça de engrenagem constituinte. As reflexões oriundas da análise dos resultados de nossas pesquisas indicam que a promoção da QVT nas organizações privadas e públicas requer um trabalho de refundação dos conceitos de organização (nesse caso, duas questões são essenciais sobre a missão das organizações: *para que* e *para quem*), de indivíduo (aqui é fundamental repensar que *indivíduo é esse*, quais são seus *atributos ontológicos*) e de trabalho (nessa esfera, é vital problematizar o finalismo do trabalho e suas consequências sobre o próprio sujeito, a sociedade e o meio ambiente).

A QVT se faz cada vez mais necessária, em virtude dos efeitos que o processo de reestruturação produtiva vem produzindo no mundo do trabalho nos últimos anos. Um tempo presente inquietante e preocupante que, na acepção de Eric Hobsbawm, é controlado às ocultas pelo passado, nesse caso, desde a forte herança do Taylor-fordismo como abordagem vital para o funcionamento das engrenagens corporativas de uma sociedade hegemonicamente focada na busca frenética do lucro. Efeitos que, no caso do assédio moral, podem estar na origem de uma plêiade de impactos nocivos para a saúde das vítimas, cabendo destacar: depressão e crises de autoestima; alterações de peso; desmotivação; vergonha, injustiça e desconfiança; perplexidade, confusão e desorientação; aumento da pressão arterial; problemas digestivos; tremores e palpitações; redução da libido; propensão ao abuso de fumo, álcool ou outras drogas; pensamentos negativos; sentimento de culpa e atitudes suicidas; suicídio. De onde se originam tais consequências nefastas? Fundamentalmente da combinação de modelos de gestão organizacional e do trabalho de natureza autoritária com uma cultura organizacional que os alimenta. Basta navegar, usando o motor de busca Google, para encontrar inúmeros exemplos de casos de assédio moral que ganharam destaque na mídia e parecem exemplificar bem a face mais cruel desses modelos de gestão. A título de exemplo, eis alguns deles:

> Gerente é acusado de obrigar funcionários a latir (maio, 2011).
>
> Hipermercado terá de pagar R$ 140 mil a funcionário obrigado a rebolar (fevereiro, 2011).
>
> Indústria de bebidas terá de indenizar vendedor que era obrigado a deitar em caixão (fevereiro, 2011).
>
> Empresa terá de indenizar vendedor a quem deu o Troféu Tartaruga (janeiro, 2011).
>
> Gerente chama funcionária de "vaca" (novembro, 2010).
>
> "Ele me chamava de burra na frente dos colegas", diz secretária (setembro, 2010).
>
> Gerente de banco diz à subalterna: "Sem meta atingida, vou comer o seu rabo" (julho, 2010).
>
> Gestor de uma empresa chama em coreano subordinados de "filhos da puta" (fevereiro, 2009).
>
> Gerente de uma empresa de telefonia celular chama funcionária de incompetente e burra (agosto, 2009).
>
> Chefes de uma indústria de calçados controlam trabalhadores até no sanitário (junho, 2009).
>
> Funcionário de banco teve de dançar na boca da garrafa (fevereiro, 2009).

> Funcionária acusa chefe de passar a mão no seu bumbum (janeiro, 2009).
>
> Desembargadora é acusada de chamar servidores de imbecis (novembro, 2008).
>
> Instituição do ramo do comércio é condenada por submeter grávida a humilhação (setembro, 2008).
>
> Grande loja de departamento terá de indenizar funcionária demitida por ter sido considerada "feia" e "idosa" (setembro, 2008).
>
> Empresa terá de indenizar funcionário chamado de rato (setembro, 2008).
>
> Empresa do ramo de bebidas é condenada por chamar vendedor de vagabundo (agosto, 2008).
>
> Funcionário foi indenizado por ter de segurar uma tartaruga (junho, 2008).

O caso do banco (Consultor Jurídico, 2013) que foi condenado por fazer funcionária trabalhar no porão também se tornou bem conhecido:

> Deixar empregada **trabalhando no porão da empresa** sem condições adequadas de higiene e submetê-la a apelidos jocosos ofende a dignidade e personalidade, configurando assédio moral. O entendimento é da 4ª Turma do Tribunal Regional do Trabalho da 2ª Região (São Paulo), que condenou o **banco** a pagar R$ 60 mil de indenização por danos morais para uma ex-empregada. Cabe recurso. Segundo os autos, a **bancária trabalhou dentro do porão de uma das agências do banco por quase um ano, num ambiente**

> **sujo, mal iluminado e isolado.** No local, tinha de organizar os documentos de toda a instituição e acabou apelidada pela gerência de **ratazana**, **gata borralheira** e **Cinderela**. De acordo com o processo, não havia mesa ou cadeira para o trabalho, o que a obrigava a sentar no chão. Por conta do isolamento, a autora da ação era desprezada pelos colegas. Os advogados da bancária também sustentaram que, como não havia relógio no local, **ela perdia a noção do tempo e tinha de ser chamada pelos demais funcionários para almoçar ou ir embora**. Depois da demissão, a bancária entrou com ação de indenização por danos morais. A 4ª Vara do Trabalho de São Paulo acolheu o pedido e o banco recorreu ao TRT paulista. A intenção foi diminuir o valor da reparação, mas não obteve sucesso. 'O tratamento desumano e contínuo, imposto pela empresa durante cerca de meio ano, sob a forma de discriminação e isolamento, configurando assédio moral, ofendeu a dignidade e personalidade da empregada, ocasionando-lhe intenso sofrimento', reconheceu a juíza relatora do recurso. 'Tanto assim que frequentemente era vista chorando, conduzindo-a a desgostos pessoais', afirmou a juíza. (Grifos nossos)

Esses são alguns dados da realidade de trabalho que agregam importância a esta obra, que já alcança sua segunda edição. É esse cenário de impactos, especialmente os danos que causam a suas vítimas, que mostra a urgência de atuar preventivamente nas práticas de assédio moral no trabalho por meio da formulação de política e de programa de QVT nas organizações.

Além do pertinente e interessante aprimoramento do conceito de assédio moral, os leitores encontrarão nesta nova edição uma atualização da literatura, na qual o autor inclui referências bibliográficas recentes sobre a temática da obra. O texto "Cortando o mal pela raiz: erradicação dos elementos permissíveis à manifestação do assédio moral no trabalho" faz uma importante incursão no campo da cultura (societária e sócio-organizacional), enfatizando as raízes originárias do assédio moral no trabalho. Certamente, é nesse campo que se coloca o principal desafio para a erradicação do assédio moral no trabalho e, ao mesmo tempo, desvela a complexidade do problema, pois é bem sabido que mudar a cultura (valores, crenças, ritos, mitos) no contexto organizacional não é uma tarefa simples. Nesse sentido, assumem relevância as reflexões sobre as razões pelas quais o assédio moral no trabalho, mesmo após ser desvelado e combatido em certos contextos de trabalho, permanece vivo e "goza de boa saúde". Eis, portanto, alguns destaques do conteúdo do livro para aqueles que já conhecem a primeira edição e as novidades de uma obra mais bem acabada, aprimorada pelo autor para os novos leitores.

Se a luta contra o assédio moral pode ser, analogamente, comparada a uma guerra cuja vitória será sua erradicação dos ambientes de trabalho, a segunda edição deste livro é uma valiosa arma para todos os que estão na trincheira pela (re) humanização dos contextos de produção de bens e serviços. Esta reedição, revista e atualizada, é, portanto, uma "boa nova" que chega oportunamente para contribuir para a harmonização do trabalho com a felicidade.

Prof. Dr. Mário César Ferreira
Professor Associado no Instituto de Psicologia da Universidade de Brasília, Pós-doutorado em Ergonomia da Atividade Aplicada à Qualidade de Vida no Trabalho pela Université Paris 1 Sobornne, Coordenador do Grupo de Estudos e Pesquisas em Ergonomia Aplicada ao Setor Público – ErgoPublic.

Prefácio à 1ª Edição

A ousadia da construção

O assédio moral é uma prática ilícita, cruel e inaceitável de atormentar o outro no ambiente de trabalho, resultando em implicações nos campos ético, moral, social e político. O caráter do uso da força está contido no abuso do poder por meio de pressão constante, em que se estimula o trabalhador a produzir além de seu limite, submetendo-o, controlando-o ou forçando-o a desistir do emprego quando transformado em "sujeito inconveniente", condenando-o ao isolamento e à solidão. Trata-se de um procedimento de aniquilamento de corpos e mentes discordantes do sistema imposto, e a manutenção desse método só é possível graças à forte aliança entre a política de gestão, a cultura organizacional e o silêncio coletivo que vigoram em organizações que se dizem "modernas". É uma "ferramenta" que disciplina e sujeita, indiferente às dores, sofrimentos e doenças.

O assédio, quer moral, quer sexual, é um esboço do hodierno que ocorre no espaço das relações laborais, no qual meio ambiente e condições de trabalho estão adoecidos. O autor nos lembra que, para Hannah Arendt, a "violência nada mais é que uma flagrante manifestação do poder". Se essa prática inexistisse nas organizações, certamente o lugar do trabalho seria mais produtivo, lucrativo e prazeroso para todos. É isso que Leandro revela com propriedade e maestria ao nos fazer partícipe da cotidianidade das inter-relações em uma instituição financeira de nosso país. Tal proeza não se resume ao campo da abstração. Leandro fez uma excursão atenta no dia a dia dos trabalhadores, sempre preocupado em compreender, apreender, aperfeiçoar e consolidar o conceito do assédio moral. Ao fazê-lo, abriu passagem para novas investigações. E aqui o livro revela sua originalidade, que decorre da forma transparente como aborda a matéria e, em especial, da ousadia em realizar a pesquisa, apesar das condições adversas à sua concretização. Leandro nos fala de uma verdade-verdadeira oriunda da escuta e observação atenta e respeitosa da voz dos trabalhadores, que resultou na primeira dissertação de mestrado sobre assédio moral nas organizações na região Centro-Oeste. O autor não faz julgamentos morais nem aborda o tema baseando-se em uma visão do mal natural ou social. Ele reconhece e defende o direito de cada trabalhador – homem ou mulher – à privacidade, identidade, dignidade, felicidade e liberdade. Seu discurso não é o da ação momentânea, e Leandro se destaca ao tecer uma análise profunda e compreensiva das histórias escutadas, guiado por humanismo e afetividade ética que atravessa todo o texto.

O território das teorias. O cenário da práxis

Muita confusão conceitual envolve o tema assédio moral em diferentes campos do saber – trabalhadores da saúde, movimento sindical – e até mesmo na academia. E Leandro sabe o quanto é importante desfazer essa desordem a partir de uma nova ordem. Isso porque a produção científica deve entrelaçar o território da teoria com a práxis e experiências de trabalhadores homens e mulheres de diferentes regiões, setores produtivos e categorias, ultrapassando lacunas que parecem, ao primeiro olhar, intransponíveis. Nesse caminhar, os nossos auxiliares são filósofos, cientistas e, em especial, trabalhadores, que nos ajudam a refletir e fazer brotar novas ideias que compõem especificidades, singularidades e ação coletiva.

Ao criar e pensar a pesquisa, Leandro resgatou a história do fenômeno assédio moral fazendo uma revisão das literaturas internacional e nacional. Brindou-nos com um resgate histórico do desenvolvimento da conjuntura socioeconômica, como assinala, preocupado em verificar se a conjuntura contribuía de forma direta, visível ou não, para a naturalização e legitimação da violência no mundo do trabalho e, especialmente, se contribuía diretamente para a banalização da injustiça social. Em sua pesquisa, recorreu a Marx, Salinas, Mészáros, Suret Canale e muitos outros, preocupado em compreender a historicidade das relações sociais que se estabeleceram em diferentes formações socioeconômicas e como esse ato criativo envolve as novas configurações relacionais assumidas nas sociedades contemporâneas. Leandro não reflete apenas a experiência e vivência do campo de pesquisa no qual partilha e escuta os gritos de sofrimento em um exercício de autorreflexão. Interessam-lhe o processo e as potências de criação e transformação. Por que chamo a atenção para isso? Porque não há neutralidades quando se transita pelos campos do conhecimento e da práxis. Ao apreender os movimentos coletivos de invenção da vida-que-se-vive-no-trabalho, ele sabe muito bem que os problemas se devem a uma situação política, econômica e social geradora de determinada cultura social e organizacional em dada época histórica.

É na cultura que realizamos trocas, intercâmbios simbólicos, gestos, afetos e relações afetivas que nos possibilitam e permitem viver em comunidade. Leandro constrói uma cartografia afetiva e vai além quando nos lembra das implicações da violência social: o genocídio que sofreram milhões de africanos e o trabalho forçado a que foram submetidos; a venda, a preços vis, dessa força de trabalho à nova classe dominante: a burguesia nascente. E reflete, com familiaridade, firmeza e força, o nascimento do capitalismo e sua caminhada para o seu novo estágio: o imperialismo. Nessa marcha, aponta as condições de existência a que foram submetidos os trabalhadores, confirmando que a história da humilhação e opressão social é a mesma história da sociedade desde suas origens. O cenário que nos apresenta está marcado não somente por fome, miséria, baixos salários, jornadas prolongadas e desemprego, mas pela busca desenfreada de novos mercados em nível global. Sabemos que a industrialização do denominado "terceiro mundo" e a consequente implantação de novos métodos de administração estão centradas no desejo do crescimento da economia pelo aumento da produtividade e da lucratividade, independentemente do reflexo das mudanças na qualidade de vida dos trabalhadores – daí políticas governamentais e objetivos empresariais se mostrarem tão afinados. E, nesse cenário, o movimento sindical que surgiu, com toda pujança, como forma de lutar, agir e resistir às novas imposições da classe dominante é enfraquecido, emudecido e quase desmantelado com as novas políticas do pós-Segunda Guerra Mundial e, em especial, com as reformas nas relações trabalhistas nas últimas duas décadas.

Se pensarmos que hoje somente duzentas empresas de nosso planeta representam 25% da atividade econômica mundial e que empregam 0,75% dos trabalhadores, ou melhor, 18 milhões e 800 mil trabalhadores, isso significa que um quarto da riqueza produzida no planeta se realiza com menos de 1% do total da força de trabalho mundial. Talvez possamos dizer, como lembra Enrique Carpintero – psicanalista argentino –, que "todos nós, em um futuro que já é presente, somos potencialmente trabalhadores desocupados".

É certo que nas últimas duas décadas convivemos com a violência estrutural exercida pelos mercados financeiros de uma forma mais eficaz que antes, o que podemos traduzir na imposição de novas políticas de gestão e reestruturações, perda de direitos, enxugamento do Estado por meio de privatizações, desemprego e tantos outros aspectos que afetam a todos, em especial aos trabalhadores. É uma agressão que se materializa em novas formas de precarização do trabalho, subempregos, suicídios de trabalhadores, crimes, delinquência, drogas, alcoolismo e um sem-número de atos de violência cotidiana.

É esse o caminho percorrido por Leandro, em que ele nos exibe novos desafios, entre eles o de construirmos lineamentos teóricos embasados em nossa realidade, trazendo para o centro da cena a vida-vivida pelos trabalhadores, contextualizando-a historicamente. Ressalto isso, pois, ao refletir sobre a história de nosso país, convenço-me de que é impossível que no Brasil, ou mesmo nos países da América Latina e da África, tenhamos as mesmas causas e/ou o mesmo formato de assédio moral que nas sociedades europeias. E, neste livro, Leandro revela a capacidade de comparar pensares de campos diferentes do conhecimento, integrando-os e possibilitando-nos sonhar com espaços reais e possíveis de realização de utopias.

Trilhas da agressividade: o trabalho inseparável da vida

Lorenz afirma que a violência tem origem nos instintos, sendo, por isso, irracional e natural. A causalidade justificaria o ato agressivo e irrefletido, explicando, assim, o morrer ou o matar, indiferente ao outro que está ao meu lado. E usar esse termo, de alguma forma, se naturaliza. A análise de Lorenz e de tantos outros biologicistas nos traz importantes contribuições à compreensão do assédio moral, que vem a ser a maneira como uma pessoa é posta de lado, humilhada, desprezada, desqualificada e desmoralizada de forma repetitiva e sistemática ao longo do tempo. Ressalto, todavia, que diante do assédio moral não temos uma reação instintiva que justificaria a existência de uma "estrutura perversa" fundadora da personalidade "perverso-narcisista". Ao contrário – aquele que humilha o faz com uma lógica fria, dirigida, intencional e bem balizada. Os trabalhadores considerados "desviantes" são submetidos a uma tortura psicológica, sendo ignorados e colocados de lado como se fossem imprestáveis ou refugo social. E se pensarmos nas falas dos trabalhadores com que o autor nos brinda, temos na postura do violentador uma conduta de fuga associada à indiferença do alto escalão diante do sofrimento do humilhado: o chefe de setor passa pelo "observador" e humilha seu subordinado ou, ainda, o chefe de setor humilha um humilhador que humilha um agente que não é seu subordinado. Nessa espiral de comandos administrativos, ponho em dúvida a existência da "estrutura perversa" e inata que habitaria o humilhador. Não se trata de diferenciar, aqui, o normal ou o patológico, mas de compreender por que as organizações modernas mantêm essa prática hodierna. Se admitirmos que a estrutura perversa existe, seguramente concluíremos que não é individual e que sua causalidade deve ser procurada nos marcos histórico-cultural, político, ideológico e religioso de determinada sociedade. Estamos diante da coisificação do outro e da consequente alienação que legitima a exigência da disciplina, do controle e abuso de poder, aprovando a unicidade do comando. O que é considerado supermoderno em administração está tremendamente equivocado do ponto de vista do "modelo" de organização que se fala e propaga. É excêntrico pensá-las como inovadoras, criativas, responsáveis com a sustentabilidade ambiental e social quando persiste o silêncio perante os atos de violência e desmesura de poder.

Na análise da realidade dos fatos apresentados por Leandro, encontramos vivências e experiências relacionais que trazem como repercussões o sofrer e o adoecer. A essa dimensão relacional a professora Edith Selligman chama de "relação psicopolítica". Essa relação é psicológica e política e pode se desenvolver em um "pequeno espaço" a que poderíamos chamar "microssocial e micropolítico", e que Foucault chamaria de "microespaço do poder". Nesses espaços, desenvolvem-se relações de dominação e controle e surgem as humilhações cotidianas, sendo, portanto, naturalizadores da violência. As pessoas pressionadas, humilhadas e desmoralizadas cotidianamente vivem no *borderline* lodoso da doença *versus* saúde. As emoções, de alguma maneira, criam uma desordem da qual pode emergir uma nova ordem, que nem sempre significa saúde, pois predominam a sensação de vazio, os sentimentos de inutilidade e solidão que geram sintomas e sinais instauradores de ideias negativas e paixões tristes. São esses os dilemas e as singularidades da-vida-que-se-vive que Leandro discute, compreende, esquadrinha, cria e nos faz refletir sobre a possibilidade de vivências fecundas que mobilizam potências e redesenham a realidade. Este livro vem preencher uma lacuna na produção acadêmica sobre o tema na região Centro-Oeste e em nosso país. E mais: a pesquisa de Leandro, agora transformada em livro, nos traz dados reveladores e que exigem respostas de todos os envolvidos com a saúde e a dignidade dos trabalhadores homens e mulheres. Decerto, este livro constitui uma contribuição inovadora e que nos permitirá sonhar e arquitetar potências emancipatórias.

Margarida Barreto
Médica, Doutora em Psicologia Social da PUC-SP
Vice-coordenadora e pesquisadora do NEXIN/PUC-SP
(Núcleo de Estudos Psicossociais da Dialética da Exclusão/Inclusão Social)
Coordenadora nacional da Rede de Combate ao Assédio Moral e outras formas de violência no trabalho.

APRESENTAÇÃO À 1ª EDIÇÃO

MUTAÇÕES ORGANIZACIONAIS E DESUMANIZAÇÃO DAS INTERAÇÕES SOCIOPROFISSIONAIS DE TRABALHO

Este livro chega aos leitores em um momento histórico importante para o mundo do trabalho. Um período de recrudescimento das mudanças econômicas, políticas, sociais e, sobretudo, tecnológicas, que tomam impulso na segunda metade da década de 1960. Mudanças que vêm imprimindo uma nova paisagem para todos os que vivem do trabalho. Mas essa paisagem está muito longe de ser o belo quadro *Sol nascente*, de Claude Monet. Os contornos e traços que a desenham dão origem a um quadro social predominantemente negativo que inquieta e preocupa a civilização de nossa época.

A rigor, a paisagem das relações de produção que a economia globalizada vem delineando nas organizações públicas e, principalmente, privadas dá forma e conteúdo a uma imagem plena de indicadores críticos – por exemplo, incidência crescente de distúrbios osteomusculares relacionados ao trabalho (DORT) – que, a cada dia, se agravam. Um dos principais méritos deste livro consiste em operar um *zoom-in* em um dos elementos dessa paisagem para mostrar a face desumana e perversa das práticas de assédio moral no trabalho.

O crescimento dos casos de assédio moral e a visibilidade mundial que o tema assumiu como objeto de pesquisa e, felizmente, de regulamentações jurídicas coercitivas são partes de um processo de intensificação do trabalho que se acelera desde os anos 1980 e vem se radicalizando no limiar do século XXI. Os dados que chegam ao conhecimento público são inquietantes. Em 2007, os casos de suicídios de trabalhadores qualificados na França aumentaram fortemente em empresas importantes como PSA Peugeot-Citröen, Central Nuclear de Chinon, Renault, IBM e Rede de Restaurantes Sodexho. Suicídios que, pela primeira vez, começam a ser reconhecidos como acidentes de trabalho, graças às evidências indicativas de nexo com o trabalho: a maioria deles ocorrida nos locais de trabalho, textos (bilhetes, cartas) deixados pelos trabalhadores que comprovam a sobrecarga de trabalho e a pressão insuportável de chefias imediatas. Em vários relatos de trabalhadores, multiplicam-se os indícios concretos de práticas de assédio moral no trabalho.

O feroz e voraz crescimento das exigências impostas aos trabalhadores pelos modelos de gestão organizacional e do trabalho padece de fortes contradições. A falta de coerência não tarda a aparecer quando se coloca a "lupa" nas cenas que habitam o cotidiano de trabalho na maioria das organizações. Gerir essas contradições se torna, em muitas situações, impossível, pois elas ultrapassam os limites físicos, cognitivos e afetivos da capacidade humana. Alguns exemplos dessas contradições são condizentes com fatos e situações que os trabalhadores têm vivenciado nos ambientes organizacionais e que potencializam a ocorrência do assédio moral no trabalho:

- Roga-se excelência na qualidade, mas o empenho humano para alcançá-la (por exemplo, hora-extra trabalhada para resolver um problema) não costuma ser objeto de reconhecimento organizacional;
- Prescreve-se a individualização dos resultados (por exemplo, cotas de produção personalizadas), mas se negligencia a coletivização dos ganhos obtidos;
- Cobra-se mais produtividade de quem trabalha, mas não se oferecem condições ergonômicas de trabalho (como suporte tecnológico) para a realização das tarefas;
- Espera-se comprometimento organizacional (por exemplo, trabalhador que defende a imagem da empresa), mas a possibilidade de desenvolvimento e crescimento profissional é residual ou inexistente;
- Reclama-se sinergia no trabalho em equipe (iniciativa na solução dos problemas), mas o modelo de gestão do trabalho não permite ou inviabiliza a participação individual e/ou coletiva na tomada de decisões;
- Determina-se mais criatividade no trabalho (como superar situações de pane nos equipamentos), mas radicaliza-se o controle gerencial das atividades e aumenta-se o ritmo de trabalho; e
- Pede-se mais motivação no trabalho (por exemplo, disposição para resolver as demandas dos usuários), mas se impõe uma organização temporal da jornada de trabalho que problematiza a vida pessoal e familiar.

Esse conjunto de contradições tende a retirar do trabalho seu caráter ontológico como promotor de bem-estar e modo de construção da história individual, identidade social e, principalmente, fonte de prazer e crescimento pessoal, papel ontológico que o fenômeno da intensificação do trabalho no contexto da economia globalizada tende a negar. O lugar desse fenômeno é, pertinentemente, descrito por Lhuilier (2007, p. 8)[1]:

A intensificação do trabalho é, ainda, uma característica maior das evoluções contemporâneas, e isso em função do efeito combinado das chamadas "exigências de competitividade" e da redução do número de trabalhadores. A carga de trabalho, assim como o ritmo de trabalho, aumentou, e numerosos indicadores testemunham uma alteração na saúde dos assalariados. O tempo necessário de preparação, de pausa, de transmissão de experiência, de formação, de reciclagem de conhecimentos ea *savoir-faire*, de compartilhamento de vivências com base nas práticas – todos esses tempos, por não serem rentáveis, são reduzidos ao mínimo.

O processo de intensificação do trabalho vem acompanhado por outras características das metamorfoses que se operam na esfera das relações econômicas. Entre elas, merecem destaque: terceirização da economia; crescimento das relações informais e precárias de trabalho; banalização do uso da telemática; expansão do "terceiro setor"; expansão do trabalho a domicílio; aumento do trabalho feminino; tendência à exclusão tanto de trabalhadores debutantes quanto daqueles fortemente especializados. Metamorfoses marcadas pela heterogeneidade, fragmentação e complexidade, conforme assinalam Antunes e Alves (2004, 336-42)[2].

O assalariado do "novo tempo" parece caminhar para o perfil de um nômade que perambula de empresa em empresa,

1 LHUILIER, Dominique (2007).*Cliniques du travail.* Ramonville Saint-Agne: Éditions Érès, p. 8.

2 ANTUNES, Ricardo; ALVES, Giovanni, (2004). As mutações no mundo do trabalho na era da mundialização do capital. in: *Educação e Sociedade*, Campinas, v. 25, n. 87, 336-342.

sem raízes, sem vínculos e com uma história profissional que mais parece um mosaico. Ele deve ter a flexibilidade das árvores que dobram, mas não se quebram com a tempestade gerencial – tipo a tecnologia *kaizen* de gestão japonesa – que assola as organizações ditas modernas. O assalariado deve estar sempre de prontidão para receber docilmente as mudanças, disponível a todo momento e, principalmente, ser resiliente para se adaptar às precárias condições de trabalho que, objetivamente, são disponibilizadas. O nomadismo organizacional parece ser fortemente estimulado por uma mentalidade empresarial fundada no pressuposto de que quem deve mudar (adaptar-se) é sempre quem trabalha, e não o modo de funcionamento da organização, cuja lógica produz uma exclusão sistemática (cultura da rotatividade) dos trabalhadores. Em 2006, dados da pesquisa mensal de emprego do Instituto Brasileiro de Geografia e Estatística (IBGE) indicavam que cerca de oito milhões de trabalhadores empregados estavam buscando um novo emprego, ou seja, pessoas já empregadas disputando vagas com trabalhadores desempregados.

É nesse cenário de mutações e de efeitos negativos sobre a legião de trabalhadores, provocado pela denominada "reestruturação produtiva", que este livro desvela o drama vivido por trabalhadores vítimas do assédio moral no trabalho. Um cenário de agudização da ideologia individualista que reina nas formações socioeconômicas capitalistas e que, evidentemente, não isenta o setor de serviços públicos. Hoje, mais que no passado, essa ideologia individualista busca impregnar-se como tatuagem no imaginário social, com base em ideias do tipo: "cada um deve ser o empresário de sua própria vida", "vencer a qualquer custo", "saber vender seu currículo de competências", "manter-se empregado de todas as formas". Uma ideologia que potencializou a eclosão da depressão como o principal mal-estar íntimo provocado pelas mutações do fenômeno do individualismo no fim do século XX. Nesse sentido, Ehrenberg[3] (1991/2000) ressalta que o individualismo contemporâneo se apoia, substancialmente, nos pressupostos do indivíduo soberano e no culto da *performance*.

O mérito deste livro, ancorado em pesquisa empírica, fundamenta-se em vários registros. Entre eles, cabe destacar três aspectos que configuram sua importância social, organizacional e acadêmica:

- Em primeiro lugar, a relevância é social na medida em que o livro contribui, ao lado de outras produções científicas, para subsidiar a elaboração de políticas públicas preventivas do assédio moral no trabalho pelas agências do Estado brasileiro. Conforme alerta Hirigoyen (1998/2001)[4], a adoção de diretrizes governamentais na esfera da organização do trabalho (regras, rotinas, procedimentos...) é fundamental para a prevenção do problema e, em especial, a necessidade de reciclagem dos estilos gerenciais. Do mesmo modo, o conteúdo do livro também oferece elementos de reflexão aos legisladores de todas as esferas para colocarem na ilegalidade as práticas de assédio moral nas organizações.
- Em segundo lugar, o valor da obra se expressa igualmente pelos aportes que ela veicula para se repensar

---

3 EHRENBERG, Alain (1991). *Le culte de la performance*. Paris: Hachette littératures. ______ (2000). *La fatigue d"être soi. Dépression et société*. Paris: Éditions Odile Jacob.

4 HIRIGOYEN, Marie-France (2001). *Le harcèlement moral dans la vie professionnelle. Démêler le vrai du faux*. Paris: Éditions La Découverte et Syros.; ______ (1998). *Le harcèlement moral. La violence perverse au quotidien*. Paris: Éditions La Découverte et Syros.

e reconceber a cultura organizacional e os modelos de gestão das organizações e do trabalho, cujas lógicas são facilitadoras e promotoras das práticas de assédio moral no trabalho. Dirigentes, gestores e profissionais diversos que atuam na área de gestão de pessoal encontrarão nos casos e formas de assédio moral analisados neste livro um elenco de pistas para "diagnosticar" suas próprias realidades organizacionais e, sobretudo, promover as mudanças necessárias. Todavia, é no âmbito das relações de trabalho que os representantes sindicais de trabalhadores e empregadores podem e devem explorar o conteúdo do livro, que vai ajudá-los na elaboração de cláusulas de prevenção do assédio moral a serem inseridas nas convenções e acordos coletivos de trabalho.

- Em terceiro lugar, o mérito do livro é de natureza acadêmico-científica. Nesse sentido, sua temática contribui para reduzir a escassa literatura sobre a área e, principalmente, fornecer uma base de consulta para os estudiosos do assunto. Cabe destacar que o enfoque metodológico adotado, de natureza heterodoxa no campo da ergonomia da atividade, alarga a importância dessa disciplina científica para a transformação humanista do mundo do trabalho. Mais do que isso, o método da "pesquisa-participante" utilizado pelo autor do livro está em sintonia com o uso cada vez maior da "pesquisa-ação" (*recherche-action*) no contexto da ergonomia franco-belga, "berço" da ergonomia da atividade. O livro organizado por Laurence Théry (2006)[5]

[5] THÉRY, Laurence (2006). *Le travail intenable. Résister collectivement à l'intensification du travail.* Paris: Éditions La Découverte.

> sobre a intensificação do trabalho é testemunho do lugar da *recherche-action* como instrumental metodológico para a análise do trabalho. Se o assédio moral se passa nas situações de trabalho e, comumente, é inseparável das atividades executadas pelos trabalhadores, logo a ergonomia – que há muito se distanciou da fama de "cadeirologia" – tem muito o que dizer sobre o assunto e deve, em parceria com outras ciências do trabalho, dar sua contribuição.

Os leitores encontrarão um texto em que o autor prima por uma narrativa reveladora de uma inequívoca coerência interna. A revisão da literatura e a explicitação dos conceitos adotados são postas em perspectiva com os dados empíricos coletados, tratados e analisados. O estilo redacional facilita a leitura. Os personagens fazem com que a opção discursiva assumida no livro se assemelhe a uma crônica em que as interações socioprofissionais dos personagens (nomes fictícios Gregory, Jennyfer, Vickie, Eloy, Derick, Fanny e Ronny) fazem desfilar as distintas situações de assédio moral no trabalho. A discussão dos dados permite apontar um conjunto de recomendações visando superar os problemas constatados.

Por fim, é dever prazeroso de consciência registrar a satisfação de ter orientado o trabalho de pesquisa do Leandro, cujos resultados possibilitaram o nascimento deste livro. Foi uma oportunidade de aprendizado, de descoberta empírica, de revisitar o mundo do trabalho por meio das falas de seus interlocutores e, sobretudo, de reforçar nossas convicções sobre a importância do resgate do sentido humano do trabalho nas organizações. A pesquisa ensejou também um momento ímpar de convivência profissional, com risco nulo de estresse. Tanto a elegante inteligência do Leandro quanto sua sensibilidade singular facilitaram enormemente meu trabalho intelectual.

Prof. Dr. Mário César Ferreira
Professor associado no Instituto de Psicologia da Universidade de Brasília.
Pós-doutorado em Ergonomia da Atividade Aplicada à Qualidade de Vida no Trabalho na Université Paris 1 Sorbonne, Coordenador do Grupo de Estudos e Pesquisas em Ergonomia Aplicada ao Setor Público – ErgoPublic.

INTRODUÇÃO

Assédio moral no trabalho é um fenômeno tão vetusto que chega a ter suas origens emparelhadas por alguns com as origens do próprio trabalho (Hirigoyen, 1998/2003, 2001/2002; Aguiar, 2003; Guedes, 2003; Leymann, 2000; Heloani, 2004; Abajo-Olivares, 2004). Entretanto, só veio a ser evidenciado no último quartel do século passado. Em tempo bastante reduzido, por causa das "proporções epidêmicas" recorrentemente constatadas (Chappell e DiMartino, 1999, 2000; Kingma, 2001; Hoel, Sparks e Cooper, 2001; Piñuel y Zabala, 2001/2003; Guedes, 2003; Barreto, 2005; Caixeta, 2005; Fenae, 2006; Williams, 2006), bem como em vista das repercussões deletérias que proporcionam aos assediados e aos contextos organizacionais nos quais ocorre (Leymann, 1993/1996, 2000; Hirigoyen, 1998/2003, 2001/2002; Einarsen, 2000; Piñuel y Zabala, 2001/2003; Abajo-Olivares, 2004), o assédio moral no trabalho passou a ser encarado por muitos como um grave problema, chegando a receber as adjetivações "chaga" ou "praga" trabalhista do século XXI (Piñuel y Zabala, 2001/2003).

Parece-nos patente que, se a referida "praga trabalhista" encontra campo tão fértil nos atuais contextos de trabalho, tal fato se deve em grande parte à lógica socioeconômica preponderante, marcada como foi em seu desenvolvimento por desmedidas violência e injustiça (Marx, 1890/2003; Magdoff, 1978/1979; Beaud, 1987/1999; Durand, 1995/2000; Delpla, 1995/2000; Salinas, 1994/1997), e propulsora como é do individualismo, da competição, da intolerância àqueles que não se enquadram perfeitamente ao "padrão estipulado" e da banalização e resignação diante do sofrimento alheio e mesmo diante do próprio sofrimento (Dejours, 1998/2001).

Entretanto, não obstante tal banalização generalizada que conduz muitos a "enxergar" o contexto de trabalho como "[...] um ambiente relativamente benigno e livre de violência" (Chappell & DiMartino, 1998/2000, p. 7), nessas quase três décadas decorridas, desde que o assédio moral no trabalho passou a receber distintas denominações que lhe deram o justo *status* de fenômeno "real", diversos estudiosos voltaram a atenção para ele e, com isso, pertinentes questões passaram a ser formuladas para melhor caracterizá-lo. Abordando de maneira sintética o conjunto de algumas das principais contribuições, podemos destacar que, do ponto de vista conceitual, a despeito das diferentes definições propostas, parece ser mais ou menos consensual que o assédio moral no trabalho representa um conjunto de ações violentas e, como tais, abusivas que, por causas e objetivos distintos, são infligidas de maneira frequente e repetitiva por determinado(s) trabalhador(es) contra outro(s) trabalhador(es), podendo estar ambas as partes em diferentes níveis hierárquicos. Além das duas partes diretamente envolvidas na situação – o assediador e o assediado –, completam o quadro de protagonistas em boa parte das situações de assédio moral no trabalho um ou mais espectadores ou testemunhas (Hirigoyen, 2001/2002, 1998/2003; Piñuel y Zabala, 2001/2003; Guedes, 2003). Entre as repercussões naturalmente perniciosas oriundas de tais práticas violentas, que podem impactar tanto na dimensão física quanto na dimensão psíquica dos assediados, tem sido frequentemente destacada na literatura uma diversidade de sintomas nervosos, distúrbios psicossomáticos, depressão, entre outros (Leymann, 1993/1996, 2000; Hirigoyen, 1998/2003, 2001/2002; Einarsen, 2000; Piñuel y Zabala, 2001/2003; Guedes, 2003; Abajo-Olivares, 2004). Que não se iludam, entretanto, aqueles que colocam os resultados das organizações em patamar proeminente à saúde humana e, com isso, por opção ou negligência, consentem tais práticas – as repercussões nefastas do assédio moral no trabalho se estendem também a suas avidamente ansiadas produtividade e lucratividade (Chappell & DiMartino, 1998, 2000; Guedes, 2003).

A revisão de literatura que nos permitiu levantar diversos elementos teóricos relacionados ao assédio moral no trabalho, entre os quais apresentamos uma pequena amostra no parágrafo precedente, levou-nos a perceber que uma das preocupações prioritárias nesse ainda efêmero espaço temporal de produções acerca da temática tem girado em torno da necessidade de pôr em evidência a "materialidade" do fenômeno. Entretanto, em razão da usual "sutileza" intrincada às práticas que o configuram, diversas situações nas quais o assédio moral de fato ocorreu não são identificadas ou, quando evidenciadas, tendem a comportar dubiedade, já que comumente se baseiam nas declarações *post factum* do assediado, enunciadas quando da *via crucis* para tentar provar a "verdadeira realidade" do vivido (Barreto, 2003), e, quando muito, no relato de testemunhas que, por temerem retaliações em decorrência do testemunho sincero ou mesmo por banalizarem a situação, acabam por não fazer "leituras" e descrições satisfatórias acerca do ocorrido. Com isso, uma das maiores dificuldades empíricas continua a ser a de identificar e, mesmo quando acusados e testemunhados, atestar a autenticidade dos casos de assédio moral no trabalho.

Foi justamente essa dificuldade que nos deu a ideia de que uma investigação de cunho participativo poderia ser bastante útil para identificar e atestar situações autênticas de assédio moral no trabalho. Daí a razão de a pesquisa que aportou empiricamente as questões apresentadas neste livro ter sido realizada em uma das divisões de uma instituição financeira brasileira, com o objetivo geral de *desvelar, mediante análise das interações socioprofissionais, práticas de assédio moral no trabalho e as possíveis repercussões desfavoráveis que elas estivessem acarretando aos trabalhadores vitimados e ao contexto de trabalho estudado*. Para alcançar esse objetivo, foram propostas as seguintes questões norteadoras:

1. Como se caracterizam as interações socioprofissionais do contexto de trabalho estudado?
2. Quais são as principais práticas que configuram assédio moral no trabalho nesse contexto?
3. Como os assediados e as testemunhas percebem a situação?
4. Quais são as principais repercussões para os trabalhadores vitimados e para o contexto de trabalho estudado?

Conforme evidenciado pela terceira questão norteadora, optamos não somente por "levantar" as percepções dos assediados acerca do ocorrido, mas também as percepções das testemunhas, pois entendemos que dessa maneira estaríamos confrontando a carência de estudos que dão espaço aos testemunhos dos espectadores do assédio moral no trabalho e, principalmente, ao incorporar mais um possível elemento de validação, estaríamos possivelmente incrementando a confiabilidade acerca da autenticidade dos relatos dos assediados.

Expostos o objetivo geral e as questões norteadoras, acrescentemos que, secundariamente, a pesquisa empírica almejou colocar em evidência alguns benefícios que podem advir do uso da pesquisa de cunho participativo para desvelar práticas de assédio moral no trabalho.

No que diz respeito aos pontos que confluem na tessitura de relevância desse estudo, podemos subdividi-los em pelo menos três dimensões: *científico-acadêmica*, *institucional* e *social*. Academicamente, o estudo pode vir a representar não somente mais uma tentativa científica de evidenciar a "materialidade" e gravidade do fenômeno em questão, mas também de representar uma tentativa de explicitar algumas das vantagens oriundas da adoção da pesquisa participante para a investigação do assédio moral, conforme mencionado no parágrafo precedente. Do ponto de vista institucional, o estudo pode vir a contribuir para reforçar, por meio de alguns dados empíricos e em complemento às advertências que boa parte das pesquisas focadas nesse tema tem reiteradamente registrado, a inadiável necessidade de os gestores/empregadores passarem a se preocupar verdadeiramente com as práticas de assédio moral no trabalho, que podem estar se desenrolando no seio de "suas" instituições. Já do ponto de vista social, em face da indubitável gravidade que o assédio moral no trabalho comporta, essa pesquisa, ao pôr em evidência algumas das repercussões nefastas infligidas aos assediados e aos contextos que são "palco" do conjunto de práticas violentas, pode vir a consolidar, ao lado de outros estudos que têm tratado do fenômeno, a iminente necessidade de implementar, em nível macro, medidas de combate e prevenção a sua ocorrência.

Findadas essas notas introdutórias, apresentaremos a seguir a forma como o livro está subdividido:

Na **primeira parte**, optamos por citar, em vez de partir diretamente para a exposição das definições, os principais elementos constituintes e as relações entre as duas dimensões analíticas em debate – assédio moral no trabalho e interações socioprofissionais –, e por iniciar um breve resgate histórico do desenvolvimento da conjuntura socioeconômica preponderante **(Capítulo 1)**, que, conforme já salientamos, acreditamos contribuir diretamente para que a violência no trabalho esteja fortemente "naturalizada" ou mesmo "legitimada" nos tempos atuais **(Capítulo 2)**.

Concluída essa primeira etapa, exporemos na **segunda parte** o que circunscrevemos ao utilizar a expressão *interações socioprofissionais* **(Capítulo 3)** e pormenorizaremos a violência no trabalho **(Capítulo 4)**, focando especialmente uma de suas modalidades fortemente presentes nos contextos organizacionais atuais: o assédio moral no trabalho. Acerca desse fenômeno, que se constitui como objeto central de interesse deste livro, apresentaremos uma síntese de suas trajetórias histórica e terminológica, as principais definições existentes e aquela que propomos na tentativa de superar alguns "limites conceituais", tipologia, principais causas e repercussões, periodicidade, protagonistas, fases e ações violentas que o caracterizam **(Capítulo 5)**.

Na **terceira parte**, exporemos por que optamos por realizar um estudo de caso **(Capítulo 6)**, bem como alguns dos principais elementos inerentes à abordagem metodológica adotada – a pesquisa participante **(Capítulo 7)** –, de forma a "preparar o campo" para, além de justificarmos nossas escolhas metodológicas, que incluem a seleção intencional dos participantes **(Capítulo 8)**, apresentarmos procedimentalmente os instrumentos empregados na coleta (observação participante, entrevista semiestruturada individual e análise documental) (**Capítulo 9**) e a técnica utilizada para o tratamento dos dados (análise de conteúdo categorial temática) (**Capítulo 10**).

Na **quarta parte**, apresentaremos os resultados mais expressivos por meio de textos, tabelas e figuras, para, mediante discussão à luz da teoria concomitante, responder às questões norteadoras e, consequentemente, ao objetivo geral do estudo (**Capítulos 11 a 15**).

A título de **conclusão**, procuraremos avaliar as possíveis contribuições e assinalar alguns limites do trabalho, além de propor recomendações elaboradas com alguns dos participantes e uma agenda de pesquisa para estudos futuros.

PARTE I

CONTEXTUALIZAÇÃO HISTÓRICA DA VIOLÊNCIA NO TRABALHO E CONSEQUENTE BANALIZAÇÃO DO MAL

Conforme enfatizado na introdução, entendemos que, antes de delimitar o que estamos circunscrevendo ao utilizar a expressão *interações socioprofissionais*, faz-se necessário, em vista de uma compreensão sistêmica, caracterizar os principais "alicerces" históricos sobre os quais grande parte dos contextos de trabalho contemporâneos foram erigidos. Justificamos a pertinência de tal caracterização ao enfatizar que, conforme salientam Ferreira e Mendes (2003), as interações socioprofissionais às quais os autores se referem por intermédio da expressão *relações sociais de trabalho* refletem, entre outros aspectos, a cultura dos contextos de trabalho nos quais se desenrolam culturas organizacionais estas que, definidas por um dos citados autores como "[...] um conjunto de concepções, valores e crenças que servem de substrato cognitivo de práticas de trabalho nas organizações" (Ferreira, 2004, p. 182), refletem, por sua vez, a lógica socioeconômica na qual estão imersas. Portanto, entendemos que somente por meio da caracterização de tal lógica socioeconômica é que poderemos apreender efetivamente determinados traços das culturas organizacionais, que, por sua vez, nos remeterão a uma compreensão mais ampla acerca das interações socioprofissionais e seus indicadores críticos, tais como práticas de assédio moral no trabalho.

Capítulo 1

Breve contextualização da conjuntura socioeconômica que facilita a ocorrência da violência nos contextos de trabalho contemporâneos

> As *enclousers* deixam gordos os rebanhos e magras as pessoas pobres. (Lupton citado por Beaud, 1987/1999, p. 42)

> As descobertas de ouro e da prata na América, o extermínio, a escravização das populações indígenas, forçadas a trabalhar no interior das minas, o início da conquista e pilhagem das Índias Orientais e a transformação da África num vasto campo de caçada lucrativa são os acontecimentos que marcam os albores da era de produção capitalista. (Marx, 1890/ 2003, p. 864)

> Se alguém buscar solidariedade, respeito às alteridades, compaixão e veneração face à vida e ao mistério do mundo, não os busque na cultura do capital. Errou de endereço, pois aí se encontra tudo ao contrário. (Boff, 2000, p. 35)

Não é nenhum mistério o fato de que a lógica socioeconômica a que nos referimos no parágrafo que precedeu este capítulo possa, na contemporaneidade, ser adjetivada, na grande maioria dos casos, de *capitalista*. Em suma, predominantemente, nossos atuais contextos de trabalho são de natureza capitalista. Aceita essa ilação, explanemos brevemente acerca do que tal adjetivo circunscreve. Para tanto, recorreremos a resgatar sinteticamente algumas das principais ocorrências que marcaram a história e o desenvolvimento do capitalismo.

A gênese do capitalismo costuma ser ligada à dissolução da sociedade feudal, que, mediante a "herança" estrutural econômica que deixou, cedeu elementos para a formação da sociedade capitalista (Marx, 1890/2003; Beaud, 1987/1999). Mais precisamente, o sistema socioeconômico imperante teria como ponto de partida o processo denominado por Marx (1890/2003) de *acumulação primitiva*[1], datado do último terço do século XV e das primeiras décadas do século XVI, que toma corpo a partir da expropriação do camponês feudal, expropriação esta que assumirá matizes diversos e percorrerá várias fases em sequências e épocas distintas nos diferentes países (Marx, 1890/2003). Registremos, porém, que podem ser encontradas sustentações de que a derrocada do Império Romano, que cedeu espaço para a emersão do feudalismo na Europa, já nos fornece algo da essência do que atualmente denominamos *capitalismo* (Salinas, 1994/1997), o que nos parece bastante razoável, se avaliado de uma perspectiva dialética.

Conforme Salinas (1994/1997), o Império Romano ergueu-se por meio da sucumbência de diferentes povos que, uma vez dominados, embora não fossem impelidos a mudar seus modos de produção, relações de trabalho, cultura e vida política, eram obrigados a ceder aos romanos parte do que produziam, bem como a pagar tributos, em riquezas ou escravos.

Para fazer sucumbir outros povos, que o imperialismo romano caracterizou-se explicitamente por uma relação de força e violência pautada no militarismo (Salinas, 1994/1997). Entretanto, essa violência organizada não tardou a enfrentar, sem estar preparada, a contraviolência da "periferia", a resistência pertinaz dos povos, iniciando, assim, sua decadência e deixando espaço para nova formação social e política: o feudalismo (Salinas, 1994/1997).

O feudalismo, erigido sobre as ruínas da formação imperial tributária romana (Salinas, 1994/1997), caracterizou-se por uma relação desigual de "poder" entre camponeses e senhores feudais, sendo estes proprietários de grandes porções de terras que constituíam a verdadeira riqueza, já que era por meio delas que esses senhores podiam perpetuar seu poder, abrigando maior quantidade de servos, que, por sua vez, passavam a representar não somente mão de obra, mas também "soldados em potencial", em vistas de secundar a "força" e o poderio (Salinas, 1994/1997). Embora essa desigualdade de "poder" submetesse os camponeses a trabalho forçado, servidão e corveia em favor dos senhores feudais (Beaud, 1981/1999), os camponeses tinham "direito de uso" comum sobre as águas, os bosques e os pastos situados nos feudos em que viviam, o que, com a pequena porção de terra que passava a lhes pertencer, lhes permitia subsistir (Salinas, 1994/1997).

Com o florescimento da manufatura de lã e a consequente elevação dos preços dessa mercadoria, os senhores feudais ingleses[1] "se viram impelidos" a expulsar "seus" servos, usurpando as pequenas porções de terras que, por direito adquirido nos próprios institutos feudais, já eram de sua propriedade, de

[1] Embora o processo de *acumulação primitiva* se desenrole em diferentes países de maneiras diversas, adotamos como referência o que se deu na Inglaterra por ser consideravelmente representativo dos demais, conforme Marx (1890/2003).

forma a transformar as lavouras que serviam de subsistência a esses camponeses, em *enclousers* ou pastagens para a ampliação do comércio de lã (Marx, 1890/2003). Esse processo é bem alegorizado por Thomas Morus, quando ele faz referência aos inumeráveis rebanhos de carneiros espalhados pela Inglaterra de sua época: "Estes animais, tão dóceis e tão sóbrios em qualquer outra parte, são entre vós de tal sorte vorazes e ferozes que devoram mesmo os homens e despovoam os campos, as casas e as aldeias" (Morus, 1516/1966, p. 47).

Por meio desse processo de dissolução das vassalagens feudais, os antigos camponeses feudais, que passaram a ser proletários sem direito algum, foram lançados em massa ao mercado (Marx, 1890/2003). Entretanto, essa crescente camada de proletários não pôde ser absorvida pelas manufaturas nascentes com a mesma rapidez com que se tornava disponível (Marx, 1890/2003; Surret-Canale, 1995/2000). Como consequência, tal massa proletária foi induzida a tomar outro rumo, como nos descreve Marx (1890/2003):

> Bruscamente arrancados das suas condições habituais de existência, não podiam enquadrar-se, da noite para o dia, na disciplina exigida pela nova situação. Muitos se transformaram em mendigos, ladrões, vagabundos, em parte por inclinação, mas, na maioria dos casos, por força das circunstâncias. (p. 850)

Em complemento a tal sorte imposta aos "vadios compulsórios", passaram a ser criadas, no fim do século XV e ao longo do século XVI, durante o reinado de Henrique VII, "leis sanguinárias contra a vadiagem" (Marx, 1890/2003). Segundo Marx (1890/2003), tal legislação "[...] os tratava como pessoas que escolhem propositalmente o caminho do crime, como se dependesse da vontade deles prosseguir trabalhando nas velhas condições que não mais existiam" (p. 848) e, por meio de decretos, obrigava-os "[...] a executar qualquer trabalho, por mais repugnante que seja" (p. 848), encarcerava-os, torturava-os, açoitava-os, escravizava-os temporária ou vitaliciamente, decapitava-os, ferreteava-os e, "finalmente", enforcava-os (Marx, 1890/2003). Conforme Hollinshed citado por Beaud (1987/1999), pelo menos 72 mil enforcamentos puderam ser contabilizados somente no reinado de Henrique VIII, entre 1509 e 1547. Tais leis perduraram por quase três séculos, só vindo a se extinguir no início do século XVIII (Marx, 1890/2003).

Decorrido esse atroz processo de conversão de camponeses em proletários, consolidou-se o "produto" indispensável à manutenção da produção capitalista: uma enorme população carente de meios próprios para subsistência e que, em busca da sobrevivência, não tem outra coisa a vender, senão sua própria força de trabalho (Marx, 1890/2003). Marx (1890/2003) complementa, entretanto, que não bastou ao progresso da produção capitalista gerar essa enorme massa de proletários compelidos a vender sua força de trabalho; foi necessário também o desenvolvimento "[...] de uma classe trabalhadora que, por educação, tradição e costume, aceita as exigências daquele modo de produção como leis naturais evidentes" (p. 851). Por fim, o autor acrescenta que foi necessário, ainda, o emprego da força do Estado pela nascente burguesia, de modo a "comprimir" os salários dentro dos limites convenientes à produção da "mais-valia"[2], prolongando a jornada de trabalho e mantendo o trabalhador em um grau "adequado" de dependência.

2 Valor excedente oriundo da venda de determinada mercadoria por preço mais elevado que a soma dos valores dos meios de produção e força de trabalho (Marx, 1890/2003).

Não poderíamos deixar de apontar que, em paralelo ao processo de "acumulação primitiva" descrito nos parágrafos anteriores, outro processo que teve papel fundamental no desenvolvimento do capitalismo foi a colonização, escravagista e mercantil (Surret-Canale, 1995/2000), estabelecida principalmente sob a desenfreada ânsia de monarcas europeus pela pilhagem de metais preciosos (Beaud, 1981/1999).

As relações mercantis iniciaram-se no século XVI com o surgimento de um verdadeiro mercado mundial, dando grande impulso ao comércio marítimo europeu (Surret-Canale, 1995/2000). Esse comércio resultou em uma vultosa pilhagem, em especial de metais preciosos, e na dizimação das populações locais, como ocorreu com os astecas no México e os incas no Peru (Surret-Canale, 1995/2000). Conforme Surret-Canale (1995/2000), o "desastre demográfico" desse período pode ser exemplificado com a redução da população da América espanhola de 50 milhões, no fim do século XV, para 4 ou 5 milhões, em meados do século XVII. Beaud (1981/1999) complementa tais dados históricos ao sublinhar que, em pouco mais de um século, a população indígena foi reduzida em 90% no México e em 95% no Peru. Esse processo de invasão, exploração e genocídio promovido pelos "estrangeiros" também atingiu, como se poderia prever, diversas outras regiões: a América do Norte, as Índias Holandesas (mais especificamente a Indonésia), a Índia, entre outras (Howitt citado por Marx 1890/2003; Sée citado por Beaud, 1981/1999; Surret-Canale, 1995/2000).

Voltando ao século XV, cabe destacar que em regiões onde os indígenas já haviam sido quase totalmente exterminados em decorrência da escravização, como nas planícies do Golfo do México, nas Antilhas e, sobretudo, no Nordeste brasileiro, passou-se a substituí-los por africanos feitos escravos (Surret-Canale, 1995/2000). Por volta de 1580, o tráfico de escravos africanos atingiu grande escala no Brasil, que na época se tornou o primeiro produtor de açúcar de cana (Surret-Canale, 1995/2000). Mas o ápice desse pungente "comércio" se deu entre a segunda metade do século XVIII e o primeiro quarto do século XIX, período em que passou a representar a forma dominante de comércio entre a Europa e a África.

O desmedido genocídio contra os milhares de africanos já se iniciava no momento da "captura", uma vez que, antes de chegarem a ser feitos escravos, muitos deles eram assassinados, fossem homens, mulheres ou crianças (Surret-Canale, 1995/2000). A trucidação ocorria no cortejo que os conduzia até a costa, nos "depósitos" ali situados e no transporte dos africanos às colônias, que se dava nos notórios navios negreiros, dentro dos quais eram submetidos ao amontoamento e a condições precárias de higiene e alimentação (Surret-Canale, 1995/2000). Quanto aos que conseguiam sobreviver até a chegada às colônias, eram submetidos não somente ao trabalho forçado, que certamente ia muito além dos limites concebidos para a estrutura física de qualquer ser humano, mas também a uma infinidade de atrocidades (Surret-Canale, 1995/2000), entre as quais eram recorrentes algumas das muitas instituídas por decretos, como o Código Negro, promulgado na França, em 1685, no reinado de Luís XIV (Surret-Canale, 1995/2000). Surret-Canale (1995/2000) relata que, em um panfleto datado de 1814, redigido pelo secretário do rei Henrique I, se encontram enumerados alguns dos suplícios infligidos pelos colonos aos escravos, particularmente em casos de insurreição:

> [...] escravos queimados vivos ou empalados, membros serrados, língua, orelhas, dentes, lábios cortados ou arrancados, pendurados de cabeça para baixo, afogados, crucificados em pranchas, enterrados vivos, presos em

> formigueiros, atirados vivos em caldeiras de açúcar, precipitados encosta abaixo dentro de tonéis forrados de pregos, enfim, oferecidos vivos à fúria de cães criados para esse fim. (p. 36)
>
> Muito embora os registros que relatam os atrozes tratamentos mencionados estejam abordando aqueles praticados nas colônias francesas, conforme Surret-Canale (1995/2000), "não é preciso dizer que o exemplo dado aqui das colônias francesas sobre o tratamento dos escravos pode ser estendido ao conjunto das outras colônias" (p. 37).

A abolição da escravatura só ocorreu – pelo menos oficialmente – no transcurso do século XIX (Surret-Canale, 1995/2000). Entretanto, a economia capitalista servil pautada na escravidão (Paraire, 1995/2000a) deixou para trás cerca de vinte milhões de pessoas violentamente arrancadas da população africana para "contribuir" com esse sistema econômico, dependente da extorsão de trabalho forçado. Em números redondos, foram dez milhões de deportados para o Novo Mundo, dois milhões que não resistiram à travessia entre os continentes, e oito milhões que "desapareceram" entre o local da sua captura na África e os entrepostos costeiros (Paraire, 1995/2000a).

Acrescentemos aqui a hipótese de que a abolição da escravidão nas diversas colônias deu-se mais em função de uma "visão capitalista de futuro" do que da pressão dos escravizados e daqueles que enxergavam nesse fato uma verdadeira injustiça. Poderíamos defender essa hipótese ao recordar que, conforme enfatiza Paraire (1995/2000a), uma vez declarada a abolição, a vasta multidão de ex-escravos via-se geralmente em uma situação de miséria absoluta, sem sequer uma fração de terra para subsistir, tampouco dinheiro ou mercadorias para suprir a menor das necessidades em sociedades que já estavam predominantemente subordinadas à lógica capitalista. Tal fato levava essa multidão de ex-escravos, indubitavelmente, a vender sua "força de trabalho" por valores irrisórios para seus antigos "proprietários" ou para os diversos "comparsas" destes (Paraire, 1995/2000a), o que, ao fim de uma breve contabilidade, poderia levar facilmente qualquer capitalista a concluir que era muito menos oneroso contratar essa mão de obra barata do que adquirir e "manter" escravos.

Para que a longa marcha ao capitalismo em seu estado atual tivesse continuidade, a ascensão da burguesia[3] evidencia-se como condição *sine qua non*, já que "[...] não há capitalismo sem burguesia" (Beaud, 1981/1999, p. 63). De tal missão, encarregam-se, entre outros, Colbert e Luís XIV, cuja aliança resultou no "[...] casamento do absolutismo com o mercantilismo, a aliança do rei Sol com a burguesia" (Beaud, 1981/1999, pp. 55-56):

> [...] a burguesia, cada vez mais, ascende às responsabilidades do Estado. O rei escolhe entre a burguesia de toga seus ministros, seus conselheiros, seus intendentes [...] admite-os na corte, criando de fato uma nobreza de toga. (Beaud, 1981/1999, pp. 55-56)

[3] Para melhor compreensão da acepção que pretendemos aqui para o termo *burguesia*, recorramos à diferenciação que Marx e Engels (1848/2003) fazem de *proletariado* e *burguesia*: "Por burguesia entende-se a classe dos capitalistas modernos, que são proprietários dos meios de produção social e empregam trabalho assalariado. Por proletariado, a classe dos trabalhadores assalariados modernos, que, não tendo meios de produção próprios, são obrigados a vender a sua força para sobreviver" (p. 45).

Pode-se afirmar que, com Colbert na posição de conselheiro do rei, "[...] o mercantilismo atingiu seu apogeu na França" (Beaud, 1981/1999, p. 56), o qual acabou abrindo espaço para o capitalismo manufatureiro. Por meio da política de desenvolvimento da produção introduzida por Colbert, diversas manufaturas foram fundadas e, consequentemente, um "brutal" aprendizado da disciplina manufatureira passou a ser imposto:

> Os mendigos, encerrados em asilos, devem aprender uma profissão; os ociosos, as moças solteiras, o pessoal dos conventos podem ser obrigados a trabalhar nas manufaturas; as crianças devem ir ao aprendizado. Para os operários, a missa no início do dia, o silêncio ou cânticos durante o trabalho; as multas, o açoite ou a golilha em caso de erro; a jornada de doze a dezesseis horas; os baixos salários; a ameaça de prisão em caso de rebelião. (Beaud, 1981/1999, p. 58)

No início do século XVIII, o capitalismo ainda era amplamente colonial mercantil e manufatureiro. Entretanto, com a nova situação de independência das colônias americanas, a intensificação de *enclousers*, a proletarização das massas rurais (pela expropriação das terras dos camponeses pobres), o movimento insaciável de acumulação e os progressos técnicos cada vez maiores (sempre para aumentar a produção), começaram a emergir as condições necessárias à Revolução Industrial do século XIX (Beaud, 1981/1999).

Foi, então, com a intensificação de vários progressos técnicos no transcorrer do século XVIII, entre os quais um dos mais renomados foi a máquina a vapor de Watt (de simples e de duplo efeito), que se tornou evidente uma nova forma de produção – a fábrica, a qual acabou praticamente causando o aniquilamento da anterior (aquela baseada na pequena produção do artesão individual) (Beaud, 1891/1999; Dobb, 1963/1987). Com a fábrica, ocorreu uma reorganização da produção e dos ritmos de trabalho, fatos que implicaram uma rigorosa disciplina para os trabalhadores que a serviam (no caso, o proletariado miserável expulso dos campos, incluindo mulheres e crianças, especialmente no setor têxtil) (Beaud, 1981/1999).

Com as novas condições impostas, revoltas operárias começaram a surgir, mas foram rapidamente "abafadas" por uma legislação repressora desenhada pelo Estado burguês: uma lei francesa de 1769 estabeleceu a pena de morte para os operários que praticassem *felony* (danificação voluntária de máquinas ou do estabelecimento que as abriga); outra lei, de 1799, proibiu as coalizões operárias que visavam obter aumento de salários, redução da duração do trabalho ou qualquer outra melhoria do emprego ou do trabalho (Mantoux citado por Beaud, 1981/1999).

Mediante o que foi descrito acerca da aurora da Revolução Industrial, vale acrescentar que ela trouxe como consequências a exploração de um número cada vez maior de trabalhadores; a produção cada vez mais acelerada de uma vasta quantidade de mercadorias; a acumulação vertiginosa de riquezas, em um polo, e a ampliação da miséria, em outro (Beaud, 1981/1999). Entretanto, foi no século XIX que tais consequências se maximizaram de forma quase imensurável, por meio de um irrefreável movimento de industrialização, quando as fábricas introduzidas na Inglaterra, no fim do século XVIII, "multiplicaram-se" em diversas partes do globo (como Bélgica, França, Suíça, Alemanha e Estados Unidos), desenvolvendo-se fortemente nos setores motor, têxtil e metalúrgico, sendo, com isso, constituídos "[...] em condições de misérias e de opressão insustentáveis [...]" (Beaud, 1981/1999, p. 138), os primeiros núcleos das classes operárias. Para ilustrar a condição predominante entre essas classes na Irlanda, Fourier citado por Beaud (1981/1999) relata: "Os jornais de Dublin, de 1826, dizem: 'Reina aqui uma epidemia entre o povo: os doentes que são levados ao hospital saram assim que lhes dão de comer' [...]" (p. 145).

Beaud (1981/1999), para assinalar a base do desenvolvimento industrial do século XIX, descreveu, de forma sintética, os tópicos encontrados em numerosos testemunhos da época: regulamentos de extrema gravidade nas fábricas; repressão mediante multas; privação do salário e de licenças; insalubridade dos locais de trabalho; aumento das já extensas jornadas de trabalho; doenças e acidentes advindos do trabalho (Plum, 1979)[4].

Como se poderia supor, a reação operária de "[...] homens e mulheres acuados pela miséria e pela fome [...]" (Beaud, 1981/1999, p. 168), pelo abaixamento dos salários, pelo prolongamento das jornadas de trabalho, pelo endurecimento da regulamentação de trabalho e até mesmo pela ausência de trabalho não tardou a emergir (Beaud, 1981/1999). Como precursor do movimento sindical, pode-se apontar o National Consolidated Trade Unions, fundado na Grã-Bretanha, o qual atingiu um montante de quinhentos mil associados em 1833 (Beaud, 1981/1999). Em 1864, reuniram-se em Londres sindicalistas ingleses, militantes operários franceses e imigrantes alemães (entre os quais se encontrava o renomado

4 Relatos genuínos representativos de operários da época podem ser encontrados em Plum (1979).

Karl Marx), italianos, suíços e poloneses, reunião esta que acabou desencadeando a fundação da Associação Internacional dos Trabalhadores (Beaud, 1981/1999). Entretanto, a repressão de tais movimentos também não tardou a se materializar, e, como se poderia supor, isso ocorreu de maneira brutal. Na França, por exemplo, as greves, revoltas e movimentos de rua resultaram em milhares de operários mortos, mais de onze mil prisões, algumas condenações à morte ou a trabalhos forçados perpétuos e, sobretudo, incontáveis deportações, principalmente para a Argélia (Beaud, 1981/1999; Hobsbawm, 1979/1996). Acrescentem-se aqui os números dados por Willard (1995/2000) ao se referir à Semana Sangrenta, ocorrida de 21 a 28 de maio de 1871: 13.440 condenações, 9.323 execuções de condenados à pena de morte, vinte a trinta mil *communards* grevistas assassinados de maneiras distintas, incluindo diversos enterrados vivos, carnificina esta exemplificada pela seguinte nota em um jornal da época:

> [...] é incerto que algum dia se possa saber os números exatos da carnificina que se prolonga. Mesmo para os autores dessas execuções, deve ser completamente impossível dizer quantos cadáveres fizeram. (*Evening Standard* citado por Willard, 1995/2000)

Concluamos a síntese de alguns dos fatos históricos decorridos em meio à Revolução Industrial, acrescentando que as transformações técnicas trazidas por ela repercutiram um evidente reflexo socioeconômico na crescente dependência do trabalho em relação ao capital e no papel, cada vez maior, desempenhado pelo capitalista como força disciplinadora e autoritária "[...] sobre um exército de trabalhadores que, destituídos de sua cidadania econômica, tinham de ser coagidos ao cumprimento de seus deveres onerosos a serviço alheio pelo açoite alternado da fome e supervisor do patrão" (Dobb, 1963/1987, p. 262).

Com a Grande Depressão, que se iniciou com a crise de 1873 (Dobb, 1963/1987; Beaud, 1981/1999), "[...] abre o que se poderia chamar de segunda idade do capitalismo: a 'idade do imperialismo'" (Beaud, 1981/1999, p. 195). Magdoff (1978/1979) esclarece tratar-se de um "novo imperialismo", já que, diferentemente de todos os "antigos imperialismos", o imperialismo capitalista não somente recorria a um expansionismo baseado na cobrança de tributos (por meio do qual o excedente disponível ou obtenível das sociedades militarmente mais fracas era facinorosamente "exigido" pelas mais fortes), na pilhagem, na pirataria, na captura de escravos e no estabelecimento de colônias, mas também alterava a base econômica das sociedades exploradas. Entre alguns dos principais aspectos que marcaram tal época, podem ser destacados: o desenvolvimento de uma segunda geração de técnicas industriais e de indústrias (Beaud, 1981/1999), o que levou alguns a apelidarem esse período de Segunda Revolução Industrial (Magdoff, 1978/1979); crescimento considerável do desemprego e queda dos salários, os quais acabam desencadeando a fortificação do movimento operário e a consequente intensificação da repressão a esse movimento pelo patronato (Beaud, 1981/1999); incremento da concentração do capital industrial, formação de trustes e monopólios nacionais, o que acabou impulsionando a formação do capital financeiro (Beaud, 1981/1999); ascensão de outros capitalismos (como o alemão e o norte-americano), que passaram, então, a questionar a hegemonia até então indiscutível do capitalismo britânico (Beaud, 1981/1999; Magdoff, 1978/1979); uma nova onda de colonização e de expansão em escala mundial, cuja eficácia se justificou tanto na superioridade técnica dos armamentos quanto no "habilidoso" manuseio de instrumentos psicológicos, tais como o "[...] racismo e arrogância por parte dos colonizadores e o resultante sentimento de inferioridade dos colonizados" (Magdoff, 1978/1979, p. 24), "ingredientes" estes que também são ressaltados por Guimarães (2003) e Beaud (1981/1999). Fechando esse quadro, Beaud (1981/1999) afirma que a supracitada expansão capitalista em escala mundial acabou por desembocar na partilha do mundo e na Grande Guerra.

Considerados todos os aspectos que marcaram a marcha do imperialismo capitalista mencionado no parágrafo anterior, recorramos a Beaud (1981/1999) para sintetizar esse percurso: as crises do fim do século XIX impulsionaram a busca acentuada por mercados externos e a exportação de capitais. Esse fato acabou desencadeando a partilha do mundo, na qual cada uma das então potências capitalistas procurou conseguir uma zona de poder no mundo. Para obter êxito nessa empreitada, essas potências não hesitaram em recorrer ao nacionalismo, ao racismo, à xenofobia, ao chauvinismo e ao proselitismo. Esses "recursos" contribuíram substancialmente para transformar os antagonismos econômicos em oposições nacionais, políticas e militares, as quais se alimentaram "[...] dos ódios e dos rancores históricos, das certezas de superioridade (britânica, francesa ou alemã), dos mitos de grandeza ou missão civilizadora" (Beaud, 1981/1999, p. 240). Ainda em conformidade com Beaud (1981/1999), essa sucessão de ações imperialistas foi suficiente para desencadear a Primeira Guerra Mundial, que, "[...] então, pareceu a mais sangrenta, a mais mortífera, a mais bárbara" (p. 240):

> Rivalidades, concorrência, atritos, enfrentamentos; interesses industriais e financeiros, mas também ímpetos patrióticos; mesmo não sendo a única causa, a expansão imperialista dos capitalismos nacionais no fim do século XIX e no início do século XX está fundamentalmente na origem da "Grande Guerra" de 1914-1918. (Beaud, 1981/1999, p. 236)

Às vésperas da Primeira Guerra Mundial, paralelamente às manobras militares, a grande indústria europeia se organiza (Fléchard, 1995/2000):

> Aí, o nacionalismo e o patriotismo já não interessam, o que conta é apenas a caixa registradora. Uma verdadeira internacional é assim organizada, estendendo as suas ramificações a todos os futuros países beligerantes. (Fléchard, 1995/2000, p. 74-75)

Como as principais envolvidas nesse movimento, Fléchard (1995/2000) cita duas grandes organizações internacionais: (1) a dos fabricantes de pólvora, explosivos e munições; e (2) a siderúrgica.

> Graças a essas duas organizações internacionais, que não são mais do que o exemplo mais evidente, imitadas como foram pelos fornecedores das intendências, pelos construtores de veículos, pelos fabricantes de vestuário etc., a guerra viria a revelar-se um negócio excelente para a grande indústria internacional, que vai servir-se da sua influência para que ela dure o máximo de tempo possível, atiçando as paixões nacionalistas graças a uma imprensa

> financiada por elas, abertamente ou de forma disfarçada. (Fléchard, 1995/2000, p. 77)

Beaud (1981/1999) reforça essa ideia ao afirmar que a guerra de 1914-1918, inquestionavelmente, deu grande impulso às indústrias automobilística e de armamentos. Citemos ainda Paradiso (1910/2002), que, ao referir-se aos anos que antecederam a Primeira Guerra Mundial, informa-nos que:

> Ano após ano, as grandes empresas, dedicadas à produção de instrumentos de guerra mais sofisticados, produziam artefatos de maior potência mortífera, e se empenhavam em ampliar a carteira de seus clientes, formada por estados. Para isso aproveitavam todas as disputas, primeiramente açulando-as, direta ou indiretamente, depois vendendo suas armas aos dois grupos em conflito. (p. XI-XII)

Como algumas das consequências da carnificina ocorrida entre 1914 e 1918, podemos citar: 8 milhões e 345 mil mortos e 20 milhões de feridos (Fléchard, 1995/2000), acentuação do declínio britânico, exacerbação de crises, fortalecimento dos Estados Unidos (que se tornaram, então, a primeira potência econômica), enfraquecimento do movimento operário, aumento do desemprego, implantação generalizada dos métodos da "organização científica do trabalho" (taylorismo) e do trabalho em linha de montagem (fordismo), aumento da dívida pública dos países beligerantes e agravamento dos nacionalismos (Beaud, 1981/1999).

No que diz respeito à Segunda Guerra Mundial, uma vez que não se originou exclusivamente de razões capitalistas (Beaud, 1981/1999; Delpla, 1995/2000), não nos ateremos a detalhes acerca do conflito. Entretanto, cabe registrar aqui duas de suas catastróficas consequências: 50 milhões de mortos e o emprego da primeira bomba atômica (Delpla, 1995/2000; Beaud, 1981/1999), que podem ser embasadas nas sustentações de autores como Delpla (1995/2000) e Durand (1995/2000), que creem ser lícito correlacionar, ao menos em parte, essa guerra ao capitalismo.

Após o fim da Segunda Guerra Mundial, um novo surto do capitalismo evidenciou-se: reconstrução e prosperidade (com o maior crescimento já visto pelo conjunto dos países capitalistas), internacionalização (ou globalização) do capital, as novas industrializações do Terceiro Mundo e descolonização (Magdoff, 1978/1979; Beaud, 1981/1999). Vale acrescentar que, nesse momento, duas grandes potências passaram a dominar o mundo devastado: de um lado, os Estados Unidos liderando o campo capitalista, dispondo de um poderoso exército e da bomba atômica, além de 80% das reservas de ouro; de outro lado, a URSS, desenvolvida industrialmente e com uma bomba atômica prestes a ser conhecida (em 1949) liderando o novo bloco denominado "socialismo" (Beaud, 1981/1999). Com isso, o mundo capitalista, até então reconhecido como hegemônico, deparou-se com outro, o "segundo mundo" – um distinto mundo de acumulação e industrialização, alicerçadas na apropriação coletiva dos meios de produção sobre o planejamento, a direção e a coação do Estado (Beaud, 1981/1999). Ao mesmo tempo, outro "novo mundo" passou a ser reconhecido: o Terceiro Mundo, derivado, entre outras causas, de um contínuo processo de descolonização engendrado por meio da guerra e pelo caráter "insuportável" da dominação colonial, que, por si mesma, produziu um forte sentimento coletivo da possibilidade de uma alternativa: "[...] que era possível se libertar da dominação colonial, da administração colonial, da exploração colonial, do paternalismo, do racismo, das humilhações ou da opressão [...]" (Beaud, 1981/1999, p. 305). Magdoff (1978/1979) complementa os dados relacionados ao nascimento do Terceiro Mundo ao afirmar que, na raiz do atual subdesenvolvimento econômico de grande parte dos países asiáticos e de ex-colônias ou semicolônias, podemos encontrar consideráveis distorções econômicas e sociais que foram (e continuam sendo) impostas pelas nações "desenvolvidas".

Transcorrido um intenso processo de descolonização, os países capitalistas encontraram um fértil campo nos então países "independentes": começou, assim, a instalação de indústrias nos países do Terceiro Mundo (Beaud, 1981/1999). Esse movimento acabou acentuando vigorosamente a desigualdade em escala mundial entre os países capitalistas desenvolvidos e os países do Terceiro Mundo (Beaud, 1981/1999).

Em razão do rápido declínio do colonialismo após a Segunda Guerra Mundial, mencionado anteriormente, não é de surpreender que, conforme nos relata Magdoff (1978/1979), as grandes nações capitalistas tenham buscado meios alternativos para perpetuar o domínio sobre as antigas colônias ou recorrido ao "imperialismo informal". Ainda segundo Magdoff (1978/1979), a introdução de novos mecanismos de controle pelas grandes potências tem sido tão usual desde a Segunda Guerra Mundial que deu origem a termos como *recolonização* (Paraire, 1995/2000b) e *neocolonialismo*, sendo este definido por Magdoff (1978/1979) como "[...] a existência de domínio estrangeiro considerável sobre uma nação nominalmente independente" (p. 65) ou, em um sentido mais estrito, como:

> [...] um alto grau de influência sobre os assuntos e a política econômica de um país por outra nação ou interesses comerciais estrangeiros, acarretando em geral também

> influência sobre sua orientação política e militar. Além disso, o termo é usado para sugerir o predomínio da cultura e dos valores das antigas potências coloniais. (p. 65)

Magdoff (1978/1979) aponta como o fato mais pertinente ao desenvolvimento do neocolonialismo o papel dos Estados Unidos, que findou a Segunda Guerra Mundial como a nação econômica e militarmente mais poderosa, na ação de dissolver o "manto" de liderança do "mundo não comunista", atribuindo a si mesmos a missão de organizar, dirigir e manter, tanto quanto possível, um mundo econômico e politicamente favorável à conservação dos "padrões tradicionais" de comércio e investimentos. Para tanto, o autor salienta ainda que os Estados Unidos recorreram (1) à construção de uma vasta rede de bases militares ao redor do mundo, em especial em antigos países coloniais, para, entre outros objetivos, impedir revoluções sociais que pudessem envolver o confisco de bens estrangeiros e/ou a limitação do comércio, das oportunidades de investimento e do acesso às matérias-primas; (2) às vigorosas ações diplomáticas e políticas em países nos quais fatos ameaçadores pudessem ocorrer – como exemplo de tais ações, Magdoff (1978/1979) explicita a guerra travada no Vietnã como uma das mais drásticas, desencadeada, conforme Arendt (1969/1972), em grande parte pelo fato de a maioria do povo vietnamita não ter se disposto a se submeter aos "[...] métodos da promessa e do chicote [...]" (p. 18); e (3) ao uso externo de donativos e empréstimos para assistência militar e econômica, a fim de fortalecer as nações aliadas e manter o *status quo* sob o "manto" ilusório de programas humanitários.

Paraire (1995/2000b) corrobora e incrementa outros detalhes aos empreendimentos que caracterizaram a globalização capitalista citados no parágrafo anterior, subdividindo-os nas seguintes fases: (1) logo após 1945, o Banco Mundial (Bird), o Fundo Monetário Internacional (FMI) e o Acordo Geral sobre Tarifas e Comércio (Gatt, atual Organização Mundial do Comércio – OMC) compactuam com o objetivo de promover a dependência técnica e financeira de todos os países pobres descolonizados por meio de uma política sistemática de ajuda ao "desenvolvimento" de tais nações. Segundo o autor, essa fase, que se estende de 1947 a 1968, caracteriza-se por concentrações urbanas, industrialização crescente e empréstimos definidos como "indispensáveis", os quais não somente criam a dependência financeira dos países pobres como os obrigam a "[...] ceder à chantagem da "condicionalidade", bonito termo tecnocrata carregado de ameaças para os países pobres endividados [...]" (Paraire, 1995/2000b, pp. 466-67); (2) o período decorrido entre 1968 e 1982 representou para os países pobres um crescimento "incontrolável" do endividamento; em 1971, com o fim da conversibilidade do dólar decretada pelo então presidente norte-americano Nixon, o FMI transformou-se em um reciclador de dinheiro flutuante e, com isso, a "[...] esmola, uma vez emprestada ao mundo pobre, reencontrava valor como que por milagre: transformava-se numa dívida a pagar" (Paraire, 1995/2000b, p. 467); a crise do petróleo ocorrida entre 1973 e 1979 multiplicou o investimento privado dos dólares especulativos – nesse momento, o endividamento dos países pobres atingiu mais de mil vezes o do início dos anos 1960; (3) em 1982, teve início a ação de corrosão das bases de sustentação da União Soviética, engendrada pelo "ajuste estrutural": os países do Terceiro Mundo, ao fim de um "condicionalismo" estrito definido por contrato, foram conduzidos definitivamente, pelo Bird e pelo FMI, à economia de mercado, sendo automaticamente excluídos da órbita soviética; de 1982 a 1992, o "ajuste estrutural" passou a ser o conceito-chave de uma estratégia agressiva, e essa estratégia foi o principal fator externo da crise política, ambiental, econômica e social dos países "ajustados".

Como resultado final das fases mencionadas nos parágrafos anteriores desse amplo processo de internacionalização, mundialização, transnacionalização, planetarização ou globalização do capital, Paraire (1995/2000b) relata que, em 1998, as duzentas maiores empresas internacionais controlavam 80% da produção mundial, tanto agrícola quanto industrial, assim como 70% dos serviços e das trocas comerciais de todo o planeta. E, por fim, decorridos aproximadamente seis séculos de edificação e desenvolvimento do sistema capitalista, cujo ápice encontra-se na "globalização", adequadamente conceituada por Comblin (2000) como "[...] desigualdade e afastamento progressivo entre ricos e pobres até um ponto insuportável" (p. 34), chegamos à "modernidade", carregada de facilidades para a vida de alguns, sem dúvida, mas à custa de um mal-estar generalizado para a grande maioria dos demais: conforme o Relatório do Desenvolvimento Humano de 2004, do Programa das Nações Unidas para o Desenvolvimento (PNUD), contabilizou-se naquele ano um montante de 831 milhões de pessoas desnutridas, o que equivalia a 13,7% da população mundial.

O mesmo relatório apontava, ainda, que naquele mesmo ano podia se estimar que 1,1 bilhão da população mundial (18,1%) encontrava-se em "pobreza extrema", isto é, que (sobre)vivia com recursos equivalentes a menos de um dólar por dia, assim como no ano de 200211 milhões de crianças tinham morrido antes de completar um ano de idade, o que o relatório apontava como reflexo direto das condições de vida sob a qual estava grande parte das populações – 1,2 bilhão de pessoas (19,7%) não tinham acesso à água potável e 2,7 bilhões (45,2%) viviam em domicílios sem saneamento básico; o desemprego, em um mundo regido por uma lógica socioeconômica em que dificilmente se pode sobreviver sem estar empregado, cresce de forma avassaladora todos os dias – Mészáros (2004/2005) apresenta a estimativa de que cerca de 50% da força de trabalho não agrícola esteja desempregada ou subempregada, e Bauman (1997/1998) adverte que, somente na Europa, de acordo com cálculos "conservadores" realizados em 1997, podia-se contabilizar em torno de "[...] vinte milhões de expulsos do mercado de trabalho" (p. 34); Mello (1999) lembra que a pauperização não se restringe aos desempregados, mas atinge também o universo dos "integrados" assalariados, subempregados e trabalhadores precarizados (pela "flexibilização").

Concluamos essa síntese acerca do processo de globalização capitalista com as seguintes reflexões de Paraire (1995/2000b):

> A globalização do capitalismo é, antes de mais nada, a globalização de uma falência ética que coloca a humanidade no nível dos animais selvagens devorando-se em volta de sua presa, é o fracasso de construções filosóficas baseadas na legitimação do egoísmo doentio e da sede do poder. Tentando dissolver a própria ideia de uma humanidade ligada por um interesse partilhado, a ideologia criminosa que sustenta o capitalismo coloca-se agora fora da lei natural, pondo em perigo toda a espécie humana. Por esse fato, condena-se a si própria. O capitalismo ultraliberal não cria os seus coveiros, cava ele mesmo a sua sepultura. (p. 481)

Traçada a breve revisão acerca de alguns dos principais fatos históricos que propiciaram o nascimento e o desenvolvimento do sistema capitalista, podemos destacar alguns dos elementos-chave que o caracterizaram: desumanidade, injustiça, intolerância, imposição e abuso de poder. Eis, então, alguns dos "alicerces" que edificaram nossa lógica socioeconômica e, por conseguinte, impregnaram muitas das culturas organizacionais atuais, que acabaram por "regularizar" como naturais, justificáveis ou mesmo brandas (se comparadas a algumas práticas que marcaram o desenvolvimento histórico relatadas anteriormente) determinadas posturas que vão de encontro à moral. Tentativas de compreender melhor como tal "herança", marcada por práticas reconhecidamente desumanas, pôde perseverar nos contextos de trabalho contemporâneos serão desenvolvidas no capítulo a seguir.

Capítulo 2

A banalização do mal corriqueiramente presente em nossas interações socioprofissionais

> A institucionalização da miséria, do sofrimento, da dor, da indiferença pelos outros, da ignorância, do não saber sobre si e sobre sua sociedade não ocorre porque o homem é mau [...], mas pelo simples fato de que uma sociedade estruturada para permitir que a competição, o sucesso pessoal individualizado sejam os parâmetros de aferição do que o homem é, não pode, evidentemente, preparar o homem para ver no seu semelhante outra coisa que não um concorrente ou uma presa a ser devorada. (Odalia, 1983, p. 35)

> Vivemos sob condições de uma desumanizante alienação e de uma subversão fetichista do real estado de coisas dentro da consciência (muitas vezes também caracterizada como "reificação"), porque o capital não pode exercer suas funções sociais metabólicas de ampla reprodução de nenhum outro modo. (Mészáros, 2004/2005, p. 59)

> A violência estrutural se manifesta em forma de publicidade, de propaganda, de educação autoritária e em todas as instituições que emanam de um poder abusivo do Estado. O controle, quando levado à perfeição, nem sequer é mais perceptível: o indivíduo perfeitamente controlado se crê livre. (Caliciotti, 1983, p. 10)

Antes de adentrarmos o âmago deste tópico, cabe expôr o que entendemos aqui pelos termos *mal* e *banal*.

Segundo Cunha (1982/1986), o verbete *mal*, provindo do latim *male*, pode ser definido como "aquilo que prejudica ou fere" (p. 490) ou, ainda, como "aquilo que se opõe ao bem, à virtude, à probidade" (p. 490). Não obstante tais definições também possam ser aplicadas para traduzir o termo *mal* da forma como o estamos representando, optamos por adotar aqui, visando maior especificidade, algumas das definições propostas por Dejours (1998/2001), portanto, estamos compreendendo o "mal" como: "[...] a tolerância, a não denúncia e a participação em se tratando da injustiça e do sofrimento infligidos a outrem" (p. 76); "[...] todas as injustiças deliberadamente cometidas e publicamente manifestadas, concernentes a designações discriminatórias e manipuladoras para as funções mais penosas ou mais arriscadas" (p. 76); "[...] a manipulação deliberada da ameaça, da chantagem e de insinuações contra os trabalhadores, no intuito de desestabilizá-los psicologicamente, de levá-los a cometer erros, para depois usar as consequências desses atos como pretexto para a demissão por incompetência profissional [...]" (p. 76); e "[...] manipular a ameaça da precarização para submeter o outro [...] e, de modo geral, para amedrontá-lo" (p. 77). Acrescentemos que qualificamos, em consonância com Dejours (1998/2001), quaisquer das condutas inerentes às definições anteriores como "males" expressos, independentemente de elas serem "públicas, banalizadas, conscientes, deliberadas, admitidas ou reivindicadas, em vez de clandestinas, ocasionais ou excepcionais, e até quando são consideradas corajosas" (p. 77).

Já o verbete *banal* provém do francês *banal* e pode ser entendido como sinônimo dos termos *vulgar*, *trivial*, *corriqueiro*, *comum*, entre outros (Luft, 1921/1984; Ferreira, 1977/1988; Cunha, 1982/1986; Ximenes, 1999). Como desdobramento lógico do referido verbete, o verbo *banalizar* assume a significação de tornar banal, vulgar, comum; vulgarizar (Luft, 1921/1984; Ferreira, 1977/1988; Ximenes, 1999).

Exposto o entendimento que adotamos neste trabalho para os termos *mal* e *banal* e, consequentemente, para a expressão *banalização do mal*, cabe justificar que o resgatamos aqui por entendermos que o principal objeto desse estudo – o assédio moral no trabalho – vigora no "mundo do trabalho" de maneira tão intensa e corriqueira justamente porque a grande maioria das pessoas banaliza o "mal", o que nos leva à concordância com Dejours (1998/2001) acerca do fato de que a maquinaria da "guerra econômica", como ele a denomina, só funciona de modo tão eficaz porque as pessoas a ela submetidas consentem em dela participar maciçamente. Mas, ainda em concordância com Dejours (1998/2001), entendemos que tal conclusão traz uma questão implícita: *Por que razão tantos entre nós consentem ora em padecer sofrimento, ora em infligir sofrimento, ora em manter-se omisso diante do sofrimento desnecessário infligido aos próximos por outrem, mesmo quando tudo isso verdadeiramente nos repugna?* Embora, desafortunadamente, tal questão ainda não ecoe de maneira tão recorrente entre teóricos especializados, podem ser encontradas algumas tentativas competentes de responder a ela diretamente ou, pelo menos, teorizações embasadas que nos forneçam subsídios para a proposição de possíveis respostas. Portanto, entre as referidas teorizações e tentativas de respondê-la, vamos destacar nos parágrafos seguintes: (1) as que correlacionam a tendência à resignação diante da adversidade com as tentativas de tornar a (historicamente construída) *crise do emprego* um processo oriundo da "causalidade do destino"; (2) as que buscam respostas ao "adentrar" na *subjetividade dos trabalhadores*; e (3) as que nos conduzem à compreensão da eficácia do *processo de "aculturação* pelo qual todos passamos.

Comecemos, então, pela tentativa de responder ao paradoxo intrínseco à questão proposta por meio de reflexões acerca do fenômeno *desemprego*. Conforme cremos já estar claro a essa altura, muitos dos efeitos acarretados pelo processo de edificação do sistema capitalista, cabendo destaque àqueles oriundos do processo de "mundialização" do capital mencionados no fim do tópico anterior, tecem o "pano de fundo" de nossa atual realidade socioeconômica. Não obstante a grande maioria de tais efeitos estar inter-relacionada, entendemos que cabe isolar e enfatizar o crescente "desemprego" pelo fato de ele estar, conforme já sinalizamos acreditar e vamos procurar elucidar agora, diretamente relacionado à questão da banalização do mal. Conforme Batista (2003), as vítimas do desemprego, os "excluídos sociais" ou ainda boa parte dos seres humanos, que também podem ser enquadrados na ideia de "refugo humano" (Bauman, 2004/2005), têm sido alvo de classificações sociais que expressam juízos de valores que, por sua vez, traduzem os poderes e hierarquias construídos no seio das relações sociais da sociedade. Essas classificações passam por diferentes denominações: "preguiçoso", "malandro", "vadio", "incompetente" e "bandido", obscurecendo, assim, a realidade que jaz por detrás do fenômeno do não trabalho na sociedade do trabalho (Batista, 2003). Ocorre que, em uma lógica societária na qual praticamente todos os indivíduos são obrigados a se "integrar socialmente" para atender a necessidades básicas, como a de se alimentar, e têm suas identidades "feridas" no caso de não fazê-lo, é muito pouco provável que qualquer indivíduo que a componha tenha, em sã consciência, a pretensão de não estar empregado. Dito isso, só nos resta encarar o fato de que o imenso "exército de reserva", que não somente persiste, mas amplia-se cada vez mais desde que Marx (1890/2003) assim o denominou, é um produto inerente à lógica capitalista. Eis porque os "afortunados" trabalhadores-empregados tendem, por estarem inseridos em tal lógica, a não somente se submeter subservientemente à intensificação da exploração e até mesmo à violência interpessoal presente em seus contextos de trabalho, em vista de receber a "graça" de continuarem sendo explorados, como também aceitar tal realidade (não somente da exploração que vivenciam, mas também da exclusão daqueles que os cercam), chegando ao ponto de "alimentá-la" por acreditarem, de forma consciente ou inconsciente, que ela se originou de "leis naturais", inevitáveis, as quais, diga-se de passagem, certos representantes da ciência econômica procuram elucidar eloquentemente.

Dejours (1998/2001) ressalta que, para os que incorrem na concepção de que o fenômeno *desemprego* não está correlacionado com a injustiça social, o sofrimento dos que estão desempregados não provoca cólera, indignação ou apelo à mobilização coletiva; quando muito, justifica compaixão, piedade ou caridade. Com isso, Dejours (1998/2001) prossegue esclarecendo que "as pessoas que dissociam sua percepção do sofrimento alheio do sentimento de indignação causado pelo reconhecimento de uma injustiça adotam frequentemente uma postura de resignação" (p. 20), passando, então, a encarar a denominada "crise do emprego" como uma fatalidade, comparável a uma epidemia contra a qual nada se pode fazer e, assim, acabam por banalizar tal situação. Dejours (1998/2001) conclui tais ideias ao afirmar que: (1) a adesão ao discurso economicista, que atribui o infortúnio do desemprego à causalidade do destino e, com tal atribuição, acaba por induzir diversos indivíduos à resignação e à falta de indignação e/ou mobilização coletiva, refere-se a uma clara manifestação do processo de "banalização do mal"; e que (2) a referida adesão ao discurso economicista funciona também "[...] como uma defesa contra a consciência dolorosa da própria cumplicidade, da própria colaboração e da própria responsabilidade no agravamento da adversidade social" (p. 21).

Como outra tentativa de resposta à questão proposta, que, conforme se averiguará, está claramente interligada à anterior, Dejours (1998/2001) sustenta que "é por intermédio do sofrimento no trabalho que se forma o consentimento para participar do sistema" (p. 17), sofrimento que provém do medo – no presente caso, do medo de perder o emprego em vista do crescente quadro de "excluídos" e do risco de exclusão, configurando, assim, a denominada por Carpentier-Roy citado por Mendes e Morrone (2002) "patologia da exclusão". Conforme as pesquisas em psicodinâmica do trabalho vêm buscando alertar há alguns anos, em especial após a década de 1980 (Dejours, 1993/2004a), esse quadro tende a conduzir o indivíduo ao engendramento, em geral inconsciente, de estratégias de defesa (Dejours, 1980/1992, 1993/1998, 1993/2004a, 1996/2004; 1998/2001; Dejours e Abdoucheli, 1990/1994; Dejours, Dessors & Molinier, 1998; Mendes, 1999; Mendes & Morrone, 2002; Ferreira & Mendes, 2003), as quais Ferreira & Mendes (2003), com o devido rigor etimológico, classificam como uma das três modalidades das *estratégias de mediação* (acerca das quais discorreremos mais adiante). Tais estratégias cumprem, então, papel primordial para a manutenção da saúde do indivíduo, no sentido de evitar uma descompensação psicopatológica. Em contrapartida, ao se darem conta desse objetivo de preservação da saúde com a devida eficácia, demonstram-se portadoras de outro efeito que acaba por se demonstrar bastante paradoxal: contribuem "[...] para tornar aceitável aquilo que não deveria sê-lo" (Dejours, 1998/2001, p. 36), funcionando, assim, como uma verdadeira

> [...] armadilha que insensibiliza contra aquilo que faz sofrer. Além disso, permitem às vezes tornar tolerável o sofrimento ético, e não mais apenas psíquico, entendendo-se por tal não o sofrimento que resulta de um mal padecido pelo sujeito, e sim o que ele pode experimentar ao cometer por causa de seu trabalho, atos que condena moralmente. (Dejours, 1998/2001, p. 36)

Ao levarmos em conta, portanto, o que foi exposto acerca do sofrimento no trabalho e, em especial, do efeito "anestésico" em relação à "percepção do real" que as estratégias de defesa promovem no indivíduo, podemos concluir, em concordância com Dejours (1998/2001), que elas funcionam como mais um dos eficazes mecanismos de manutenção da banalização do mal.

Outro fator que conjeturamos contribuir consideravelmente para a naturalização do mal poderia ser mais bem explanado pela psicologia social – o processo de socialização ou aculturação dos "seres sociais". Uma vez que todo e qualquer indivíduo que não apresente qualquer espécie de deficiência que o impeça de perceber efetivamente o mundo exterior e esteja inserido em determinada sociedade passará, necessariamente, pelo processo de socialização ou de aculturação

(Stoetzel, 1963/1972), é inevitável que ele interiorize os conceitos e valores predominantes nessa sociedade. Tal processo de socialização se dá por intermédio de um "[...] incessante intercâmbio com pessoas e estímulos sociais (família, escolas, demais instituições, classes, grupos étnicos etc.)" (Rodrigues, Assmar & Jablonski, 1972/2001, p. 67), desenrolando-se, portanto, desde a mais tenra infância, na vida cotidiana e, em geral, "[...] sem que o sujeito se dê conta do fato e, com mais forte razão, sem que nenhuma pressão explícita seja exercida sobre ele" (Stoetzel, 1963/1972, p. 69).

Perante as ideias acerca do processo de socialização mencionadas no parágrafo anterior, a afirmativa de Odalia (1983) de que "razões, costumes, tradições, leis explícitas ou implícitas, que encobrem certas práticas violentas normais na vida em sociedade, dificultam compreender de imediato o seu caráter" (p. 23), acaba por ganhar validade e nos sugerir que o processo de socialização pode nos conduzir à banalização do mal correlato a determinadas práticas violentas.

Outro ponto essencial a ser considerado no tocante ao processo de socialização é a *educação*, já que "na aculturação dos indivíduos membros de determinada sociedade, ela desempenha papel evidentemente considerável" (Stoetzel, 1963/1972, p. 79), sustentação esta que é corroborada e aprofundada por outros estudiosos, como Mészáros (2004/2005) e Odalia (1983). Somente a título de exemplo, transcreveremos a seguir uma declaração de cada um dos referidos autores a respeito desse assunto:

> De fato, da maneira como estão as coisas hoje, a principal função da educação formal é agir como um cão de guarda *ex-officio* e autoritário para induzir um conformismo

> generalizado em determinados modos de internalização, de forma a subordiná-los às exigências da ordem estabelecida. (Mészáros, 2004/2005, p. 55)

> A educação orientada nesse sentido, tendo como ideal um pacifismo que se confunde com submissão, faz adormecer no homem a vontade de transformações, incute-lhe a crença de que as injustiças de que padece, as diferenças de condições de vida que experimenta na carne, serão remediadas no curso da história, sem a sua participação efetiva. (Odalia, 1983, p. 56)

Embora a educação possa ser utilizada como um dos principais instrumentos, não há como deixar de considerar outros meios que também influenciam decisivamente no processo subjetivo de interiorização de conceitos e valores, já que não é nenhum mistério o fato de que "todo e qualquer Estado moderno tem em suas mãos um extenso e variado arsenal de meios que pode manipular a opinião pública com relativa facilidade" (Odalia, 1983, p. 54). Entre o conjunto de eficazes acessórios que compõem esse "arsenal", cabe destacar "[...] os chamados meios de comunicação de massa" (Odalia, 1983, p. 57), os quais se evidenciam como responsáveis por grande parte da institucionalização generalizada da violência. Ressaltemos aqui, entretanto, que estamos cônscios de que "não existe de fato a homogeneidade todo-poderosa de um modelo irradiador ou midiatizado que se imponha triunfal e mecanicamente à heterogeneidade das formas tradicionais de socialidade" (Sodré, 2002, p. 32), já que, "por toda parte, observam-se mecanismos vitais dos grupos, estratégias sutis das diversas formações populacionais que revertem ou contornam os dispositivos da modernidade pretensamente hegemônica" (Sodré, 2002, p. 32) e que, portanto, não pretendemos cair em "pseudogeneralizações". Mas, ainda assim, podemos nos declarar concordantes com a afirmativa de Caliciotti (1983) de que para que a violência institucionalizada seja aceita são utilizados diferentes meios: "[...] televisão, literatura, cinema e até o sistema de educação, que se torna instrumento de um verdadeiro condicionamento dos reflexos para a aceitação do regime de violência, como situação de fato ou estado natural" (Caliciotti, 1983, p. 80).

Enfim, uma vez que a grande maioria das pessoas aceita ou até mesmo contribui de forma direta para a materialização de um contexto pernicioso e desumano, seja por acreditar convictamente que este é natural e, como tal, não pode ser alterado, seja por preferir se manter omissa apesar de considerá-lo desumano, tal realidade acaba sendo legitimada. Essa legitimação, por sua vez, acaba tecendo o pano de fundo da banalização generalizada acerca da violência manifesta nas interações socioprofissionais, da qual vamos tratar nos tópicos a seguir.

PARTE II

Interações socioprofissionais e violência no trabalho

Até o momento, nós nos ocupamos basicamente de explicitar o "terreno" social, econômico e cultural sobre o qual se edificaram nossos contextos de trabalho. O intuito dessa exposição, como mencionamos logo no início, foi justamente estabelecer um nexo que pudesse justificar, ao menos em parte, a razão pela qual a violência pode se manifestar impunemente no seio das interações socioprofissionais que se desenrolam em tais contextos, sem que quase ninguém a impeça ou mesmo a perceba como uma anomalia humana ou como um mal a ser extirpado. "Desenhado" tal cenário, centremo-nos agora em alguns dos principais elementos e características das dimensões analíticas do presente trabalho: *interações socioprofissionais* e *assédio moral no trabalho*, sendo esta pertencente a uma dimensão mais ampla, a da *violência no trabalho*.

Capítulo 3
Interações socioprofissionais

Uma vez que as interações socioprofissionais constituem o "campo" no qual se medram e se desenrolam práticas de violência no trabalho e, portanto, configuram objeto de análise quando do intuito de desvelar essas práticas, tal como este trabalho se propõe, faz-se necessário expor alguns dos principais pressupostos teóricos que se configuraram como pilares de nossas representações acerca dessas modalidades de interação.

Comecemos por esclarecer que denominamos *interações socioprofissionais* as interações ou ações recíprocas entre duas ou mais pessoas, que são "produzidas" por/se desenrolarem em situações de trabalho.

Para uma caracterização mais precisa da expressão *contexto de trabalho*, adotaremos neste livro, deste ponto em diante, a proposição conceitual *contexto de produção de bens e serviços* (CPBS), de Ferreira e Mendes (2003), à qual nos referiremos simplesmente como *contexto de produção*. Conforme os autores, CPBS refere-se a qualquer "[...] *lócus* material, organizacional e social onde se operam a atividade de trabalho e as estratégias individual e coletiva de mediação[1] utilizadas pelos trabalhadores na interação com a realidade de trabalho" (p. 41). Ferreira e Mendes (2003) complementam que todo e qualquer CPBS se subdivide necessariamente em três dimensões interdependentes: (1) condições de trabalho (integradas pelos elementos ambiente físico, instrumentos, equipamentos, matérias-primas, suporte organizacional, práticas de renumeração, desenvolvimentos de pessoal e benefícios); (2) organização do trabalho (composta pelos elementos divisão do trabalho, produtividade esperada, regras formais, tempo, ritmos e controles); e (3) relações sociais de trabalho (integradas por interações hierárquicas, coletivas inter e intragrupos e externas).

A acepção estabelecida por Ferreira e Mendes (2003) para a última dimensão mencionada (relações sociais de trabalho) se adequa consonantemente ao sentido que estabelecemos para a expressão *interações socioprofissionais*, mesmo porque representou precisamente o ponto de partida para que chegássemos à referida expressão. Portanto, cabe justificar que acabamos empregando *interações socioprofissionais* em vez de *relações sociais de trabalho*, com o intuito de evitar possíveis sobreposições conceituais, em especial diante da acepção já consagrada entre os sociólogos para a expressão *relação social* (ver Weber, 1922/2004; Charon, 1996/2002; Oliveira, 2001), bem como pelo fato de estarmos analisando precisamente as ações recíprocas entre duas ou mais pessoas (Michaelis, 1962/1998; Ferreira, 1986/1999), e não a parecença, semelhança, analogia, ligação íntima ou mesmo a convivência entre pessoas, tal como o significado do verbete *relação* (Michaelis, 1962/1998; Ferreira, 1986/1999).

[1] Apresentaremos mais adiante (Capítulo 5) o significado estabelecido por Ferreira e Mendes (2003) para a expressão *estratégias de mediação*.

Uma vez que declaramos nossa opção terminológica e explicitamos a definição que estabelecemos para *interação socioprofissional*, para melhor caracterização da expressão, trataremos brevementede alguns de seus conceitos correlatos: *ação social*, *interação social* e *relação social*.

Weber (1922/2004), enfatizando a pertinência científica do conceito de *ação social* ao sustentar que a sociologia presta-se justamente a compreendê-lo de forma interpretativa, propõe a seguinte definição: "[...] uma ação que, quanto ao seu sentido visado pelo agente ou agentes, se refere ao comportamento de outros, orientando-se por este em seu curso" (p. 3). Charon (1996/2002) esclarece que agir socialmente nada mais é que atuar com algum grau de intencionalidade e, necessariamente, tendo outros em mente. O autor acrescenta que, não obstante o fato de nem todas as ações serem sociais, como já advertia Weber (1922/2004), na maior parte do tempo todos são, de fato, atores sociais, uma vez que quase todas as ações – e mesmo reações emocionais e habituais – têm pelo menos um elemento de "levar o outro em consideração".

Já a interação social (evidentemente oriunda da noção de ação social), como o próprio prefixo sugere, diz respeito à ação social mutuamente orientada entre duas ou mais pessoas (Lenhard, 1988). Lenhard (1988) complementa que, na interação social, estão em jogo significados intrínsecos a cada ação e expectativas em relação às ações que resultarão da definição da situação por outras pessoas. De maneira mais pormenorizada, Turner (1994/1999), baseando-se em Mead, esclarece que *interagir socialmente* significa ler, enviar, receber e responder a sinais (de espécies diversas, como fala, gestos faciais, expressões corporais, vestuário, corte de cabelo, entre outros) que tenham significados mais ou menos comuns tanto para o(s) corpo(s) que envia(m) quanto para o(s) corpo(s) que recebe(m).

Um aspecto pertinente relacionado à interação social e destacado por Oliveira (2001) refere-se ao fato de esta desencadear, como resultado do contato e da comunicação que se estabelece entre os indivíduos em interação, a modificação de comportamentos. Entretanto, se considerarmos a interação um processo de influência não somente recíproca, mas também eventualmente de influência unilateral entre dois ou mais agentes sociais (Nova, 1992/2000), tais modificações podem surtir efeito somente para um dos "lados". Souto citado por Nova (1992/2000) esclarece que se deve entender por *influência unilateral* aquela que ocorre quando algum dos agentes em interação está presente no processo de forma apenas indireta e, desse modo, pode influenciar sem ser influenciado. Turner (1994/1999) corrobora tais argumentações ao sustentar que podemos interagir simultaneamente com pessoas presentes e ausentes, podendo estas influenciar nossos comportamentos e reações para com terceiros. Vale ressaltar que parece não haver consenso na literatura quanto ao estabelecimento de unilateralidade em interações sociais.

Outro elemento importante relacionado à interação social e advogado por Charon (1996/2002) é que esta se configura como "[...] fonte de nossa socialização" (p. 48), sendo que a interação 'forma' o que somos ao nos fornecer novas ideias e opções, bem como ao influenciar nossos valores, nossa autoimagem, identidade, atitudes e personalidade.

Salientemos, ainda fazendo referência à noção de *interação*, que estamos empregando a expressão *interação socioprofissional* com acepção similar à empregada por sociólogos e psicólogos sociais para a expressão *interação social*, com a diferença, como evidenciam os complementos das próprias expressões, de que com a primeira estamos nos restringindo às interações que ocorrem entre duas ou mais pessoas em decorrência do trabalho.

Por fim, o significado de *relação social*, como já procuramos salientar, diferencia-se do de *interação social*, uma vez que diz respeito ao

> [...] comportamento reciprocamente referido quanto a seu conteúdo de sentido por uma pluralidade de agentes e que se orienta por essa referência. A relação social consiste, portanto, completa e exclusivamente na probabilidade de que se aja socialmente numa forma indicável (pelo sentido) [...]. (Weber, 1922/2004, p. 16)

Explicitados os conceitos de *interação* e *relação social*, retomemos a questão das diferenças entre eles, expondo o entendimento de Oliveira (2001) de que as interações sociais podem desencadear relações sociais, o que nos parece razoável se adotarmos a definição de Weber (1922/2004), exposta anteriormente, para a expressão *relação social*. Essa sustentação pode ser corroborada ainda pelas afirmativas de Charon (1996/2002), de que ao interagirmos por certo tempo desenvolvemos relacionamentos, e de Argyle (1969/1976), de que, para que se possa estabelecer uma relação social, as interações devem ocorrer durante algum tempo até que se dê algum tipo de "ajuste" entre as personalidades e necessidades das duas pessoas em questão. Acrescente-se aqui a advertência de Weber (1922/2004) de que as relações sociais não são compostas somente de interações harmônicas, no sentido de não apresentarem necessariamente como conteúdo, por exemplo, a solidariedade – o autor enfatiza que o conteúdo de uma relação pode estar pautado mesmo na inimizade.

Concluamos este capítulo esclarecendo que, para classificarmos as formas de interação socioprofissional, adotamos a subdivisão proposta por Ferreira e Mendes (2003) para a dimensão por eles denominada *relação social de trabalho*, que, conforme já mencionamos, também nos serviu de base para chegarmos ao significado de *interação socioprofissional*:

- Interações hierárquicas: com chefias imediatas e superiores;
- Interações coletivas intra e intergrupos: com membros da equipe de trabalho e membros de outras equipes;
- Interações externas: com usuários, consumidores e representantes institucionais (fiscais, fornecedores).

Capítulo 4
Violência no trabalho

Antes mesmo de tratarmos especificamente do objeto deste capítulo, julgamos adequado dissertar brevemente acerca da violência. Comecemos, então, pelo significado etimológico da palavra. Conforme Cunha (1982/1986), *violência*, do latim *violemçia* ou *violentia*, está ligado à ideia de forçar ou coagir, que advém do termo *violar*, do latim *violare*, que significa "transgredir, profanar". Ainda em termos etimológicos, o verbete *violência* remete à ideia de "constrangimento físico ou moral" (Luft, 1984) e "força destrutiva" (Ximenes, 1999).

Embora não haja conceituação consensual acerca da violência e alguns autores, como Odalia (1983), entendam que, ao defini-la, se corre o risco de "encarcerá-la" em um esquema formal bastante estreito, julgamos pertinente expor a tentativa de conceituação do próprio Odalia (1983): ele propõe, a título de reflexão, que a consideremos sob a forma de privação, no sentido de tirar, destituir, despojar ou desapossar alguém de alguma coisa, tal como da própria vida ou dos direitos como pessoa e cidadão. Já Caliciotti (1983), que também reconhece a dificuldade e o risco envolvidos na tentativa de definir a violência em função da complexidade que ela abarca, acaba sugerindo que o termo, em um sentido amplo, refere-se a toda forma de violação exercida por um indivíduo ou grupo contra os direitos (naturais) de outro indivíduo ou grupo, violação esta que o autor traduz como

> [...] ofensas feitas de modo efetivo à integridade e à autonomia de um indivíduo ou grupo, morte ou ameaça de morte, privação de liberdade ou independência etc.; ou em formas sutis de dominação, que os historiadores de hoje chamam de violência "institucional" ou "estrutural", as quais matam e escravizam com muito mais eficácia do que golpes diretamente vibrados. (p. 9-10)

Ainda na tentativa de compreender a acepção do verbete *violência*, recorramos a Caram citado por Caliciotti (1983): "Ao ato de violência podemos defini-lo como emprego de meios de ação que atentam contra a integridade física, psíquica e moral da pessoa" (p. 80).

Arendt (1969/1972), ao refletir e dissertar acerca da *violência*, começa por correlacioná-la com o *poder*, tal como já haviam feito vários outros teóricos políticos, tanto de vieses de esquerda quanto de direita. Com isso, declara que "[...] a violência nada mais é que uma flagrante manifestação de poder" (p. 116). Para esclarecer tal declaração, a autora define o poder como um "instrumento de domínio" e sustenta que o "domínio", citando Bertrand de Jouvenel, deve sua existência ao "instinto de dominação". Findadas tais reflexões, Arendt (1969/1972) as contextualiza no "sistema burocrático", que, inquestionavelmente, continua a preponderar na atualidade:

> [...] a burocracia ou o domínio de um intricado sistema de departamentos no qual nenhum homem, nem o único nem o melhor, nem poucos nem muitos, pode ser considerado responsável, e que poderia perfeitamente ser chamado de domínio de ninguém. Se, de acordo com o pensamento político tradicional, identificamos a tirania como um governo que não tenciona prestar contas de si mesmo, o domínio de ninguém é o mais tirânico de todos, já que não há sequer alguém a quem se possa perguntar o que está sendo feito. [...] (p. 118)

E Arendt (1969/1972) reforça as ideias anteriores ao sustentar que:

> Numa burocracia completamente desenvolvida, não há ninguém com quem se possa argumentar, para quem se possa apresentar queixas, ou sobre quem possa ser exercida as pressões do poder. Burocracia é a forma de governo na qual todo mundo é destituído de liberdade política, do poder de agir; pois o domínio de ninguém não é o não domínio; e onde todos são igualmente impotentes tem-se uma tirania sem tirano. (p. 151)

Eis, então, o cenário estabelecido em função da herança produzida no processo de edificação do nosso atual sistema socioeconômico: repleto de contextos de produção que não conseguiriam, sob a sombra de uma lógica socioeconômica que se insere perfeitamente em um reino de "domínio de ninguém", sobreviver sem a imposição do poder de poucos sobre muitos, poder este que, por si só, se aceitarmos as reflexões propostas nos parágrafos anteriores, pode ser interpretado literalmente como uma "violência mitigada".

Introduzidas essas reflexões iniciais, que não somente buscaram esclarecer o significado do termo *violência*, mas também sugerir que ela se relaciona declaradamente à nossa atual lógica socioeconômica, adentremos, desse ponto em diante, em pormenores acerca da violência no trabalho. Comecemos, então, por mencionar que a variedade de comportamentos que costumam ser enquadrados como violência no trabalho é tão vasta e a percepção acerca do que tal fenômeno constitui efetivamente é tão variável de cultura para cultura que se torna um verdadeiro desafio descrever e definir esse fenômeno (Chappelle DiMartino, 1999, 2000; DiMartino, Hoel & Cooper, 2003). Diante de tais fatos, por consequência, torna-se também um desafio escolher entre as diversas definições propostas para o fenômeno aquela que julgamos mais adequada para nortear um trabalho que aborde justamente a violência no trabalho, como este. Entretanto, como um critério que nos auxiliou nessa escolha, é preciso esclarecer que optamos por não adotar definições que especificassem que essa violência necessariamente denigre ou gera um ambiente de trabalho hostil, tal como a de Shea citado por Kennedy (2000, p. 4)[1], pois, entre outros argumentos, esse fato poderia não ocorrer, por exemplo, no caso de repórteres que são vítimas de violência no transcorrer de reportagens realizadas externamente ao contexto de produção. Portanto, entre as definições que não especificam esse aspecto como um requisito, entendemos a que segue como uma das mais abrangentes, razão pela qual a adotamos para a compreensão do referido fenômeno:

[1] [...] qualquer ação contra um empregado que gere um ambiente de trabalho hostil e afete negativamente esse empregado, seja física ou psicologicamente. Essas ações incluem todos os tipos de ataques físicos ou verbais, ameaças, coerções, intimidações e todas as formas de assédio.

> [...] se manifesta de muitas maneiras, agrupando de agressões físicas a insultos verbais, *bullying*, *mobbing* e assédio sexual, discriminações nos campos religioso, racial, de deficiências, sexual ou em qualquer outro caso, e podendo ser infligida por pessoas tanto externas quanto internas ao ambiente de trabalho (DiMartino, Hoel e Cooper, 2003, p. 4).

Um dos aspectos que entendemos ser crucial nessa definição é que ela traz à tona o fato de que a violência no trabalho não se restringe a ações e repercussões de natureza física, mas também abrange aquelas de natureza psicológica, que, conforme DiMartino, Hoel e Cooper (2003), foi e continua sendo subestimada, não obstante – felizmente – o reconhecimento de sua existência esteja se tornando uma preocupação cada vez mais presente no âmbito laboral. Por intermédio dessa definição, torna-se evidente a extensa amplitude de tal fenômeno, o qual abarca desde gestos mal intencionados, que, se vistos isoladamente, seriam tidos como inofensivos, até assassinatos consumados. Entre as principais ações que têm recorrentemente configurado violência no trabalho, podem ser destacadas: assediar, isolar, enviar mensagens ofensivas, assassinar, excluir, gesticular rudemente, ameaçar, estuprar, sabotar, intimidar, comportar-se hostilmente, lesionar, maldizer, danificar, oprimir, gritar, xingar, constranger, espancar, entre outras (Chappell, 1998; Chappell & DiMartino, 1999, 2000; Jacobs, 2000; DiMartino, 2002).

Destaquemos aqui que, para que as ações citadas chegassem a ser relacionadas como típicas da violência no trabalho, diversas pesquisas precisaram ocorrer. Entre essas, Chappell e DiMartino (1999) apresentaram uma pesquisa realizada na União Europeia em 1996, baseada em uma amostra de 15.800

entrevistados oriundos das então quinzenações europeias, por meio da qual se evidenciaram os resultados de que 8% (12 milhões) dos trabalhadores tinham sido sujeitos a intimidações ou assédio moral no local de trabalho, 4% (6 milhões) a violência física e 2% (3 milhões) a assédio sexual. Outra pesquisa, realizada nos Estados Unidos entre 1992 e 1996, apontou, entre outros dados, que a cada ano aproximadamente mil norte-americanos eram assassinados no local de trabalho, cinquenta mil eram vítimas de assédio sexual (dos quais muitos resultavam em estupro) e 83 mil eram assaltados (Chappell e DiMartino, 1999).

Ainda como pertinente resultado de diferentes pesquisas, vale mencionar que há concordância acerca do fato de que nenhuma área profissional está imune à violência no trabalho, não obstante possam ser encontradas hierarquizações das áreas profissionais que apresentam maior risco, como a que Chappell e DiMartino (1999) realizaram acerca das ocupações de risco na Suécia[2]: Saúde (24%), Serviço Social (23%), Outras Ocupações (10%), Educação (7%), Correio (7%), Banco (7%), Transporte (7%), Polícia (5%), Assistência Infantil (4%), Vendas (4%) e Segurança (2%).

Com o objetivo de identificar os fatores de risco e adotar medidas preventivas contra as várias modalidades de violência no trabalho, diversos pesquisadores têm buscado compreender as causas e os antecedentes da violência no trabalho. Entre as proposições usualmente encontradas, entendemos, considerando a complexa teia causal relacionada à violência no trabalho, a de DiMartino, Hoel e Cooper (2003) como uma das mais abrangentes. Conforme esses autores, os fatores que

2 Ver tabela Where it concentrates: Occupations at risk (Sweden), Chappell e DiMartino (1999), p. 3.

contribuem para a ocorrência da violência no trabalho costumam enquadrar-se em quatro categorias distintas que, dada a complexidade do fenômeno, podem aparecer de forma entrelaçada:

- **Individuais** – variáveis sociodemográficas (como gênero, idade, nível educacional e estado civil); traços de personalidade; comportamentos específicos; características "profissionais" (como nível de experiência e de treinamento);
- **Situacionais** – trabalhar só; trabalhar à noite; trabalhar em contato com o público; trabalhar com objetos de valor e manipulação de dinheiro; trabalhar com pessoas em situações infortúnias (como presidiários); percepções de injustiça; trabalhar em profissões nas quais haja uma nítida desigualdade entre os sexos – casos em que, por exemplo, uma mulher seja a única representante do sexo feminino em determinado ambiente de trabalho; diferença de poder; insegurança no emprego; troca de gestores; trabalhar em organizações que enfatizam excessivamente a satisfação dos clientes, uma vez que abrem espaço para seu comportamento abusivo;
- **Organizacionais** – impacto da incerteza econômica; *downsizing*; sobrecarga de trabalho; tarefas desigualmente distribuídas; gestão e liderança precárias (marcadas pelo autoritarismo exacerbado, por exemplo); fortalecimento da competição por promoções; cortes de orçamento; cultura e clima organizacionais desfavoráveis; percepção de tratamentos injustos; percepção de vigilância constante; percepção de não ter controle sobre as atividades e condições de trabalho; insatisfação com

a profissão; condições de trabalho precárias; mudanças (tecnológicas, por exemplo); provisão inadequada de treinamento; tarefas monótonas; pressão temporal;

- **Societais** – nível de crimes violentos na sociedade; mudanças econômicas; rápidas mudanças sociais; ascensão do setor da economia informal.

É evidente que a presença das distintas formas de violência em contexto de trabalho traz consigo consequências desfavoráveis para todos os envolvidos. Entre as diversas repercussões para as vítimas de violência no trabalho que se destacam nas pesquisas mais recentes, como salientam, entre outros, Chappell e DiMartino (2000); DiMartino, Hoel e Cooper (2003), parecem mais frequentes as seguintes: estresse e danos à saúde; redução do bem-estar e consideráveis riscos do desencadeamento de problemas psicológicos; danos cognitivos, como dificuldade para se concentrar ou pensar claramente, dificuldade de memória e redução da capacidade para solucionar problemas; redução da autoconfiança; redução da satisfação com o trabalho; reações de medo e desconfiança; estresse pós-traumático; aumento da irritabilidade e retração social, repercussão esta que acaba por deteriorar as interações socioprofissionais (e também as interações sociais externas ao trabalho); ansiedade; depressão; sintomas psicossomáticos, como distúrbios gástricos, perda de apetite e náusea; agressão; isolamento e solidão; dores musculares; insônia; melancolia; apatia; insegurança; falta de iniciativa, motivação e criatividade; aumento do uso de álcool e tabaco, invalidez; perda do emprego; e, como a repercussão mais extrema, a morte.

Ressaltamos, no parágrafo anterior, algumas das repercussões da violência sobre os trabalhadores. Entretanto, tal como reconhecem os estudiosos do assunto, as repercussões perniciosas não se limitam aos trabalhadores – a violência também surte efeitos desfavoráveis nas organizações que lhe servem de "hospedeiras". Entre as principais consequências enumeradas na literatura especializada, assim como em Chappell e DiMartino (1999, 2000); DiMartino, Hoel e Cooper (2003), podemos mencionar: aumento do absenteísmo e da rotatividade de pessoal; queda da produtividade e, consequentemente, da lucratividade; aumento de custos com prêmios de seguro; aumento do número de litígios; redução da eficiência e produtividade; perda da qualidade na produção; perda para a imagem da empresa e, consequentemente, a redução do número de clientes.

Além das duas vítimas da violência no trabalho mencionadas nos dois parágrafos anteriores – os trabalhadores e as organizações –, alguns autores, como DiMartino, Hoel e Cooper (2003); e Chappell e DiMartino (2000), destacam ainda uma terceira: a comunidade ou sociedade. Segundo esses autores, dependendo do sistema nacional de saúde, a violência no trabalho pode representar custos substanciais para a sociedade. O impacto na economia também pode ser evidenciado ao se calcular o montante de custos oriundos do absenteísmo e das aposentadorias precoces provocadas pela violência (DiMartino, Hoel & Cooper, 2003), cabendo ressaltar que a exposição à violência no local de trabalho também tende a se propagar entre os familiares e amigos das vítimas (DiMartino, Hoel & Cooper, 2003; Chappell & DiMartino, 2000).

Mediante todo o exposto acerca da violência no trabalho, enfatizemos, a título de "prelúdio" para o capítulo seguinte, que estudos recentes realizados na Europa apontam que a violência psicológica ameaça mais os trabalhadores do que a violência física (DiMartino, Hoel & Cooper, 2003).

CAPÍTULO 5

ASSÉDIO MORAL NO TRABALHO

Breve trajetória histórica e terminológica

O assédio moral refere-se a uma das modalidades de violência comumente encontradas em nossas atuais interações socioprofissionais (Chappell & DiMartino, 1999, 2000; Jacobs, 2000; DiMartino, 2002; DiMartino, Hoel & Cooper, 2003). Embora se configure como um fenômeno vetusto, provavelmente já existente muito antes de passar a ser reconhecido concretamente (Hirigoyen, 1998/2003, 2001/2002; Aguiar, 2003; Guedes, 2003; Leymann, 2000; Heloani, 2004; Abajo-Olivares, 2004), a primeira publicação a fazer referência, oficialmente, ao assédio moral surgiu somente em 1976, nos Estados Unidos, intitulada *The harassed worker*, de autoria de Brodsky (Hirigoyen, 2001/2002; Cowie, Naylor, Rivers, Smith & Pereira, 2002; Einarsen, 2000). Entretanto, a referida publicação parece não ter tido repercussão tão significativa, e, conforme Leymann (2000), a autora não se deteve especificamente na análise do *harassment*, mas o apresentou na forma de casos de acidentes de trabalho, estresse fisiológico, tarefas monótonas, entre outros.

Somente no início da década de 1980 é que o psicólogo alemão radicado na Suécia, Heinz Leymann, recorreu ao termo *mobbing*, derivado da palavra inglesa *mob*, que pode ser traduzida como "turba" ou "multidão" (Michaelis, 2001), para fazer referência exclusivamente ao assédio moral que identificou nos contextos organizacionais – fenômeno que ele também denominava *psicoterror* ou *terror psicológico* (Leymann, 1993/1996; Leymann & Gustavsson citados por Leymann, 2000; Einarsen, 2000; Hirigoyen, 2001/2002). Cabe salientar que, embora o termo *mobbing* somente tenha vindo a ecoar significativamente com o trabalho de Heinz Leymann, essa palavra já havia sido empregada em 1972, por um médico sueco, para se referir ao comportamento hostil de pequenos grupos de crianças direcionado a outra criança (Heinemann citado por Leymann, 2000; Heinemann citado por Hirigoyen, 2001/2002). Segundo o próprio Leymann (2000), essa fonte o instigou a "pegar o termo emprestado" para fazer referência a um comportamento similar entre os adultos, que ele identificou em ambientes de trabalho. Entretanto, no intuito de compreendermos melhor a acepção de *mobbing*, nos parágrafos seguintes recuaremos um pouco mais no tempo e adentraremos em alguns pormenores do ensaio em que o termo foi originalmente proposto, em 1963, pelo renomado especialista em Etologia,[1] Konrad Lorenz.

Declaradamente inspirado na tese acerca da origem das espécies de Darwin (1859/1961), Lorenz (1963/2001) buscou estudar, por meio de uma vasta gama de dados empíricos, os comportamentos agressivos de animais como peixes de corais, babuínos, aves e ratos. Baseado em extensas e cuidadosas observações do comportamento das espécies mencionadas, bem como de diversas outras, Lorenz (1963/2001) resolveu dar

1 Ciência que estuda o comportamento animal.

nome a um comportamento agressivo particular que percebeu entre essas espécies:

> Mais próximo da verdadeira agressão do que o ataque do animal caçador é certamente o ato contrário: a contraofensiva da presa contra o "inimigo consumidor". São sobretudo os animais que vivem em sociedade que atacam então o animal de rapina ameaçador, sempre que o encontram. Em inglês chama-se esse fenômeno de *mobbing* [...]. As gralhas e os outros pássaros agrupam-se desse modo para perseguir os gatos, as corujas e os outros predadores noturnos quando os encontram de dia. (Lorenz, 1963/2001, p. 44)

Uma vez identificado tal comportamento agressivo entre os animais, Lorenz (1963/2001) chegou às seguintes conclusões: em primeiro lugar, de que o *mobbing* tem uma função importante no interesse das espécies animais, no sentido de sua preservação. Em segundo lugar, o autor sustenta que o *mobbing* tem uma função essencialmente instrutiva, no sentido de manter os predadores distantes; e, em terceiro lugar, de que, além desse "efeito didático", o *mobbing* assume entre algumas espécies o papel principal "[...] de tornar a vida impossível ao inimigo" (Lorenz, 1963/2001, p. 45). Observemos, porém, que ao chegar a tais conclusões, o autor estava referindo-se tão somente às interações interespécies. Entretanto, Lorenz (1963/2001) também identificou e fez considerações acerca do *mobbing* intraespécies, considerações que serão tratadas a seguir, por se aproximarem com maior precisão da analogia que autores como Heinemann e Leymann buscaram fazer com os seres humanos.

Baseado na premissa de que o *mobbing* não se restringia apenas às interações interespécies, mas também se desenrolava entre animais da mesma espécie, Lorenz (1963/2001) concluiu que o principal objetivo da agressão intraespécies é garantir a repartição regular de animais da mesma espécie em determinado território, já que tal repartição reduz o perigo de, em determinado biótipo, uma população demasiado densa de uma só espécie de animais esgotar os recursos alimentares.

Não obstante Lorenz (1963/2001) tenha proposto de início o termo *mobbing* para fazer referência exclusivamente ao comportamento agressivo de diferentes espécies animais, proposição esta que continua sendo adotada por diversos estudiosos (Vieth, Curio & Ernst, 1980; Frankenberg, 1981; Sheed, 1982; Francis, Hailman & Woolfenden, 1989; Srivastava, 1991; Ficken & Popp, 1996; Pavey & Smyth, 1998; Arnold, 2000; Forsman & Monkkonen, 2001; Maklakov, 2002; Schulke, 2002; Desrochers, Belisle & Bourque, 2002; Ostreiher, 2003; Fichtel & Hammerschmidt, 2003; Deppe, Holt, Tewksbury, Broberg, Petersen & Wood, 2003; Griesser & Ekman, 2005), o autor também refletiu acerca de situações similares entre os seres humanos, sustentando que "[...] se, numa certa região, determinado número de médicos, comerciantes ou mecânicos pretendem encontrar o seu ganha-pão, farão bem em instalar-se tão longe quanto possível uns dos outros" (p. 48). Fazendo tal paralelo entre os dois "reinos" (animal e humano), Lorenz (1963/2001) prossegue alertando:

> [...] a agressividade de muitos animais para com os seus próprios congêneres não prejudica a espécie mas é, pelo contrário, essencial à sua conservação. Não faça isto nascer falsas esperanças relativamente à atual situação da humanidade. [...] Considerando a situação como seres

> humanos pessoalmente em jogo, julgamos ter um pesadelo e temos dificuldade em ver na agressão outra coisa além do produto patológico da nossa vida cultural e social em declínio. (p. 69)
>
> Tenho boas razões para considerar a agressão intraespécie, na situação cultural histórica e tecnológica da atual humanidade, o mais grave de todos os perigos (p. 47).

Definindo a cultura como "[...] um sistema de normas e de ritos sociais desenvolvidos no decurso da história e que são transmitidos de uma geração para outra porque são olhados de maneira emocional como valores" (Lorenz, 1963/2001, p. 301), Lorenz sustenta que qualquer desvio ou afronta a tais normas e ritos tende a colocar o "não conformista" em uma situação em que os representantes da cultura em questão o enxerguem como um *outsider* e, dessa forma, passem a persegui-lo de maneira agressiva e cruel. Cremos que foi justamente por meio dessas reflexões de Lorenz que Heinemann, citado por Hirigoyen (2001/2002), resolveu adotar o termo *mobbing* para a interpretação de um fenômeno bastante similar que identificou no contexto humano escolar e, igualmente, Leymann (2000; 1993/1996), após alguns desenvolvimentos, no contexto humano organizacional. Eis, portanto, a fonte original que acabou por desencadear, em 1984, a adoção do termo *mobbing* por Leymann para se referir à "comunicação hostil e antiética dirigida de forma sistemática por um ou mais indivíduos em direção a, principalmente, um indivíduo-alvo" (Leymann citado por Einarsen, 2000, p. 382).

Seguiram-se à referida proposição diversos estudos acerca do fenômeno, algumas vezes sob nova terminologia e com algumas especificidades conceituais. Entre os termos mais comumente empregados, além de *mobbing* e assédio moral no trabalho, destaca-se o *bullying*, que, derivado da palavra inglesa *bully*, cuja tradução para o português é "intimidar" ou "amedrontar" (Michaelis, 2001), foi proposto inicialmente por Olweus em 1978 para descrever comportamentos hostis entre crianças na escola (Schuster, 1996). Embora um número infindável de autores de diferentes nacionalidades se mantenha fiel a aplicar o termo exclusivamente ao contexto escolar para o qual foi inicialmente proposto (Roberts, 1988; Rigby e Cox, 1996; Craig, 1998; Baldry e Farrington, 1999; Salmivalli, 1999; Peterson e Rigby, 1999; Naylor e Cowie, 1999; Kaltiala-Heino, Matti-Rimpelä, Rantanen e Arja-Rimpelä, 2000; Kumpulainen e Räsänen, 2000; Sourander e Helstelä, 2000; Stevens, Oost e Bourdeaudhuij, 2000; Gofin, Palti e Gordon, 2002; Baldry, 2003; Champion, Vernberg, e Shipman, 2003; Woods e Wolke, 2003; Griffin e Gross, 2004; Fontaine e Réveillère, 2004; Coolidge, DenBoer, Segal, 2004; Theriot, Dulmus, Sowers e Johnson, 2005; Newman, Holden, Delville, 2005; Toblin, Schwartz, Gorman e Abou-ezzeddine, 2005, Woods, e White, 2005), o mesmo passou a ser empregado por alguns como sinônimo de *mobbing*, desde que Lazarus citado por Hirigoyen (2001/2002) assim o fez em 1984, sendo, então, denominado de "*bullying* no trabalho" (Ball, 1996; Einarsen, 2000; Cowie et al., 2002; Fox e Stallworth, 2005). Entre outros termos propostos, que apresentam considerável grau de correlação com o fenômeno, pode-se mencionar: *scapegoating*, proposto por Thylefors; *health endangering leadership*, proposto por Kile; *workplace trauma*, proposto por Wilson; *petty tyranny*, proposto por Ashforth, sendo todos referenciados por Einarsen (2000). Encontram-se, ainda, na literatura: *whistleblowing* (Krull, 1996; Kondro, 2000; McDonald e Ahern, 2000; Hirigoyen, 2001/2002; Bucka e Kleiner, 2001), *coação moral* (DiMartino, Hoel & Cooper, 2003), *ijime* (Hirigoyen,

2001/2002), *moleste psicologiche* (DiMartino, Hoel & Cooper, 2003), *collana mobbing* (Ege citado por Guedes, 2003), *acoso psicológico* (DiMartino, Hoel & Cooper, 2003; Abajo-Olivares, 2004), *acoso moral* (Abajo-Olivares, 2004) e *mau-trato psicológico* (DiMartino, Hoel & Cooper, 2003).

Foi com a tradução do termo *harassment* para o francês *harcèlement moral* (Hirigoyen, 1998/2003, 2001/2002) que o fenômeno se disseminou mais amplamente, não somente na França, mas também em diversos outros países, chegando oficialmente ao Brasil por intermédio do Projeto de Lei n. 0425/1999 – transformado posteriormente na Lei Municipal de São Paulo n. 13.288 – e pelos estudos iniciados pela médica do trabalho, Margarida Barreto (Barreto, 2003/2005). Como no Brasil o fenômeno foi originalmente nomeado de *assédio moral no trabalho* e continua sendo assim denominado, optamos por empregá-lo neste estudo como sinônimo das outras denominações, como alguns autores fazem com os termos e expressões *mobbing*, *bullying* e *acoso* psicológico.

Findada essa breve trajetória histórica do ponto de vista terminológico, apresentaremos no tópico que segue algumas das principais definições propostas para o fenômeno, além de uma elaborada por nós, que entendemos ser mais adequada para a compreensão do assédio moral em contextos de produção.

Definições existentes e definição proposta

Entre as principais definições propostas para o assédio moral no trabalho, podem ser destacadas as seguintes:

> [...] qualquer conduta abusiva (gesto, palavra, comportamento, atitude...) que atente, por sua repetição ou sistematização, contra a dignidade ou integridade

psíquica ou física de uma pessoa, ameaçando o seu emprego ou degradando o clima de trabalho. (Hirigoyen, 2001/2002, p. 17)

[...] os contínuos e deliberados maus-tratos verbais e o modo de praticá-los, recebidos por um trabalhador e advindos de outro ou outros, os quais se comportam cruelmente em relação a ele, com o propósito de conseguir o seu aniquilamento ou sua destruição psicológica e obter sua saída da organização mediante diferentes procedimentos. (Piñuel y Zabala, 2001/2003, p. 53)

[...] fenômeno em que uma pessoa ou grupo de pessoas exerce uma violência psicológica extrema, de forma sistemática e repetitiva – ao menos uma vez por semana – e durante um tempo prolongado – mais de seis meses – sobre outra pessoa no local de trabalho, com a finalidade de destruir as redes de comunicação da vítima ou vítimas, destruir sua reputação, perturbar o exercício de seu trabalho e conseguir finalmente que essa pessoa ou pessoas acabem abandonando o local de trabalho. (Abajo-Olivares, 2004, p. 18)

[...] subconjunto de comportamentos agressivos, no qual a agressão é frequente e há desequilíbrio de poder, de modo que é difícil para a vítima defender a si mesma. (Olweus citado por Cowie et al., 2002, p. 34)

[...] comunicação hostil e antiética que é dirigida de forma sistemática por um ou mais indivíduos em direção a, principalmente, um indivíduo-alvo (Leymann citado por Einarsen, 2000, p. 382), concretizada quando [...] uma ou mais de 45 [...] ações ocorrem ao menos uma vez por semana no transcorrer de um período de meio ano ou mais. (Leymann citado por Schuster, 1996, p. 294)

[...] todos aqueles atos e comportamentos provindos do patrão, gerente, superior hierárquico ou dos colegas, que traduzem uma atitude de contínua e ostensiva perseguição que possa acarretar danos relevantes às condições físicas, psíquicas e morais da vítima. (Guedes, 2003, p. 33)

Repetidos e persistentes ataques provindos de uma pessoa para atormentar, rebaixar, frustrar ou conseguir uma reação de outra pessoa; tratamento persistente pelo qual se provoca, pressiona, amedronta, intimida ou provoca desconforto em outra pessoa. (Brodsky citada por Einarsen, 2000, p. 382)

Situações nas quais uma pessoa é exposta repetidamente e durante um tempo a ações negativas por parte de uma ou mais pessoas. (Vartia citado por Einarsen, 2000, p. 382)

Repetitivas ações com o objetivo de infligir dor mental (mas algumas vezes também física), dirigidas contra um ou mais indivíduos que, por uma razão ou outra, não são capazes de defender a si próprios. (Björkqvist, Österman e Hjelt-Bäck citados por Einarsen, 2000, p. 382)

Apreciação desfavorável persistente e abuso pessoal em público ou em particular, por meio do qual se humilha e rebaixa uma pessoa. (Adams citado por Einarsen, 2000, p. 382)

[...] ocorre quando um ou mais indivíduos, repetidamente e por um período de tempo, são expostos a ações negativas (sejam assédio sexual, torturas, exclusão social, comentários ofensivos, abuso físico ou similares) conduzidas por um ou mais indivíduos. Em complemento, deverá existir um desequilíbrio de poder entre as partes. A pessoa cotejada terá que ter dificuldades em defender a si mesma nesta situação. (Einarsen, 2000, p. 383-384)

Recorrendo a uma análise temática do conjunto das definições transcritas acima, podemos agrupar os seguintes elementos, comuns a todas elas:

- Formas por meio das quais o fenômeno se manifesta;
- Frequência;
- Frotagonistas.

Além desses agrupamentos, há elementos, como os *objetivos*, que não aparecem de forma recorrente em todas as definições.

Mediante a análise das definições transcritas, bem como por meio de reflexões e da revisão de literatura realizada acerca do fenômeno, entendemos que nenhuma delas é plenamente satisfatória para compreendê-lo. Podemos justificar essa posição por com alguns argumentos:

- Dois dos autores citados propõem uma periodicidade que, no entender deles, é essencial para que se possa classificar certa situação como assédio moral no trabalho – ao menos uma vez por semana e no transcorrer de um período de pelo menos seis meses (Leymann citado por Schuster, 1996; Abajo-Olivares, 2004). Não obstante essa quantificação temporal tenha sido aceita por muitos estudiosos e servido de fundamento legal em alguns países, como a Espanha, discordamos dela por a julgarmos rígida e imprecisa. Para justificar esse posicionamento, bastaria considerar a possibilidade de um trabalhador ser assediado moralmente e pedir demissão, por não "suportar mais" o conjunto de atentados, cinco meses após seu início. Poderíamos ainda imaginar que no transcorrer desses cinco meses, o trabalhador foi assediado moralmente todos os dias em que compareceu ao emprego, excetuando vinte dias corridos em que seu assediador esteve de férias (três semanas em que o assediado não foi agredido nem mesmo uma vez por semana). Assim, entendemos que, embora para se configurar como tal, o assédio moral no trabalho tenha de se caracterizar por intencionalidade e repetitividade, não há como especificar uma temporalidade precisa para defini-lo.

- Evidentemente, falta consenso entre os autores citados acerca do número de pessoas que operacionalizam o assédio moral no trabalho, bem como do número de pessoas vitimizadas por esse fenômeno.
- Quatro dos autores mencionados não explicitam na definição o objetivo do assédio moral no trabalho (Olweus citado por Cowie et al., 2002; Leymann citado por Schuster, 1996; Vartia citado por Einarsen, 2000; Einarsen, 2000), o que, em nosso entender, acaba por dificultar a compreensão do fenômeno.
- Ainda no que toca aos objetivos do assédio moral, com exceção de Abajo-Olivares (2004), os que mencionam ou estão se referindo a esses objetivos de forma incompleta ou fazendo menção às repercussões acarretadas aos assediados, em nosso entender, não se tratam necessariamente de objetivos do assediador.

Conforme procuramos evidenciar, por meio desses breves argumentos, todas as definições expostas apresentam pelo menos um "limite conceitual". Esses limites, aliados ao fato de não termos encontrado na literatura nenhuma outra definição que os superem plenamente, nos conduzem à proposição da seguinte definição:

- **O assédio moral no trabalho** refere-se a um conjunto de ações violentas (de natureza psicológica e/ou física) que se manifestam por encontrar elementos permissíveis na cultura sócio-organizacional e que são infligidas, de maneira frequente, por um ou mais trabalhadores contra, principalmente, um outro trabalhador, com o objetivo de isolá-lo, desestabilizá-lo e/ou difamá-lo e, muitas vezes, excluí-lo do contexto de trabalho, podendo lhe causar consideráveis danos de natureza física, afetiva, cognitiva e/ou social.

Para explicitar os elementos que compõem a definição proposta, vamos pormenorizá-los:

- **Fenômeno em si mesmo:** assédio moral no trabalho. Do ponto de vista etimológico, o substantivo *assédio* e o verbo *assediar* advêm do latim *adsediu* ou *adsedium*, que vêm do latim clássico *obsidiu* ou *obsidium* (Nascentes, 1955; Machado, 1977; Bueno, 1963), e podem ser traduzidos como "cerco; sítio; cercar; sitiar uma cidade, fortaleza; permanecer assentado diante de, em frente de, assentar-se" (Bueno, 1963); "insistência importuna e, não raro, desrespeitosa; molestar com perguntas, propostas, toques etc." (Ximenes, 1999); "cerco posto a um reduto para tomá-lo" (Ferreira, 1977/1988); "pôr-se diante, obstar, pôr obstáculo, opor-se, ocupar (um espaço), não se afastar de, estar sempre em, habitar, fazer cerco, bloquear, atacar, investir, cidadela para dominar uma cidade, assaltar, invadir, apoderar-se de, assaltar o espírito de alguém, vigiar, guardar, estar com o olho em ou sobre, cilada, emboscada" (Saraiva & Quicherat, 1927/2000); "perseguir com insistência" (Cunha, 1986);

- **Meio de manifestação:** por meio de uma diversidade de ações, necessariamente violentas, sejam de natureza física, sejam de natureza psicológica. Conforme a definição explicita, se o assédio moral se manifesta, em qualquer contexto de trabalho que seja, tal manifestação aponta para a indubitável existência de elementos permissíveis à ocorrência da violência na *cultura sócio-organizacional* (vamos, no *addendum* deste livro, esclarecer o porquê da proposição dessa expressão em vez de *cultura organizacional*);
- **Protagonistas:** de um lado, um ou mais trabalhadores no papel de perpetrador(es) ou assediador(es) e, de outro, um ou mais trabalhadores, sendo, geralmente, um único no papel de vítima ou assediado, conforme dados empíricos de diversas pesquisas têm demonstrado. Acrescentemos que, intencionalmente, não especificamos o nível hierárquico de nenhum dos protagonistas, já que, segundo os dados empíricos, esse nível varia enormemente.
- **Periodicidade:** as ações violentas que configuram o fenômeno dão-se necessariamente de maneira frequente, fato que nos leva a reforçar o alerta de Hirigoyen (2001/2002) de não se considerarem agressões pontuais, isto é, que se dão eventualmente, assédio moral no trabalho. Acrescentemos ainda que, com essa qualificação – frequente –, estamos abarcando o caráter sistemático e repetitivo do fenômeno sem cair em tentativas estéreis (e até mesmo danosas) de quantificação temporal, como a explicitada em algumas definições apresentadas.

- **Objetivos/Etapas:** o(s) assediador(es) se vale(m) de três objetivos intermediários – isolar, desestabilizar e difamar o assediado –, os quais podem ser encarados como fases ou etapas. Esses objetivos podem se dar em diferentes ordens e até mesmo de forma interligada, muitas vezes com o intuito de atingir o objetivo final: excluir o assediado do contexto de produção.
- **Consequências para o(s) assediado(s):** uma diversidade de danos, os quais podem ser de naturezas física, afetiva, cognitiva e/ou social.

Uma vez proposta a definição para *assédio moral no trabalho*, vamos apresentar nos capítulos seguintes algumas das características comumente apontadas na literatura como fundamentais para a compreensão do fenômeno.

Assédio moral no trabalho

Tipologia

Grande parte dos estudos acerca do assédio moral no trabalho tem apontado para a existência de três modalidades distintas (Leymann, 1993/1996; Abajo-Olivares, 2004; Guedes, 2003; Hirigoyen, 1998/2003, 2001/2002; Piñuel y Zabala, 2001/2003; Aguiar, 2003), as quais, conforme se poderá observar, englobam todos os protagonistas que interagem no interior de um contexto de produção. Tais modalidades são: (1) o assédio moral descendente (ou vertical); (2) o assédio moral horizontal; e (3) o assédio moral ascendente. Vamos abordar cada um deles nos parágrafos seguintes.

O *assédio moral descendente (ou vertical)* ocorre em situações nas quais um (ou mais) trabalhador que tem uma posição que lhe confere certo nível de poder dentro da escala hierárquica assedia moralmente outro (ou mais) trabalhador que está subordinado a ele, direta ou indiretamente.

Piñuel y Zabala (2001/2003) sustenta que, geralmente, essa modalidade de assédio moral é utilizada por superiores hierárquicos que objetivam: (1) reduzir a influência social de um (ou mais) subordinado(s) e/ou (2) forçar um (ou mais) subordinado(s) a deixar o trabalho ou a solicitar transferência (ou licença trabalhista) espontaneamente. Hirigoyen (1998/2003) acrescenta que, para que as finalidades do(s) perpetrador(es) sejam atingidas, tal modalidade de assédio moral no trabalho se manifesta por meio das seguintes situações: (a) abuso de poder, em que o superior hierárquico se utiliza de sua posição de maneira desmedida, "perseguindo" seus subordinados por medo de perder esse poder. Guedes (2003) entende que o abuso de poder é motivado por razões diversas, entre as quais destaca: ameaça à imagem social, diferença de idade, antipatia pessoal, razões políticas, inveja e proteção superior de que goza o subordinado ou, conforme Abajo-Olivares (2004), para impedir que pessoas com evidente destaque profissional e potencialmente competitivas ascendam na escala hierárquica, o que poderia supostamente representar um "risco" para a posição do assediador; e (b) manobra perversa, por meio da qual um indivíduo, "[...] para "engrandecer-se", sente necessidade de rebaixar os demais" (Hirigoyen, 1998/2003, p. 75). Estudos posteriores posicionaram-se como concordantes a tais sustentações, como os de Guedes (2003), Hirigoyen (2001/2003) e Piñuel y Zabala (2001/2003), ressaltando-se que este complementa tais ideias sustentando que, nessa modalidade de assédio, "o denominador comum consiste no fato de o chefe se prevalecer de seu poder de maneira abusiva, insolente e perversa" (Piñuel y Zabala, 2001/2003, p. 75).

Alguns autores, como Piñuel y Zabala (2001/2003), Abajo-Olivares (2004), Guedes (2003) e Hirigoyen (1998/2003), consideram a possibilidade de os representantes da direção do contexto de produção que se torna o palco de tais violências não somente permitirem que elas ocorram, mas também, muitas vezes, serem os autores indiretos dessas violências, por razões diversas. Entre alguns argumentos que podem exemplificar esse posicionamento, as quais, em nosso entender, justificam ao menos em parte o porquê de alguns autores, como Hirigoyen (2001/2002) e Guedes (2003), adjetivarem essa modalidade de assédio moral de *estratégica*, podem ser destacadas as seguintes:

> A empresa deixa um indivíduo dirigir seus subordinados de maneira tirânica ou perversa, ou porque isso lhe convém, ou porque lhe parece não ter a menor importância. (Hirigoyen, 1998/2003, p. 75)

> [...] temos que admitir a possibilidade de que a atuação do superior hierárquico seja determinada por ordens e instruções expressas da organização, tendente a eliminar da mesma um indivíduo (tido como – *nota nossa*) problemático ou indesejável [...]. (Abajo-Olivares, 2004, p. 35)

> Às vezes o *mobbing* desencadeado por um superior é posterior a uma decisão de demissão ou rescisão contratual que já foi tomada e que não se comunica à vítima. (Piñuel y Zabala, 2001/2003, p. 75)

Referindo-se ao termo *bossing*, o qual é tido por autores como Guedes (2003) e Abajo-Olivares (2004) como sinônimo de *mobbing* vertical, Guedes (2003) acrescenta ainda que o assédio moral no trabalho vertical pode se tratar "[...] de uma estratégia da empresa para reduzir o número de pessoal ou, buscando conter custos, substituir o quadro por pessoas mais jovens e, consequentemente, pagar salários mais baixos" (p. 36).

No entender de Guedes (2003), assédio moral no trabalho descendente não precisa necessariamente ser praticado de forma direta pelo superior hierárquico, mas, antes, deflagrado e disseminado por este, que passa a contar com a cumplicidade ativa de outros subordinados, fato que leva a situação a desembocar em uma mescla do assédio moral vertical e horizontal.

Há controvérsias entre alguns autores no que toca à classificação dessa modalidade de assédio moral no trabalho como a mais frequente, conforme se tende a supor num primeiro momento. De um lado, de forma majoritária, encontram-se estudiosos do assunto que sustentam de forma taxativa que efetivamente essa é a modalidade mais usual, tal como Guedes (2003), ao defender que "o tipo mais frequente de terrorismo psicológico é aquele denominado *vertical*" (p. 36), o que parece bastante razoável ao considerarmos o fato de o sistema econômico vigente colocar grande parte dos trabalhadores em uma posição na qual "[...] eles têm que estar dispostos a aceitar tudo, se quiserem manter o emprego" (Hirigoyen, 1998/2003, p. 75). De encontro a tais sustentações, entretanto, há autores, como Abajo-Olivares (2004), que afirmam que isso é um equívoco, já que existem dados estatísticos oriundos de estudos, como alguns realizados por Leymann citado por Abajo-Olivares (2004), que apontam para maior ocorrência de assédio moral horizontal. De nossa parte, em vista dos resultados variados que podem ser encontrados na literatura quando considerado esse tocante, entendemos que, vista de forma isolada, tal questão não é pertinente. Uma vez que cada departamento, gerência, setor etc. de um único contexto de trabalho pode apresentar predominância ora de uma modalidade, ora de outra, talvez o mais relevante seja nos ater aos males que essa violência pode causar, independentemente da modalidade.

Registremos ainda que podem ser encontradas pesquisas nas quais os questionamentos de trabalhadores em relação às políticas de gestão, longas jornadas e sobrecarga de atribuições também se evidenciaram como propulsores de assédio moral no trabalho perpetrado por superiores hierárquicos contra subordinados (Barreto, 2003/2005).

Fazendo referência agora ao *assédio moral horizontal*, comecemos por especificar que ele ocorre nas situações em que um ou mais trabalhadores assediam moralmente outro(s) de nível hierárquico similar.

Conforme sustentam diferentes autores, como Hirigoyen (1998/2003), Guedes (2003) e Abajo-Olivares (2004), essa modalidade de assédio moral no trabalho pode originar-se (ou ser facilitada) no ambiente excessivamente competitivo suscitado pela lógica de nosso atual sistema econômico. Outras causas para seu surgimento, apontadas comumente na literatura, são: a inveja "patológica" – conforme Hirigoyen (1998/2003), em relação à beleza, juventude, riqueza, às relações influentes, ao nível de estudos –, personalidade com traços psicopáticos ou perversos, motivos políticos, conflitos pessoais não resolvidos e incapacidade de aceitar diferenças, o que pode desencadear o sexismo, a xenofobia e o racismo (Hirigoyen, 1998/2003; Guedes, 2003; Abajo-Olivares, 2004). No que toca à xenofobia e ao racismo, Guedes (2003) faz uma observação pertinente relacionada ao nosso contexto:

> [...] no caso brasileiro, [...] a ausência de políticas públicas capazes de gerar um desenvolvimento calcado em justiça social, nas regiões Norte e Nordeste, obriga a população

> a migrar para o Sul e o Sudeste do país, em busca de emprego, o que torna frequentes os casos de humilhações e assédio moral por conta do racismo e da xenofobia. Reflexos disso colhemos no fato de que, em São Paulo, entre os assalariados, quase todo nordestino é designado de "baiano", mesmo que tenha nascido em Pernambuco. [...] e qualquer lapso ou gafe no ambiente de trabalho é designada como "baianada". (p. 37)

Já o *assédio moral ascendente* ocorre quando um (ou mais) superior hierárquico é assediado moralmente por um (ou mais) subordinado.

Essa terceira modalidade de assédio moral no trabalho, conforme se pode supor sem grandes aprofundamentos, é de ocorrência mais rara (Hirigoyen, 1998/2003; Guedes, 2003), já que, na lógica do nosso sistema, um trabalhador que tente assediar um ou mais superiores hierárquicos pode ser bastante prejudicado com a alegação de insubordinação. Entretanto, essa modalidade não deve ser desconsiderada, já que "[...] pode ser do mesmo modo destrutivo" (Hirigoyen, 2001/2002).

Hirigoyen (2001/2002) distingue, basicamente, duas formas de assédio moral no trabalho ascendente, subdivisão que nos parece contemplar boa parte dos casos apontados na literatura: (1) falsa alegação de ter sofrido assédio sexual, utilizada estrategicamente por um subordinado que visa atentar contra a reputação de um superior hierárquico, desqualificando-o repetidamente; e (2) reações coletivas do grupo, que podem ter diferentes causas, como, por exemplo: (a) o interesse de um grupo de "se livrar" de um superior hierárquico que lhes foi imposto e não é aceito por causa de seus métodos, estilo ou ideias, que não coincidem com os que imperavam no grupo até o momento de sua chegada; e (b) o interesse de um ou mais colegas de mesmo nível hierárquico de causar demissão ou afastamento de um colega que se encontrava no mesmo nível e foi escolhido para ocupar um cargo que todos almejavam.

Hirigoyen (2001/2002) destaca ainda, embasada na realidade europeia, que nessa modalidade é comum que os assediados não saibam para onde se dirigir para se defender, já que dificilmente será para os sindicatos e ainda menos para a Justiça, que, conforme a autora, tende a não levar essas queixas a sério.

Ainda no que toca à classificação tipológica do assédio moral no trabalho, duas observações finais se fazem pertinentes: (1) no que diz respeito aos protagonistas "externos" ao contexto de produção, como os clientes e fornecedores, quase não se encontram na literatura sustentações de que as violências que estes infligem aos trabalhadores, quando em interação com eles, podem se configurar assédio moral no trabalho, não obstante possamos apontar autores que procuram considerar essa modalidade, como McAfee, Deadrick e Kezman (1999); (2) cabe salientar ainda que, no entender de Hirigoyen (2001/2002), existe uma quarta modalidade de assédio moral no trabalho: o *assédio misto*. Conforme a autora, essa modalidade é aquela em que todo o grupo de trabalho, incluindo superiores e colegas de mesmo nível hierárquico, assedia determinado trabalhador. Conforme outros autores, como Guedes (2003), Leymann (2000) e Abajo-Olivares (2004), não adotamos essa quarta modalidade por entendermos que ela se dá, com frequência demasiada, como um desdobramento das outras três, já que, quando um assediador desestabiliza, difama ou isola determinado assediado, é habitual que busque "estrategicamente" o apoio operacional de outras pessoas, conforme a literatura correntemente salienta.

Causas

Conforme abordamos no tópico anterior, que tratou da tipologia do assédio moral no trabalho, o fenômeno pode originar-se de causas diversas, as quais, por sua vez, podem variar bastante em função da modalidade de assédio moral no trabalho que esteja em curso. Embora as principais causas – ou aquelas que aparecem de forma mais recorrente na literatura – já tenham sido enumeradas, vamos apresentá-las novamente, para facilitar a visualização, acrescentando eventualmente alguns comentários que entendemos ser relevantes, e adicionando outras causas que não haviam sido relacionadas. Vamos enumerá-las, portanto:

- Suposta "ameaça" que o futuro assediado representa para o assediador (Guedes, 2003).
- Dificuldade do assediador em aceitar diferenças, sejam referentes a gênero, idade, raça, nacionalidade, posições políticas, opções religiosas, entre outras (Guedes, 2003).
- Antipatia pessoal provinda de razões diversas (Guedes, 2003).
- "Retaliação" contra trabalhadores que questionam políticas de gestão (Barreto, 2005), além de longas jornadas e sobrecarga de trabalho (Barreto, 2003).
- Inveja, por parte do assediador, da suposta proteção superior gozada pelo futuro assediado (Guedes, 2003); da beleza, juventude, riqueza, relações influentes e nível de estudos do futuro assediado (Hirigoyen, 1998/2003).
- Decisão por parte do assediador de impedir ascensão hierárquica do futuro assediado na escala hierárquica, muito provavelmente em função do suposto risco que

o assediado representaria na percepção do assediador (Abajo-Olivares, 2004).

- Personalidade narcisística do assediador (Hirigoyen, 1998/2003).
- "Estratégia empresarial", motivada por razões diversas, para provocar demissões voluntárias que, como os estrategistas entenderiam, implica custos menores (Guedes, 2003; Abajo-Olivares, 2004; Piñuel y Zabala, 2001/2003). Conforme ressalta Hirigoyen (2001/2002), a explicitação da intencionalidade coligada a tal estratégia tende a ser instaurada progressivamente:

> [...] Como demitir um funcionário muito antigo custa muito, de início não se pensa necessária e conscientemente em forçá-lo a ir embora, mas ele é observado cuidadosamente. Registra-se tudo o que não vai bem, incutindo a ideia de que um jovem se sairia melhor. [...] O menor erro adquire dimensões exageradas. [...]. Pouco a pouco, ele vai sendo moralmente assediado e induzido ao erro. A intencionalidade é instaurada progressivamente. (p. 42)

- Conforme Hirigoyen (2001/2002), contextos particularmente submetidos ao estresse podem ser interpretados como facilitadores para que o assédio moral no trabalho se manifeste e, portanto, também podem compor a complexa teia causal correlata ao fenômeno.
- Segundo Barreto (2003), o assédio moral no trabalho (coligado ao fenômeno da humilhação social) também pode derivar da intenção de manter a "ordem" e a

"disciplina", bem como de aumentar a produtividade nas empresas:

> [...] E não é uma falha do sistema político, ao contrário, ela é necessária ao sistema para manter a ordem, a disciplina, e para aumentar a produtividade nas empresas. A humilhação se inscreve nas relações autoritárias de poder, fortalecendo a inclusão pela exclusão. (p. 209)

Embora não tenhamos localizado na literatura especializada em assédio moral no trabalho nenhum autor que o sustente, acrescentaríamos também, como possível fator desencadeador, a recusa de um ou mais trabalhadores a tomar parte de certas estratégias defensivas coletivas (das quais trataremos mais adiante). Essa hipótese poderia ser corroborada por sustentações de Dejours (1980/1992, 1993/2004b) de que aqueles que se negam a participar das estratégias defensivas coletivas já "instituídas" por determinado grupo tendem a ser repreendidos, marginalizados, excluídos do convívio com os colegas e sistematicamente perseguidos, tudo isso em razão do "risco" de seu comportamento vir a desmantelar a eficácia das estratégias defensivas coletivas em uso.

Ainda no tocante às causas, cabe salientar que Leymann (1993/1996; 2000) sustenta que o assédio moral no trabalho origina-se, necessariamente, de um conflito não resolvido. Recorrendo a Guedes (2003), podemos verificar que muitos conterrâneos do autor estão de acordo com tal sustentação:

> No primeiro encontro entre os estudiosos da língua germânica sobre o assédio moral, foi ressaltado que a origem do fenômeno está, quase sempre, ligada a um conflito

> relacional com a organização do trabalho, mas que não é corretamente administrado, transformando-se sucessivamente em um conflito pessoal. (p. 54)

Entretanto, opondo-se a tal interpretação causal, Hirigoyen (2001/2002) entende que, se o assédio moral chega a se concretizar em determinado contexto de trabalho, tal fato se dá justamente porque nenhum conflito pode ser estabelecido. A autora justifica esse entendimento ao elucidar que, em um conflito, as recriminações são explícitas ou, segundo ela, "a guerra é aberta [...]" (p. 24). Ela esclarece ainda que no conflito, diferentemente da maioria das situações de assédio moral, existe "igualdade teórica" entre os protagonistas, no sentido de que ambas as partes têm espaço para se defender e para expressar suas opiniões.

Em relação ao discutido nos dois parágrafos anteriores, nós nos posicionamos de maneira intermediária entre as sustentações de Leymann (1993/1996; 2000) e de Hirigoyen (2001/2002). Primeiro, entendemos que uma situação de conflito não resolvida efetivamente – resolução esta que poderia inclusive gerar mudanças benéficas para ambos (Hirigoyen, 2001/2002) – pode sim, tal como Leymann (1993/1996; 2000) o sustenta, desencadear o assédio moral no trabalho; nesse sentido, estamos de acordo com Hirigoyen (2001/2002) ao sustentar que as "técnicas" de "gestão de conflitos" empregadas oficialmente por algumas empresas podem, ao evitar os confrontos e verbalizações diretas entre as partes envolvidas, "mascarar" a situação e tão somente gerar a acumulação de rancores. Em segundo lugar, estamos de acordo com os argumentos de Hirigoyen (2001/2002), em especial quando ela sustenta que, em uma situação de assédio moral no trabalho, diferentemente do conflito, a parte assediada geralmente não encontra espaço algum para se defender, tampouco mediadores que possam ajudar a explicitar a situação. Além disso, não encontramos na literatura uma prevalecência de dados empíricos que comprovem a afirmação taxativa de que todos (ou quase todos) os casos de assédio moral no trabalho originaram-se de um conflito mal resolvido.

Para fecharmos as contribuições teóricas relacionadas às causas do assédio moral no trabalho, acrescentemos que Hirigoyen (1998/2003) alerta que, por tratar-se de um fenômeno circular, não deveria ser o caso buscar quem está em sua origem (o assediador ou o assediado), pois os comportamentos deliberados do assediador tendem a desencadear a ansiedade do assediado; este, portanto, passaria a expressar atitudes defensivas, as quais, por sua vez, poderiam acabar estimulando novas agressões.

Repercussões

Os estudos acerca do assédio moral no trabalho vêm enfatizando as consequências devastadoras dessa modalidade de violência tanto para os assediados e contextos de produção quanto para a sociedade, desde seus primórdios. Não seria exagero supor que esse fenômeno passou a ser estudado justamente em função dos efeitos degradantes que estava provocando. A seguir, vamos expor algumas das repercussões que têm aparecido mais frequentemente na literatura especializada, subdividindo-as em: repercussões para os assediados, repercussões para os contextos de produção e repercussões para a sociedade.

Em nosso entendimento, as *repercussões do assédio moral no trabalho para os assediados* podem se subdividir em quatro grandes grupos, que, certamente, apresentam contínua interligação: físicas, afetivas, cognitivas e sociais. Entre as mais apontadas em diferentes estudos, podem ser destacadas: (a) **físicas**: sintomas nervosos, como palpitações, sudoração, hipertensão arterial, sensação de falta de ar e sufocamento etc., distúrbios psicossomáticos, como gastrites, colites, úlceras de estômago, problemas de tireoide, falta de apetite, vertigens, náuseas, vômitos, diarreias etc., fraqueza, fadiga crônica, tremores, repercussões na saúde musculoesquelética, transtornos do sono, desmaios, dores diversas, entre outras; (b) **afetivas**: melancolia, apatia, sociofobia, hostilidade, irritabilidade, hipersensibilidade, depressão, isolamento, ataques de pânico, ansiedade, sentimentos de cólera e de insegurança, desamparo, desespero, sentimentos de vitimização, insônia, entre outras; (c) **cognitivas**: dificuldade de concentração, perda de memória, entre outras; (d) **sociais**: diante dos danos psíquicos adversos provocados pelas práticas de assédio moral, é compreensível que este transcenda à esfera individual e provoque danos colaterais na vida relacional do assediado, quer seja no tocante à família, ao cônjuge, aos colegas de trabalho, quer no tocante aos amigos; redução da "empregabilidade" do assediado; prostração econômica advinda das dispensas continuadas, do abandono voluntário do emprego, entre outras (Leymann, 1993/1996, 2000; Einarsen, 2000; Björkqvist, Österman & Hjelt-Bäck citados por Einarsen 2000; Brodsky citada por Einarsen 2000; Einarsen, Raknes, Matthiesen & Hellesöy citados por Einarsen, 2000; Hirigoyen, 1998/2003, 2001/2002; Piñuel y Zabala, 2001/2003; Guedes, 2003; Abajo -Olivares, 2004; Barreto, 2005; Caixeta, 2005). Diante de tais grupos de repercussões, chamemos a atenção para o fato de o assédio moral no trabalho, não obstante geralmente ter como "porta de entrada" a dimensão afetiva, impactar também nas dimensões física e cognitiva do sujeito.

Independentemente de o assediado superar qualquer uma das consequências relacionadas no parágrafo anterior que porventura venha a sofrer), diversos estudos parecem sugerir que, após a situação de assédio, ele tende a carregar consigo uma verdadeira "ferida psíquica", de difícil cicatrização. Recorrendo a Hirigoyen (2001/2002) e Piñuel y Zabala (2001/2003), tal sustentação pode ser corroborada, já que ambos afirmam, com o devido embasamento empírico, que o trabalhador que sofreu assédio moral geralmente apresenta uma série de sintomas semelhantes aos da denominada *síndrome de estresse pós-traumático*, usual entre as vítimas de assaltos, catástrofes naturais, acidentes em geral, estupros, entre outros incidentes extremos, fato que, conforme Piñuel y Zabala (2001/2003), acabou por desencadear no seio da prática clínica a proposição da expressão *síndrome de estresse por coação continuada*. Cabe aqui, porém, acrescentar a observação de Einarsen (2000) de que a gravidade das consequências do assédio moral no trabalho varia, provavelmente, em função dos traços de personalidade dos assediados, o que é corroborado ainda por Abajo-Olivares (2004), quando sustenta que as reações em situações de assédio moral no trabalho variam de indivíduo para indivíduo.

Considerando todas essas repercussões perniciosas sofridas pelos assediados, não é de surpreender que muitos pesquisadores do assédio moral no trabalho se deparem com diversas situações nas quais os assediados declarem que já pensaram em/ tentaram atentar contra a própria vida, bem como tenham acesso a casos nos quais, segundo testemunhas e registros documentais, indivíduos cometeram suicídio em decorrência dos atentados de terrorismo psicológico que sofreram. Chappell e DiMartino (1998/2000) e Abajo-Olivares (2004), por exemplo, apresentam estimativas que apontam que cerca de 10 a 15% dos suicídios ocorridos na Suécia estão relacionados ao assédio moral no trabalho, estimativas que, de fato, se aproximam bastante daquelas que Leymann (1993/1996) havia feito no mesmo país, em 1986. Barreto (2003), correlacionando habilmente os fenômenos de violência moral e humilhação social vivenciados por 870 trabalhadores brasileiros dos ramos farmacêutico, químico, plástico e cosmético, informa que 52,4% já tinham pensado em suicídio em decorrência das situações degradantes a que foram submetidos. Após fazer uma análise aprofundada, a autora apresenta um dado ainda mais alarmante: desses 870 trabalhadores, 376 eram homens, e todos já tinham pensado em suicídio. Hirigoyen (2001/2002) alerta que quanto mais se prolongar o estado depressivo promovido pelo assédio moral, maior será o risco de o assediado atentar contra a própria vida. Dito isso, a autora, baseando-se em dados da Classificação Internacional de Doenças Mentais da *American Psychiatric Association*, alerta que em 69% dos casos de estado depressivo severo recomenda-se acompanhamento médico, em virtude de sério risco de suicídio. Hirigoyen (1998/2003) chega a relatar casos reais testemunhados por algum espectador de situações de assédio moral no trabalho, tal como o de um diretor executivo que pretendiam afastar da empresa:

> [...] Ele foi instalado em uma sala distante, sem missão definida, sem contatos, com um telefone que não estava conectado a nada. Depois de um certo tempo em tal situação, esse executivo preferiu matar-se. (p. 79)

Ainda no tocante a tentativas de suicídio ocasionadas por uma situação de assédio moral no trabalho, vale resgatar o caso que Dejours (1998/2001) utilizou quando tratava da "banalização do mal". Embora não tenha dado nome ao fenômeno, ele relatou claramente uma situação de assédio moral no trabalho que resultou na tentativa de suicídio por um engenheiro da Societé Nationale des Chemins de Fer Français (SNCF):

> Trata-se de um engenheiro, recentemente designado para uma garagem da SNCF [...]. Alguns dias após sua chegada, toma conhecimento de informações sobre um incidente ocorrido no setor da ferrovia pelo qual é responsável. A cancela de uma passagem de nível não abaixou à passagem de um trem. [...]
>
> Em reunião de trabalho, o engenheiro relata o incidente [...], mas os demais minimizam a importância do fato. O engenheiro não pensa assim e, entendendo que o incidente é grave, exige uma investigação completa. O grupo vai aos poucos isolando o novato insistente. Por quê? As mudanças estruturais e o enxugamento dos quadros deixam todos tão sobrecarregados que eles "deixam para lá" [...]. O engenheiro se recusa a desistir da investigação. Vê-se obrigado a sustentar a gravidade do incidente, enquanto os outros a minimizam [...].
>
> [...] Nos dias seguintes, seus colegas evitam comer à mesma mesa que ele e dirigir-lhe a palavra. O infeliz já não compreende mais nada. O cerco se aperta. Ele se sente cada vez mais angustiado e perplexo. Dois dias depois, no seu local de trabalho, ele se joga do vão de uma escada, transpondo o parapeito. É hospitalizado com fraturas múltiplas, depressão, confusão mental e tendência suicida [...]. (p. 32-33)

O caso ilustrado corrobora a afirmativa de Piñuel y Zabala (2001/2003) de que muitas das tentativas de suicídio suscitadas pelo assédio psicológico no trabalho são consumadas no próprio local de trabalho. Entretanto, apesar dos fatos mencionados, que evidenciam a provável correlação de depressão e suicídio com assédio moral no trabalho, julgamos justo explicitar o alerta de Schuster (1996) para o fato de que algumas das supostas consequências oriundas do sofrimento infligido por meio do assédio moral no trabalho, tal como a depressão, não são comumente apresentadas com dados empíricos que possam comprovar tal relação, constatação que aponta para a necessidade de ampliação do número de estudos que se proponham ao desafio de aprofundar essas relações. Embora ainda sejam muito escassas, felizmente começaram a ocorrer algumas iniciativas nesse sentido, como a obra *Do assédio moral à morte de si: significados sociais do suicídio no trabalho* (Barreto, Netto & Pereira, 2011), que expõe o resultado das pesquisas e reflexões de mais de dez pesquisadores (em sua maioria brasileiros) acerca dessa grave relação, bem como a obra *Suicídio e trabalho: o que fazer?*, de Dejours e Bègue (2009/2010).

Ainda no tocante às repercussões acarretadas aos assediados, como bem salienta Barreto (2003), a gravidade correlata a elas tende a deixar os assediados cada vez mais vulneráveis à "potência do padecer". Para justificar tal sustentação, a autora esclarece que entre os relatos de dez vítimas de humilhações no contexto de trabalho, os quais ela teve a oportunidade de ouvir em conversa clínica prolongada, evidenciaram-se emoções como medo, raiva, revolta, mágoa, ressentimento, angústia, vergonha e vontade de vingar-se, que, associadas a sentimentos de desvalorização, desqualificação, desmotivação, traição e baixa autoestima, acabavam por torná-las "[...] pessoas prisioneiras de afetos tristes, impedindo-as muitas vezes de ação" (Barreto, 2003, p. 36).

As *repercussões do assédio moral no trabalho para os contextos de produção*, tão comumente administrados por gestores ávidos por produtividade e lucratividade exarcebadas, poderiam ser mais bem retratadas ao se considerar um único fato: um trabalhador "abatido" pelo assédio moral no trabalho (Hirigoyen, 1998/2003, Piñuel y Zabala, 2001/2003; Guedes, 2002) tende a produzir menos ou até mesmo deixar de produzir quando afastado por doença ocupacional, por exemplo. De qualquer forma, para os representantes de contextos de produção que ainda não se convenceram da gravidade do fenômeno, é válido computar alguns dos números que configuraram custos concretos para algumas empresas: conforme os dados de uma pesquisa conduzida pelo National Safe Workplace Institute, em 1992, a violência no trabalho representou, nos Estados Unidos, um custo de mais de 4 bilhões de dólares; outra pesquisa, intitulada *National Crime Victimization Survey*, realizada no mesmo país entre os anos de 1987 e 1992, estimou um custo de aproximadamente 1,8 milhão de dias perdidos por ano; na Alemanha, uma única empresa, com um efetivo de mil trabalhadores, calculou o custo de 112 mil dólares americanos, oriundo da violência psicológica no ambiente de trabalho; outra pesquisa, realizada na Alemanha, estimou como custo total do *mobbing* um montante de 2,5 bilhões de dólares americanos; no mesmo país, sabe-se que a Volkswagen teve de pagar, há poucos anos, o equivalente a 300 mil dólares de indenização a vítimas de assédio moral no trabalho (Chappell e DiMartino, 1999, 2000; Guedes, 2003). Acrescentemos ainda, como reflexos dessa modalidade de violência aos contextos de produção, a degradação do ambiente de trabalho (Hirigoyen, 2001/2002; Abajo-Olivares, 2004) e a desmotivação daqueles que estão na posição de espectadores (Abajo-Olivares, 2004).

No que diz respeito às *repercussões do assédio moral no trabalho para a sociedade* alguns autores têm relacionado elevado custo com saúde pública, aposentadorias precoces, redução da população ativa, aumento do índice de suicídios, entre outros (Leymann, 1993/1996; Chappell e DiMartino, 1998/2000; Guedes, 2003; Abajo-Olivares, 2004).

Estratégias de mediação

Ferreira e Mendes (2003) propuseram a expressão *estratégias de mediação individuais e coletivas* para fazer referência aos modos de pensar, sentir e agir adotados por trabalhadores para confrontar, superar e/ou transformar as adversidades do contexto de produção que podem lhes causar sofrimento e, assim, comprometer sua integridade física, psicológica e social. Esse "comprometimento", em se tratando de assédio moral no trabalho, é materializado justamente por uma ou mais das repercussões relatadas na literatura que apresentamos no subtópico anterior.

Embasados em diversos estudos realizados nos campos da Ergonomia da Atividade e da Psicodinâmica do Trabalho, Ferreira e Mendes (2003) subdividem as referidas estratégias de mediação em três modalidades: *operatórias*, *defensivas* e de *mobilização subjetiva*. Embora nem todas as modalidades de estratégias de mediação adotadas pelos assediados se apliquem necessariamente como respostas diretas à violência que lhes é infligida e conjecturemos a possibilidade de algumas excederem os limites das três modalidades citadas, parece-nos factual que boa parte delas se enquadre como "defesas", conforme procuraremos esclarecer nos parágrafos que seguem.

Segundo Anna Freud (1946/1968), o primeiro a empregar a palavra *defesa* com o intuito de descrever a "luta" do ego contra ideias ou afetos dolorosos foi Sigmund Freud, em sua obra *The defense neuro-psychoses*, publicada em 1894. Por meio de uma análise exaustiva dos métodos defensivos descritos nas obras do renomado autor, Freud (1946/1968) chega a dez "mecanismos de defesa": regressão, repressão, formação da reação, isolamento, anulação, projeção, introjeção, inversão contra o eu, reversão e sublimação. Segundo a autora, em certas ocasiões esses mecanismos podem ser empregados de forma mais ou menos simultânea, tal como a introjeção e a projeção, que, em conjunto, potencialmente caracterizariam o que se designa como *identificação com o agressor*. Ainda em conformidade com Freud (1946/1968), ao auxiliar o ego na "luta" contra a ansiedade, seja esta luta instintiva, objetiva ou da consciência, os mecanismos de defesa objetivam garantir sua segurança e poupá-lo da experiência da "dor".

A despeito da afirmativa de Dejours e Abdoucheli (1982/1994) de que a psicanálise nada tem a "dizer" diretamente sobre o trabalho, os mesmos autores reconhecem que a questão que ela pode suscitar – *Qual é o lugar do desejo e qual é o lugar do sujeito no trabalho contemporâneo?* – desencadeou a "clínica" que recebeu o nome de *psicopatologia do trabalho* e, após desenvolvimentos ulteriores, *psicodinâmica do trabalho*, ou, mais precisamente, *análise psicodinâmica das situações de trabalho* (Dejours, 1995/2004). Em seu estágio atual, a referida disciplina se propõe a estudar precisamente a dinâmica de transformação do sofrimento em prazer, colocada em movimento pelos trabalhadores em geral. Com isso, conforme salienta Dejours (1993/2004a), desvia o foco da "doença mental", tal como o era na psicopatologia do trabalho, para as "defesas" empregadas pelos trabalhadores, ou seja, volta-se para um momento anterior à manifestação da patologia propriamente dita. Com isso, as *estratégias defensivas* individuais ou coletivas (Dejours, 1993/2004a,

1998/2001), inspiradas no modelo psicanalítico do funcionamento psíquico (Dejours, 1993/2004a), tornam-se objeto privilegiado de análise no estudo da dinâmica prazer-sofrimento no trabalho.

Assim como os mecanismos de defesa "detectados" pela psicanálise, as estratégias defensivas objetivam impedir a manifestação subjetiva – e também intersubjetiva, no caso destas – do sofrimento (Dejours, 1980/1992; Dejours e Abdoucheli, 1990/1994; Mendes, 1999), com a ressalva de que, nesse caso, restringem os trabalhadores como sujeitos e tratam unicamente do sofrimento proveniente dos conflitos e das contradições originados do confronto entre os desejos e as necessidades dos trabalhadores e as características do contexto de produção (Ferreira e Mendes, 2003). Um aspecto paradoxal inerente às estratégias defensivas é o fato de que, se de um lado elas são necessárias à manutenção da "estabilidade psíquica" dos trabalhadores, de outro, quando eficazes, acabam dissimulando o sofrimento e, com isso, "alienam" os trabalhadores ou os "impedem" de aperceber-se das adversidades que estão enfrentando, impossibilitando a mobilização no sentido de transformação "positiva" da realidade que está desencadeando vivências de mal-estar e/ou sofrimento no trabalho (Dejours, 1988/2004, 1996/2004, 1998/2001; Dejours e Abdoucheli, 1990/1994; Mendes, 1999; Mendes e Morrone, 2002; Ferreira e Mendes, 2003).

Para enumerar alguns dos principais elementos correlatos às estratégias defensivas, recorreremos à conveniente categorização realizada por Ferreira e Mendes (2003), por meio de uma zelosa síntese da teoria psicodinâmica: (a) *Negação*: conforme os autores, representa a negação do próprio sofrimento e do sofrimento alheio, caracterizando-se pela banalização do sofrimento e injustiças padecidos pelos trabalhadores e das adversidades do contexto de produção, pela supervalorização dos resultados "positivos", vantagens da produção e fracassos no trabalho como sendo decorrentes da incompetência, falta de seriedade, preparo, má vontade ou "incapacidade" humana, por comportamentos de isolamento, desconfiança, exarcebação do individualismo e pela "eliminação" do coletivo de trabalho; (b) *Racionalização*: segundo os autores, representa a evitação e eufemização da angústia, do medo e da insegurança vivenciados no trabalho e caracteriza-se pela "invocação" de justificativas "mágicas" socialmente valorizadas e causas externas para a explicação de situações de trabalho desconfortáveis e "dolorosas", por comportamentos de apatia, resignação, indiferença, passividade, conformidade e de controle sobre pessoas e situações que podem ameaçar a estabilidade e "desmascarar" as razões do imobilismo diante das adversidades do contexto de produção.

Protagonistas

Como se depreende do já exposto, nas situações de assédio moral no trabalho sempre se poderá encontrar, necessariamente, os seguintes protagonistas: o(s) assediador(es) e o(s) assediado(s). Entretanto, não podemos desconsiderar um terceiro grupo que exerce papel decisivo em tais situações e que, por tal razão, tem sido considerado por diferentes estudiosos do fenômeno, sob denominações como: *espectadores* (Guedes, 2003) e *testemunhas* (Piñuel y Zabala, 2001/2003). A seguir, vamos expor algumas das características que têm aparecido de forma mais recorrente na literatura para cada um desses três grupos de sujeitos do assédio moral no trabalho, cabendo ressaltar, entretanto, que os indivíduos que os compõem certamente não têm uma personalidade única, não agem ou reagem todos da mesma maneira, tampouco se tornam perpetradores, vítimas ou espectadores passivos ou ativos por uma causa única. Contrariar quaisquer das afirmativas anteriores seria o mesmo que negar a infindável variabilidade humana, razão pela qual não acreditamos que as características a serem expostas se aplicam necessariamente a todos os casos, mas servem tão somente de referências, uma vez que têm aparecido frequentemente entre os dados empíricos das pesquisas acerca dessa temática. Esclareçamos ainda que, conforme as ideias que apresentamos nos dois primeiros capítulos, partimos do pressuposto de que, se a violência encontra espaço para se manifestar num contexto de trabalho, tal fato, por si só, evidencia que a cultura desse contexto inclui elementos permissíveis a tal manifestação. Por extensão, esse contexto é regido por uma lógica socioeconômica que, de maneira mais ou menos explícita, naturaliza e até mesmo legitima a ocorrência da violência. Portanto, não obstante apresentemos nos parágrafos que se seguem algumas características recorrentes entre os protagonistas do assédio moral no trabalho, de acordo com vários estudiosos, sustentamos que tal fenômeno não deve ser tratado como um problema meramente individual, mas sim organizacional.

Os *perpetradores* do assédio moral no trabalho têm sido designados na literatura com denominações distintas, como: *agressores* (Hirigoyen, 1998/2003, 2001/2002; Guedes, 2003; Piñuel y Zabala, 2001/2003; Abajo-Olivares, 2004); *perversos* (Hirigoyen, 2001/2002); *assediadores* (Hirigoyen, 2001/2002; Piñuel y Zabala, 2001/2003); *psicopata organizacional* (Piñuel y Zabala, 2001/2003; Abajo-Olivares, 2004); *humilhadores* (Barreto, 2003); *perseguidores*, *predadores*, *assassinos morais* e *psicoterrorista do trabalho* (Piñuel y Zabala, 2001/2003), entre outros. Independentemente da denominação utilizada para se referir e/ou adjetivar tais perpetradores dessa modalidade de violência no trabalho, concordamos com Piñuel y Zabala (2001/2003) e Abajo-Olivares (2004) ao entenderem que a busca pela compreensão das motivações e dos traços da configuração psicológica desses indivíduos pode ser encarada como uma das atitudes mais consistentes quando se pretende ajudar uma pessoa que esteja sendo vítima deles. Partindo, portanto, desse pressuposto, apresentaremos a seguir algumas das principais motivações e traços que têm sido destacados na literatura e que nos parecem mais pertinentes.

Hirigoyen (1998/2003) e Guedes (2003) complementam, muitas vezes, as denominações *perversos* e *agressores* com o adjetivo *narcisistas*. Hirigoyen (1998/2003), por sua vez, entende que todo perpetrador do assédio moral no trabalho é de fato um *perverso narcisista*, razão pela qual aplica essa denominação de maneira generalizada a todo e qualquer assediador. Consideramos essa aplicação taxativa um tanto arriscada, já que nos parece desconsiderar a variabilidade humana e a diversidade de situações e, portanto, não a compartilhamos. Entretanto, temos de reconhecer que, se adotarmos a mesma definição que a autora para essa expressão, poderemos concluir que grande parte dos perpetradores do assédio moral no trabalho – pelo menos perante os traços de personalidade relacionados a eles na literatura – são de fato *perversos narcisistas*:

> Perversos narcisistas são os indivíduos que, sob a influência de seu grandioso eu, tentam criar um laço com um segundo indivíduo, dirigindo seu ataque particularmente à integridade narcísica do outro, a fim de desarmá-lo. Atacam igualmente seu amor-próprio, sua confiança em si, sua autoestima e a crença em si próprio. Ao mesmo tempo, buscam, de certo modo, fazer crer que o elo de dependência do outro para com eles é insubstituível

> e que é o outro que o solicita. (Eiguer citado por Hirigoyen, 1998/2003, p. 141)

Ainda se referindo aos *perversos narcisistas*, Hirigoyen (1998/2003) enumera algumas das características que geralmente apresentam e argumenta que, de fato, são comumente encontradas entre perpetradores do assédio moral no trabalho, não obstante insistirmos que não podemos aplicá-las de maneira indiscriminada a todos os assediadores: apresentam senso grandioso da própria importância; são absorvidos por fantasias de sucesso e poder ilimitado; apresentam excessiva necessidade de serem admirados; creem que tudo lhes é devido; exploram os outros nas relações interpessoais; apresentam explícitas falta de interesse e falta de empatia pelos outros; invejam os outros, desejando apropriar-se ou destruir os bens (morais, materiais, sociais) objetos de sua inveja; apresentam atitudes e comportamentos arrogantes; demonstram-se incapazes de experimentar certos sentimentos, particularmente os de tristeza e luto; se ressentem e se encolerizam com decepções, as quais lhes suscitam desejo de vingança; mantêm distância afetiva para não se comprometerem; tendem a negar a identidade dos outros; são excessivamente críticos, mas não admitem que os critiquem; não apresentam sentimentos de culpa ou arrependimento pelos seus atos.

Os perpetradores do assédio moral no trabalho podem, muitas vezes, começar a se utilizar desse conjunto de ações violentas contra outrem, em razão do medo e da insegurança que experimentam em relação a suas próprias carreiras profissionais, capacidades, reputação ou posição no contexto de trabalho, ou seja, em função de sentimentos de inadequação pessoal e profissional (Piñuel y Zabala, 2001/2003). Tais motivações podem enquadrá-los como *aterrorizados* na classificação de Guedes (2003), já que tendem a evidenciar "[...] pânico ante o simples pensamento de que alguém possa demonstrar-se melhor do que ele, 'roubar-lhe' o cargo ou substituí-lo" (p. 61). Essa espécie de "motivação" pode, no entender de Leymann citado por Piñuel y Zabala (2001/2003), cumprir o propósito de encobrir ou camuflar as deficiências que o perpetrador sabe, de maneira mais ou menos consciente, possuir e que correm o risco de serem postas em evidência em face da competência técnica e profissional, ou da postura ética de suas vítimas (Piñuel y Zabala, 2001/2003; Hirigoyen, 1998/2003). Nesse sentido, Piñuel y Zabala (2001/2003) entende que tais perpetradores, em vez de se empenharem em elevar seus próprios níveis de autoestima, ocupam-se em rebaixar os dos demais, utilizando como instrumentos a ridicularização, a humilhação ou a hipercrítica sistemática.

Muitas vezes, os perpetradores da violência moral nos contextos de trabalho são megalomaníacos (Hirigoyen, 1998/2003; Guedes, 2003, Piñuel y Zabala, 2001/2003; Abajo-Olivares, 2004), e como tais, apresentam excessiva necessidade de serem constantemente admirados (Guedes, 2003). Em nosso entender, esse perfil megalômano pode facilmente levar o indivíduo, perante um terceiro que lhe pareça ter uma competência tão grande ou superior à sua, a experienciar sentimentos de medo e insegurança. Além disso, conforme sustentam Piñuel y Zabala (2001/2003), esse "inflado" sentimento de autoimportância advém justamente dos sentimentos de inadequação recalcados. Tais sustentações podem sugerir uma correlação desse perfil com o relatado no parágrafo anterior.

Alguns autores, como Guedes (2003), Hirigoyen (1998/2003), Piñuel y Zabala (2001/2003) e Abajo-Olivares (2004), fazem uma analogia interessante dos perpetradores do assédio moral com os lendários vampiros. Os referidos autores sustentam que, tal como os vampiros, muitos perpetradores do assédio moral no trabalho sentem necessidade de "alimentar-se" da energia vital de suas vítimas. Essa "espécie" de assediador é, segundo Guedes (2003), usualmente movida pela inveja, seja de beleza, juventude, riqueza, relações influentes, seja do nível de estudos, entre outros aspectos (Hirigoyen, 1998/2003).

Diversas "habilidades" comuns aos perpetradores do assédio moral têm sido recorrentemente apontadas. Entre elas, podemos mencionar quatro mencionadas na literatura: a *habilidade de improvisação* (Piñuel y Zabala, 2001/2003), que capacita os perpetradores a negar facilmente a situação de assédio e mudar o foco da questão; a *habilidade de situar-se e fazer-se reconhecer vítima de suas vítimas* (Piñuel y Zabala, 2001/2003); a *habilidade de seduzir e manipular as pessoas* (Hirigoyen, 1998/2003; Piñuel y Zabala, 2001/2003; Abajo-Olivares, 2004), que, quando presente, provavelmente agravarão a situação dos assediados, pois terão ainda mais dificuldade de encontrar apoio das pessoas que trabalham no mesmo contexto, já "cobertos pelo manto de sedução" do assediador; e a *habilidade para mentir e falsear a realidade* (Abajo-Olivares, 2003).

Autores como Hirigoyen (1998/2003) e Abajo-Olivares (2004) relacionam ainda os traços de personalidade dos perpetradores do assédio moral no trabalho aos traços paranoicos. Abajo-Olivares lista alguns desses traços, como: desconfiança exacerbada em relação às demais pessoas, que são encaradas como "malévolas"; suspeita, sem nenhuma base concreta, de que os outros o estão explorando, prejudicando ou enganando; dúvidas injustificadas acerca da lealdade e da fidelidade daqueles que lhes são próximos; interpretação de significados ocultos ou ameaças veladas em comentários inocentes ou situações triviais; incapacidade de esquecer e perdoar insultos e injúrias; percepção de ataques a sua reputação que não são visíveis para os demais.

Piñuel y Zabala (2001/2003) salienta ainda que é comum descobrir, entre os perpetradores do assédio moral no trabalho, um "histórico criminal" no qual outras pessoas já foram "eliminadas" por eles de seus contextos de trabalho por meio de métodos diversos e com diferentes graus de destruição psíquica, o que conduz o autor a adjetivá-los analogamente de *psicopatas organizacionais*, como Abajo-Olivares (2004) faz com a denominação *Hannibal Lecter organizacional*, aludindo o personagem psicopata da trilogia cinematográfica que engloba os filmes *O silêncio dos inocentes* (Utt, Saxon, Bozman e Demme, 1992), *Hannibal* (Laurentiis, Schumacher e Scott, 2001) e *Dragão vermelho* (Laurentiis, Schumacher e Ratner, 2002).

Por considerarmos essas denominações bastante representativas dos distintos perfis dos perpetradores do assédio moral no trabalho descritos na literatura, gostaríamos de sugerir a leitura das divertidas terminologias analógicas, tais como *pitbull* e *troglodita*, sugeridas pelos trabalhadores que participaram das pesquisas de Barreto (2003), as quais podem ser encontradas no Anexo 2, p. 215 da referida obra, bem como as terminologias analógicas, como *carreirista* e *instigador*, propostas e descritas na obra de Guedes (2003).

Os *assediados*, que também são denominados *agredidos* por Hirigoyen (2001/2002), contrariamente àquilo que seus assediadores procuram fazer os outros crerem, geralmente não são portadores de quaisquer patologias, frágeis, medíocres ou incompetentes (Hirigoyen, 1998/2003). Costumam, sim, ter qualidades excepcionais, tanto nos âmbitos ético e familiar quanto no âmbito profissional (Hirigoyen, 1998/2003; Piñuel y Zabala, 2001/2003). No âmbito profissional, não é difícil encontrar indivíduos que, pelo menos antes do processo de assédio, eram tão dedicados ao trabalho que poderiam ser enquadrados como verdadeiros viciados em trabalho, portadores de um presenteísmo patológico, ou *workaholics*, na expressão norte-americana (Hirigoyen, 1998/2003). Eis que, portanto, essas pessoas possam vir despertar nos já descritos complexados, ou repletos de sentimentos de inadequação pessoal e profissional, "[...] sentimentos insuportáveis de ciúmes e inveja pessoal e/ou profissional" (Piñuel y Zabala, 2001/2003, p. 113).

Por outro lado, Hirigoyen (1998/2003) salienta que as vítimas ideais do assédio moral no trabalho são aquelas que apresentam traços de caráter pré-depressivo, no sentido de terem propensão natural a culpar-se, chegando a assumir conscientemente as culpas alheias, tendência também apontada por outros especialistas no fenômeno, como Piñuel y Zabala (2001/2003); de sentirem imenso prazer em servir ao próximo; de serem vulneráveis aos juízos e críticas dos outros, mesmo quando infundados, os quais as levam permanentemente a justificar-se; e de apresentarem sentimentos de inferioridade subjacentes.

Conforme Hirigoyen (1998/2003), os assediados tendem a ser pessoas que se expõem demais, não conseguindo deixar de externalizar o prazer que sentem em ter determinada qualidade ou não conseguindo deixar de explicitar a contínua felicidade que sentem, tornando-se, assim, atraentes alvos para aqueles que os invejam. O clássico do cinema *Amadeus* retrata bem essa situação, na qual o genial e alegre compositor Mozart torna-se alvo do compositor Salieri, que, em razão de seus sentimentos de inadequação e de sua inveja patológica, chega ao ápice de desejar a aniquilação física de Mozart (Zaentz e Forman, 1984).

Outro aspecto comumente apontado na literatura com referência às vítimas do assédio moral no trabalho é a relativa ingenuidade, a qual não lhes permite aceitar facilmente que estejam sendo vítimas de um processo perverso (Hirigoyen, 1998/2003; Piñuel y Zabala, 2001/2003). De nossa parte, entendemos que essa classificação é um tanto simplista, portanto, enquadraríamos a situação como uma estratégia defensiva de negação (Dejours, 1980/1992, 1993/2004a, 1998/2001; Dejours e Abdoucheli, 1990/1994; Mendes, 1999; Ferreira e Mendes, 2003).

As *testemunhas* (Piñuel y Zabala, 2001/2003), também chamadas de *espectadores* (Guedes, 2003), são as pessoas que participam direta ou indiretamente dos atentados contra determinada vítima de assédio moral no trabalho, sejam estes colegas de mesmo nível hierárquico, superiores, sejam subordinados. Assim como Guedes (2003), poderíamos subdividir os espectadores em duas categorias: os conformistas passivos e os conformistas ativos. De acordo com a autora, os *conformistas ativos* são as pessoas que participam diretamente dos atos violentos contra o assediado, muitas vezes chegando a constituir um verdadeiro bando. Barreto (2003) elucida que as testemunhas que se deixam levar pelo "contato contaminador" com o assediador, expressão esta que a autora pega emprestada de Goffman citado por Barreto (2003), passando então a contribuir ativamente para o processo de assédio moral no trabalho contra o(s) assediado(s), geralmente o fazem por medo. Já os *conformistas passivos* são aqueles que presenciam diferentes momentos do desenrolar das ações violentas contra o assediado, mas não participam e, muitas vezes, não concordam com tal violência, não obstante ser mais usual encontrarmos relatos de testemunhas que passaram a atribuir a culpa à vítima inocente com pensamentos do tipo: "Deve ter feito algo para merecer isso" (Hirigoyen, 1998/2003; Piñuel y Zabala, 2001/2003; Abajo-Olivares, 2004), erros de atribuição que Piñuel y Zabala (2001/2003) relaciona ao mecanismo psicológico de dissonância cognitiva ou ao medo de represálias. Independentemente do julgamento, o que os coloca na condição de conformistas passivos é justamente a omissão, advinda de diferentes causas, tal como a indiferença ao sofrimento alheio ou medos diversos: de perder o emprego, de se tornar a próxima vítima etc. Essa omissão, desafortunadamente, é uma constante por conta da lógica do nosso atual sistema socioeconômico, que leva as pessoas a encarar a possibilidade do desemprego como um dos maiores terrores, fato lamentável, pois, conforme sugerem as experiências de diferentes pesquisadores, talvez as testemunhas sejam as que mais podem contribuir para a inibição de práticas violentas, seja pela simples explicitação de que as desaprovam, seja pela consolidação de redes de solidariedade.

Fases e ações violentas

Na literatura, é comum encontrar classificações de fases ou etapas, além de típicas ações correlatas por meio das quais o assédio moral se dá em determinado ambiente de trabalho. Antes de expormos algumas das principais classificações já estabelecidas para essas fases e também nossa proposta, julgamos importante ressaltar que, embora seja evidente a vantagem de subdividir assim o processo, já que cada fase apresenta características peculiares e recorrentes em diversos casos estudados, entendemos que, independentemente de qual seja a classificação, essas fases não seguem necessariamente uma sequência rígida, tal como são apresentadas.

Quatro fases que configurariam o assédio moral no trabalho propostas por Leymann (1993/1996) e correntemente adotadas são:

1. A *fase do conflito ou de incidentes críticos*, na qual ainda não teríamos o assédio moral propriamente dito, mas que, no entender de Leymann (1993/1996, 2000) e Piñuel y Zabala (2001/2003), seria condição fundamental para que o fenômeno pudesse ter início. Salientemos que nos posicionamos em desacordo com tal entendimento, como Hirigoyen (2001/2002) também o faz, já que, conforme podem sugerir algumas das causas do assédio moral no trabalho apontadas na literatura, como a dificuldade do assediador em aceitar diferenças, a violência pode ter início sem que se configure conflito algum.
2. A *fase do* mobbing *ou estigmatização*, na qual se dariam as diversas ações violentas infligidas contra o(s) assediado(s), a serem apresentadas mais adiante.
3. A *fase de intervenção de responsáveis "superiores" da empresa*, na qual a situação já estaria tão grave que perturbaria as linhas de produção ou administração da empresa (Leymann, 2000). Nesse momento, em função do intenso desgaste sofrido pelo assediado na fase anterior, é comum que se oficialize o "caso da vítima *x*" (normalmente já desestabilizada pelas ações que sofreu na fase anterior), mas não o "caso do assediador *y*" (Leymann, 2000; Piñuel y Zabala, 2001/2003; Abajo-Olivares, 2004) e, menos ainda, o reconhecimento da responsabilidade organizacional pelo ocorrido. Conforme Leymann (2000), nessa fase é recorrente a situação de estigmatização se agravar ainda mais, em razão de erros de atribuição cometidos por diversas testemunhas, que procuram explicações baseadas em supostas características pessoais e negativas do

assediado, tão corriqueiramente postas em evidência pelo assediador quando no processo de estigmatização.

4. A *fase da exclusão ou saída da organização*, na qual, segundo Piñuel y Zabala (2001/2003), "[...] está tudo pronto para que a vítima seja varrida do mapa, expulsa ou 'desaparecida' do local de trabalho" (p. 70). Nesse momento, caso o próprio assediado não solicite a demissão, exoneração ou, no mínimo, uma transferência sem benefícios, por não suportar mais a situação, é natural que entre em uma espiral de licenças trabalhistas que, cedo ou tarde, o conduzirá para fora do contexto de trabalho (Piñuel y Zabala, 2001/2003).

Uma classificação posterior, proposta pelo próprio Leymann (2000) e adotada por Piñuel y Zabala (2001/2003), inclui mais uma fase entre as quatro mencionadas. Ela estaria intercalada entre as fases 3 e 4 e seria chamada de *fase da solicitude de ajuda especializada externa e diagnóstico incorreto*, complementação esta que Abajo-Olivares (2004) também julgou mais adequada. O nome dado a essa fase pelos referidos autores sugere uma situação recorrentemente descrita na literatura: o assediado busca ajuda externa de psicólogos, psiquiatras ou médicos do trabalho, os quais, com bastante frequência, diagnosticam o caso de forma errônea. Conforme Piñuel y Zabala (2001/2003), a razão de tal diagnóstico equivocado é o fato de esses especialistas usualmente se focarem nos fatores constitutivos ou pré-morbígenos do assediado, não dando a devida atenção à personalidade morbígena do assediador. Dessa forma, a vítima do assédio moral no trabalho "vê" seu sofrimento se intensificar ao receber diagnósticos apressados, imprecisos, descontextualizados e, como tais, baseados meramente em aparentes sintomas por ele evidenciados, que acabam por classificá-lo como "portador" de personalidade paranoica, psicose maníaco-depressiva, desajuste de personalidade, neurose e ataques de pânico (Leymann, 2000; Piñuel y Zabala, 2001/2003).

Outra proposta no tocante às fases que configurariam o assédio moral no trabalho também partiu de uma revisão das quatro fases de Leymann (1993/1996), realizada por Ege citado por Guedes (2003). Conforme Ege, o assédio moral no trabalho poderia ser subdividido em seis fases, as quais apresentaremos a seguir. Porém, ainda antes da manifestação de tais fases, Ege citado por Guedes (2003) observa oportunamente que sempre se poderá encontrar uma "condição zero", que se caracterizaria por elementos do contexto de trabalho que favoreceriam o desenvolvimento do assédio moral.

- Fase 1: fase em que se iniciaria o processo de individuação do assediado, no qual ele se tornaria, então, "[...] o bode-expiatório para todos os problemas da empresa e/ou empregados" (Guedes, 2003, p. 52). Ege citado por Guedes (2003) acrescenta que nesse momento o assédio moral ainda não teria emergido claramente.
- Fase 2: Nesta fase, as ações violentas inerentes ao processo de assédio se intensificariam, concretizando o processo. Porém, o assediado não chega a apresentar sintomas de doenças psicossomáticas. (Ege citado por Guedes, 2003)
- Fase 3: Neste momento, conforme Ege citado por Guedes (2003), se manifestariam os primeiros sintomas de doenças psicossomáticas no assediado.

- Fase 4: fase na qual o fenômeno se tornaria de "domínio público" e objeto de avaliação da administração de pessoal. (Ege citado por Guedes, 2003)
- Fase 5: momento em que o quadro de saúde do assediado se agravaria e a empresa adotaria ações disciplinares que intensificariam seu sofrimento. (Ege citado por Guedes, 2003)
- Fase 6: fase correlata à mencionada pelos demais autores: a exclusão do assediado do contexto de trabalho. (Ege citado por Guedes, 2003)

De nossa parte, julgamos mais precisa, conforme a definição que propusemos anteriormente, a subdivisão do processo de assédio moral no trabalho em três fases, as quais, ocorrendo ou não de maneira sequencial, muitas vezes tendem a culminar na "exclusão" do assediado do contexto de produção. Portanto, entendemos essa exclusão não como uma das fases, mas sim como um objetivo final recorrente do perpetrador do assédio moral no trabalho, objetivo que costuma ser atingido por intermédio de um conjunto de ações violentas contra o assediado. Nos quadros a seguir, apresentaremos a caracterização que estabelecemos para cada uma dessas fases, além de algumas das principais ações que lhes são correlatas e que têm aparecido com frequência na literatura (Leymann, 1993/1996; Hirigoyen, 1998/2003, 2001/2002; Piñuel y Zabala, 2001/2003; Abajo-Olivares, 2004):

Quadro 1

Fase característica das práticas de assédio moral no trabalho – Difamação

- Consiste em um conjunto de ações que visam desacreditar o assediado perante os demais trabalhadores, gestores e, quando for o caso, usuários e clientes.
- Evidenciar a todos as reações do assediado quando reage agressivamente às "provocações";
- Sabotar os trabalhos do assediado;
- Desacreditar o assediado diante dos outros;
- Espalhar rumores a respeito do assediado;
- Impor novas tarefas com o objetivo de desnortear o desempenho;
- Privar do acesso a instrumentos essenciais para a execução do trabalho;
- Deixar de transmitir informações necessárias para a execução das tarefas;
- Prescrever tarefas inferiores às competências do assediado;
- Preceituar tarefas superiores às competências do assediado;
- Impor tarefas impossíveis de executar;
- Acusar o assediado de erros que não cometeu;
- Impor metas evidentemente inatingíveis;
- Fazer uso de não ditos visando criar mal-entendidos;
- Interpretar erroneamente os pensamentos do assediado objetivando gerar mal-entendidos;
- Procurar pôr em dúvida a capacidade profissional do assediado;
- Dirigir-se ao assediado por meio de apelidos depreciativos.

Quadro 2

Fase característica das práticas de assédio moral no trabalho – Isolamento

- Consiste em um conjunto de ações que visam impedir o assediado da possibilidade de comunicação e contato social no contexto de trabalho, prejudicando, principalmente, as interações socioprofissionais do mesmo.
- Privar das possibilidades de comunicação;
- Ignorar a presença;
- Excluir de eventos;
- Deixar de comparecer aos eventos que o assediado organiza;
- Agir de forma a colocar os outros contra o assediado;
- Privar o assediado dos colaboradores diretos;
- Posicionar posto de trabalho do assediado distante dos outros.

Quadro 3

Fase característica das práticas de assédio moral no trabalho – Desestabilização

- Consiste em um conjunto de ações que visam desequilibrar o assediado psicologicamente, de tal forma que ele não compreenda o porquê da situação de assédio, culpe a si mesmo por tal situação, adoeça e/ou reaja de forma que os demais trabalhadores e/ou gestores tendam a julgá-lo efetivamente culpado e/ou desequilibrado.
- Controlar rigorosamente;
- Deixar de prescrever tarefas;
- Tratar com ironia;
- Atribuir os resultados "positivos" do trabalho do assediado a outros;
- Tratar o assediado como se tivesse alguma espécie de deficiência (que não possui);
- Atribuir problemas de ordem psicológica;
- Impedir a ascensão profissional;
- Delegar a outros tarefas que normalmente competem ao assediado;
- Criticar o trabalho do assediado mesmo quando atende satisfatoriamente às demandas;
- "Utilizar-se" maliciosamente das "fraquezas" do assediado;
- Zombar de características pessoais;
- Criticar "negativamente" aspectos da vida privada;
- Jogar objetos no assediado;
- Arrancar bruscamente objetos das mãos do assediado;
- Agredir por meio de palavras;
- Tratar com gestos de desprezo;
- Retirar a liberdade para executar tarefas;
- Não levar em conta os problemas pessoais do assediado;

(*Continua*)

Quadro 3 (*Continuação*)

Fase característica das práticas de assédio moral no trabalho – Desestabilização

- Ignorar recomendações de ordem médica prescritas ao assediado;
- Impor tarefas incompatíveis com a saúde do assediado;
- Prescrever tarefas de maneira não equitativa, sobrecarregando o assediado em comparação aos demais;
- Caçoar da origem regional;
- Ridicularizar o nível cultural;
- Criticar "negativamente" as convicções pessoais;
- Zombar da cor da pele;
- Inferiorizar o cargo hierárquico;
- Zombar da classe social;
- Incumbir o assediado de treinar outro funcionário que, conforme tudo leva a crer, vai substituí-lo;
- Insultar com termos obscenos;
- Dirigir propostas de natureza sexual ao assediado;
- Dirigir ameaças de naturezas diversas;
- Danificar intencionalmente os instrumentos de trabalho do assediado;
- Agredir fisicamente;
- Mexer nos pertences pessoais do assediado sem autorização;
- Danificar propositalmente os pertences pessoais do assediado;
- Perseguir fora do contexto de produção;
- Impor tarefas com o intuito de desestabilizar o assediado;
- Criticar "negativamente" as iniciativas;
- Desvalorizar a competência profissional;
- Criticar "negativamente" as sugestões.

Ressaltemos, mais uma vez, que, para se configurar um processo de assédio moral no trabalho, não se faz necessário passar pelas três etapas mencionadas, já que um assediado pode ser levado a "desistir" de continuar trabalhando naquele contexto pernicioso para a sua saúde logo na primeira etapa e que o assediador pode fazer uso intercalado de ações inerentes às três etapas. Mencionemos ainda que certas ações podem transcender empiricamente à categoria teórica a que pertencem, já que, ao serem empregadas por determinado assediador, podem responder simultaneamente, por exemplo, às intenções de desestabilização e difamação. A título de exemplo, façamos referência ao emprego da ação desestabilizadora de "criticar 'negativamente' aspectos da vida pessoal", que, se utizada na presença do assediado e em público de maneira concomitante, pode responder aos objetivos de desestabilização e difamação.

Finda-se aqui, então, o conjunto de contribuições que aportam teoricamente este trabalho e, portanto, que servirão de base para a leitura e a interpretação dos resultados a que chegamos com o estudo de caso realizado.

PARTE III

PROPOSIÇÃO METODOLÓGICA PARA A INVESTIGAÇÃO DO ASSÉDIO MORAL NO TRABALHO

Apresentaremos aqui os principais aspectos metodológicos da pesquisa empírica realizada, como a abordagem metodológica, o critério utilizado para a seleção dos participantes, os instrumentos, os procedimentos e a técnica empregada para o tratamento dos dados.

Capítulo 6
A opção pela realização de um estudo de caso

Embora tenhamos optado por realizar um estudo de caso, julgamos pertinente esclarecer que, inicialmente, pretendíamos fazer uma pesquisa de maior abrangência na instituição estudada, abarcando o maior número possível de membros de sua população que, após responderem a uma escala psicométrica que elaboramos com o objetivo de sinalizar a possibilidade de existência do assédio moral no trabalho (Soares & Ferreira, 2006), se predispusessem voluntariamente a participar da etapa principal de viés qualitativo. Ocorre que, ao apresentarmos tal projeto de pesquisa a alguns dos gestores "decisores" da instituição, estes não nos permitiram implementá-lo, ora com o argumento de que um estudo como esse não era necessário à empresa, por causa do "elevado nível" de qualidade das interações socioprofissionais existentes, ora de que a realização de uma pesquisa abordando as interações socioprofissionais não seria oportuna, em vista de uma consultoria acerca de clima organizacional que, segundo o gestor que estava sendo consultado, teria início em menos de vinte dias (consultoria esta que, transcorridos alguns anos, tivemos a oportunidade de constatar que ainda não havia sido nem mesmo cogitada formalmente).

Foi, então, diante da resistência dos gestores consultados que solicitamos e obtivemos a autorização de outro gestor para nos ater ao menos a uma das divisões, na qual realizaríamos um estudo de caso, contanto que os trabalhadores que viessem a participar concordassem. Estrategicamente, selecionamos uma área na qual sabíamos, por já estarmos inseridos nela como trabalhadores, apresentar interações socioprofissionais conturbadas e, portanto, na qual poderíamos constatar a existência de práticas de assédio moral no trabalho.

Concluamos este capítulo mencionando que, diante de uma das principais censuras feitas ao estudo de caso – de que ele tende a resultar em conclusões dificilmente generalizáveis –, não obstante possam ser encontradas contra-argumentações pertinentes, como as de Laville e Dionne (1997/1999) e de Yin (1984/2005), não pretendemos adentrar as discussões que daí podem advir. Ao contrário, gostaríamos de ressaltar que mesmo que tivéssemos a oportunidade de realizar um número significativo de estudos de casos que apresentassem resultados convergentes, não teríamos o intuito de generalizá-los aos demais membros da instituição estudada, primeiro porque tal generalização não faria muito sentido em se tratando de assédio moral no trabalho e, em segundo lugar, por partilharmos da opinião já recorrente no meio acadêmico de que não há necessidade de se realizar generalizações de resultados para que eles obtenham validade científica.

Capítulo 7

Abordagem metodológica do estudo: a pesquisa participante

No capítulo anterior, procuramos explicitar as razões que nos conduziram a optar pelo estudo de caso. Entretanto, ainda não havíamos mencionado um aspecto fundamental que caracterizou a "natureza" desse estudo de caso: ele foi realizado por meio da inserção literal do pesquisador no contexto de trabalho estudado e pela participação direta de alguns de seus trabalhadores, ou seja, foi aportado metodologicamente pela pesquisa participante, razão pela qual vamos tratar a seguir, resumidamente, de alguns de seus principais pressupostos e características.

A pesquisa participante implica necessariamente a participação tanto do pesquisador no contexto, no grupo ou na cultura que está sendo estudado, quanto dos sujeitos que estão envolvidos nesse processo. A expressão *pesquisa participante* é tida por muitos autores, conforme pontuam Brandão (1981/1988), Silva (1986/1991) e Harguette (1987/2001), como portadora da mesma acepção de outras expressões: *pesquisa-ação*, *pesquisa participativa*, *investiga-ação*, *investigação participativa*, *investigação militante*, *autossenso*, *estudo-ação*, *pesquisa-confronto*, *investigação alternativa*, *pesquisa popular*, *pesquisa ativa*, *intervenção sociológica*, *pesquisa dos trabalhadores*, *enquete-participação*, entre outros. Porém, em razão de algumas particularidades correlatas às modalidades citadas e do fato de todas apresentarem como exigência principal a participação de todos os envolvidos no processo de pesquisa, parece-nos mais razoável a sustentação de Thiollent (1982/1987, 1985/1986, 1997) de que existem diferentes formas de pesquisa participante, entre as quais a *pesquisa-ação*.

Não há consenso em relação às origens da pesquisa participante, fato que se explica, provavelmente, em vista das diversas contribuições históricas ao seu desenvolvimento. Thiollent citado por Silva (1986/1991) situa a aplicação da *enquete operária* por Marx em 1880 como uma das primeiras experiências de pesquisa participante, no sentido de ter sido o primeiro exemplo histórico, conforme o autor, de uma pesquisa que permitia ao pesquisador não somente se associar ao grupo investigado, mas também inserir-se na rede de comunicação informal do grupo, para a produção de autoconhecimento por meio de uma problematização explícita que desvelasse a dimensão política da investigação. Em outro texto, Thiollent (1982/1987), referindo-se à origem da pesquisa-ação, menciona que ela teve início no contexto da psicossociologia norte-americana, na década de 1940. Harguette (1987/2001), por sua vez, aponta a psicologia social de Kurt Lewin como a desencadeadora da pesquisa-ação e da pesquisa participante. Alguns autores, como Brandão (1981/1988), Gajardo (1986) e Silva (1986/1991), afirmam que, em especial na América Latina, a pesquisa participante desenvolve-se inicialmente no âmbito educacional, cujo marco pode ser ligado a uma experiência-piloto de pesquisa-temática criada e implementada por Paulo Freire na década de 1960 (Gajardo, 1986). Outra possível "raiz" da pesquisa participante pode ser encontrada nos estudos etnográficos (Thiollent, 1982/1987; Brandão, 1984/1987; Silva, 1986/1991), entre os quais merece ser reconhecido como um dos primeiros e mais importantes exemplares o realizado pelo polonês Bronislaw Malinowski com os nativos de Nova Guiné (Malinowski, 1922/1976), que algumas vezes chega a "coroar" Malinowski como o propositor da técnica de observação participante (Brandão, 1984/1987; Durham citado por Haguette, 1987/2001; Laplantine, 1988/2000), ou ao menos apontá-lo como o responsável pelo "estabelecimento científico" dessa modalidade de observação: "[...] o estabelecimento da observação participante intensiva como uma norma profissional teria de esperar as hostes malinowskianas" (Clifford, 1998, p. 25).

Entre alguns dos principais pressupostos e características da pesquisa participante, apresentaremos nos três próximos parágrafos, de maneira sintética, aqueles que nortearam metodologicamente a pesquisa empírica.

Configura-se o alicerce a um dos pressupostos primogênitos e mais importantes da pesquisa participante a crítica que ela dirige ao tradicional postulado, nas ciências sociais, de neutralidade ou de distanciamento entre o sujeito e o "objeto" da pesquisa – objeto que, conforme Brandão (1984/1987), significa o outro sujeito "dissolvido" em dado. Por meio de tal crítica, consolida-se na pesquisa participante a prescrição não somente da inserção do pesquisador no grupo, comunidade ou cultura que pretende compreender, mas também a participação efetiva daqueles que estão sendo pesquisados ao longo do processo de pesquisa (Freire, 1971/1988; Oliveira & Oliveira, 1978/1988; Le Boterf, 1980/1987; Borda, 1981/1988; Demo, 1982; Gianotten & De Wit, 1980/1987; Brandão, 1982/1987, 1984/1987; Thiollent, 1985/1986; Gajardo, 1986; Silva, 1986/1991; Haguette, 1987/2001), envolvimento este que dá aos últimos a titulação literal de coautores da pesquisa (Silva, 1986/1991). Observe-se que, quando utilizam a denominação *coautores*, os teóricos da pesquisa participante não estão pensando somente nas informações que naturalmente serão fornecidas pelos membros do grupo pesquisado durante a pesquisa, mas também estão se referindo ao fato de que o processo de diagnóstico dos problemas ocorre de forma interativa, ou, em outras palavras, que a problemática da pesquisa é construída com os membros do grupo pesquisado, construção que aponta para mais um dos pressupostos essenciais da pesquisa participante (Le Boterf, 1980/1987; Thiollent, 1997).

Outro aspecto-base das pesquisas de natureza participante refere-se ao fato de terem necessariamente o caráter "aplicado", já que, além de ocorrerem *in loco*, tratando sempre de situações reais (Le Boterf, 1980/1987), demandam a devolução do conhecimento obtido com os grupos com os quais se trabalhou na perspectiva de transformação "positiva" da realidade (Oliveira & Oliveira, 1978/1988; Borda, 1981/1988; Brandão, 1981/1988; Gajardo, 1984/1987, 1986; Silva, 1986/1991; Thiollent, 1997). Esse compromisso de modificação "positiva" da realidade assume tamanha importância no contexto da pesquisa participante que leva Silva (1986/1991), fazendo referência à leitura dos *Cuadernos de Investigación -Acción* (n. 2), publicados pelo Centro Latino-americano de Trabajo Social, a salientar que "[...] se admite que a investigação participante, investigação militante, investigação comprometida etc. surgem da necessidade de produzir conhecimentos, não só para conhecer a realidade, mas também para transformá-la" (p. 25).

Ainda entre os principais pressupostos da pesquisa participante que entendemos ser pertinente salientar aqui, destaquemos que, conforme Thiollent (1982/1987), não se trata de um enfoque unidisciplinar, mas interdisciplinar, já que abre espaço para o entrosamento de diferentes especialidades, como sociologia, psicologia, economia, educação e comunicação.

Embora não tenhamos localizado nenhum estudo acerca de assédio moral no trabalho que tenha feito uso da pesquisa participante, conjeturamos que tal abordagem metodológica poderia nos proporcionar vantagens que provavelmente nenhuma outra ofereceria, entre as quais as principais seriam as seguintes:

- Desvelar, por intermédio da observação participante, no transcorrer da convivência como membro efetivo do grupo, as práticas que configuram de fato o assédio moral no trabalho – lembremos que essas práticas só se caracterizam como tais pela repetitividade ou quando analisadas em conjunto com uma série de outras ações de mesmo caráter; além disso, se vistas isoladamente, podem aparentar ao observador externo, por exemplo, “brincadeiras” despretensiosas. Com essa ressalva, queremos destacar que determinados atentados perversos só poderiam ser assim percebidos por membros do grupo que não somente os presenciassem no decurso do tempo, mas também estivessem aptos a categorizá-los como assédio moral no trabalho (como um pesquisador especializado na temática e os participantes do estudo após a tomada de consciência estimulada no transcorrer da pesquisa).
- Compartilhar experiências, alegrias, conquistas, tristezas, decepções, frustrações, sobrecarga de trabalho, entre outras vivências, com os participantes do grupo estudado, o que permite, em momento posterior, uma

leitura das realidades vividas como alguém de dentro do grupo.

- Estabelecer uma relação concreta de confiança e segurança entre o pesquisador e os participantes, indubitavelmente essencial em pesquisas que tratam da delicada temática em questão, relação esta que, como salientado por Gaskell (2003), certamente minimiza o risco de os participantes se portarem de maneira hesitante quando na posição de entrevistados e, com isso, expressarem opiniões superficiais ou relatos distorcidos acerca das situações transcorridas.
- Validar o relatado por assediados e testemunhas que, por diferentes razões, como o provável desconhecimento das características do fenômeno, poderiam apresentar informações insuficientes e interpretações equivocadas.
- Estimular a "tomada de consciência" pelos assediados e testemunhas – enquanto coautores da pesquisa – em relação à concretude das situações adversas vividas, lembrando que, conforme a literatura especializada tem destacado com frequência, nem os assediados nem os espectadores geralmente se dão conta facilmente de que estão vivenciando uma situação de assédio moral no trabalho e, portanto, para que se libertem dessa realidade opressora, conforme sugere Paulo Freire (2005), torna-se necessário emergir dela, condição viabilizada por uma reflexão teórica acerca dessa realidade, para então fazer uma reinserção crítica sobre ela com os devidos elementos para uma ação transformadora.

Por fim, mencionemos que estamos cientes de que, assim como qualquer abordagem metodológica, a pesquisa participante não oferece apenas vantagens, podendo também comportar algumas limitações. Exporemos algumas das principais limitações no capítulo reservado para as conclusões, ao final deste livro. Gostaríamos de destacar também que, se perante a consideração de algumas das vantagens e limitações existentes, chegamos a optar pelo uso da abordagem participativa, essa escolha se baseou no fato de, após ponderarmos as duas em nossa “balança analítica”, termos entendido que as vantagens superavam consideravelmente as limitações.

Capítulo 8
Participantes

No tocante aos participantes do estudo, comecemos por esclarecer que, deliberadamente, não adotamos o verbete *amostra* para se referir ao conjunto deles por entendermos, em concordância com Gaskell (2000/2003), que o termo *amostragem* remete à conotação de uma amostra estatística sistemática da população, na qual os resultados seriam generalizados dentro de certos limites de confiabilidade, o que, conforme antecipamos, não foi em momento algum o intuito da pesquisa realizada. Portanto, ainda adotando Gaskell (2000/2003), consideramos mais preciso afirmar que, em vez da amostragem, recorremos a uma seleção ou escolha fundamentada (Ferreira, 1986/1999), que se deu de maneira intencional, isto é, os participantes foram escolhidos não de modo aleatório, mas segundo critérios de representatividade social previamente discutidos entre o pesquisador e o grupo, ação que tem sido recorrente no campo da pesquisa participante (Silva, 1986/1991; Thiollent, 1997).

Pormenorizamos a seguir, em etapas que se deram sequencialmente, a maneira pela qual realizamos a seleção intencional:

- Em primeiro lugar, logo após termos sido autorizados por um gestor da empresa a realizar este estudo, expusemos separadamente para oito dos catorze trabalhadores da divisão (lembremos que entre os quinze encontrava-se o pesquisador), entre eles três possíveis assediados e cinco possíveis testemunhas (conforme a convivência prévia já havia nos permitido supor), nossos objetivos e intenções de realizar uma pesquisa de mestrado abordando as interações socioprofissionais daquele contexto, explicitando que nossa motivação para a realização desse empreendimento advinha de percebermos que vinham ocorrendo algumas situações críticas nesse tocante[1]. Somente após termos nos certificado da concordância com essa percepção e obtido o consentimento de todos os trabalhadores consultados, partimos para a etapa seguinte.
- Demos início à observação participante e, no transcorrer de aproximadamente dois anos, reunimos "evidências" que nos certificaram acerca de quem estava sendo ou havia sido de fato vítima de assédio moral no trabalho: três trabalhadores, sendo dois agentes administrativos e um que ocupava cargo intermediário de chefia, encarregado de área.
- Cientes da existência de três assediados, voltamos a nos dirigir a cada um dos oito trabalhadores

1 Nesta etapa, deliberadamente ainda não fizemos menção à expressão *assédio moral no trabalho*. Nosso objetivo com essa omissão provisória foi evitar enviesar opiniões e interpretações ou "impor" pressuposições, mesmo porque naquele momento ainda não estávamos certos da autenticidade das situações que viriam mais tarde a ser identificadas concretamente como assédio moral no trabalho.

participantes (entre os quais se encontravam também os assediados) para, após relatar e validar uma síntese do que tínhamos observado (ainda sem fazer menção à expressão *assédio moral no trabalho*), propor e questionar se eles concordavam com a necessidade de partirmos para uma etapa que visasse a maior aprofundamento, por meio de entrevistas individuais. Mediante a concordância de todos acerca de tal necessidade, esclarecemos a cada um que pretendíamos inicialmente indagar aqueles que nos pareciam estar sendo ou terem sido, por um tempo relativamente prolongado, "alvos privilegiados" de "condutas abusivas", questionando-os, então, sobre quem julgavam pertinente entrevistar. Foi então que todos, unanimemente, incluindo os próprios assediados, nos apontaram em consonância com o que tínhamos constatado, fato este que fortificou nossa convicção de que eles realmente tinham sido "alvos" de assédio moral no trabalho.

- A fim de selecionar as testemunhas, nós nos utilizamos do momento de entrevista individual com cada um dos assediados para, em unanimidade com eles, levantar quem teriam sido – sem considerar o observador participante – os principais espectadores das situações de assédio moral no trabalho, ou aqueles que tinham presenciado ocularmente essas situações de maneira mais "próxima" e prolongada. Chegamos a três pessoas, que também se encontravam entre os oito participantes e incluíam um que já havia sido identificado como assediado. Portanto, nós o entrevistamos tanto por sua condição

> de vítima quanto de testemunha de uma das situações de assédio moral no trabalho.

Assim, após consentimento, cinco dos oito participantes foram entrevistados; conforme nossa percepção inicial sinalizava, eram três vítimas e três testemunhas (relembrando que uma destas também tinha sido vítima) de assédio moral no trabalho. Cabe acrescentar, porém, um fato que veio à tona somente quando da entrevista com uma das testemunhas: ela confidenciou ter sido também, embora em período anterior, vitimizada durante aproximadamente dois anos pela mesma assediadora que assediou outro funcionário sob seu testemunho. Com isso, chegamos a quatro vítimas e três testemunhas (das quais duas também haviam sido vítimas) de assédio moral no trabalho.

Capítulo 9
Instrumentos metodológicos

Três instrumentos foram utilizados para fins de coleta de dados: (a) observação participante; (b) entrevista semiestruturada individual; e (c) análise documental. Nos subtópicos seguintes, apresentaremos algumas de suas principais características, justificando por que os empregamos, e explicitaremos os procedimentos adotados.

Observação participante natural

Dentro do contexto metodológico de natureza participativa deste estudo, podemos sustentar que o instrumento privilegiado para a coleta de dados foi a observação participante. Conforme explicitado no título desse tópico, nós a chamamos de *natural* pelo fato de esse termo – de acordo com Marconi e Lakatos (1985/1999) e em oposição à observação participante *artificial* (denominação também proposta pelos referidos autores) – subentender que o observador participante já pertence ao grupo que vai investigar, o que significa dizer que, quando da decisão pela realização da pesquisa, este já era membro "naturalizado" do grupo.

Como alguns teóricos da pesquisa participante têm se preocupado em distanciá-la da observação participante, em razão de uma pretensa dissonância, segundo Grossi citado por Demo (1982), faz-se oportuno justificar por que optamos pelo emprego desse instrumento em um contexto de pesquisa participante. Embora não cheguemos a nos posicionar em acordo com a opinião de Silva (1986/1991) de que a pesquisa participante e a observação participante são sinônimas, sendo que compreendemos a primeira como abordagem metodológica, e a segunda como instrumento, cabe salientar que, ao adotarmos a observação participante simultaneamente como um instrumento de captação de dados e de possível modificação social do meio estudado (Schwartz e Schwartz citados por Haguette, 1987/2001), estamos entendendo, conforme Thiollent (1985/1986), que esta se refere a um dos instrumentos metodológicos comumente utilizados pelos pesquisadores participantes. Mesmo porque, independentemente das críticas que alguns deles possam fazer a essa modalidade de observação, todos invariavelmente fazem uso de observação e necessariamente se inserem (ou já estavam inseridos) no contexto que se propõem a pesquisar. Dessa forma, sustentamos que o problema não está no instrumento, mas nas intenções e na postura do observador participante, que pode perfeitamente ter como preocupação prioritária a mudança "positiva" de situações adversas que esteja investigando, bem como pode relacionar-se sinceramente com os participantes da pesquisa de maneira horizontal e igualitária, e não de forma vertical e autoritária, encarando-os, assim, como literais coautores da pesquisa, e não como meros informantes.

Esclarecido nosso posicionamento em relação ao emprego da observação participante natural, destaquemos um ponto referente à maneira pela qual empregamos o instrumento que julgamos de suma importância ser ressaltado e justificado. Nós o utilizamos de maneira *semiencoberta*. Para esclarecer essa expressão, mencionemos que alguns autores, como Thiollent (1997) e Haguette (1987/2001), fazem referência à autenticidade e permissividade científica de se fazer uso, em determinadas situações, da observação participante denominada *encoberta*, que consiste na não revelação da pesquisa pelo pesquisador a nenhum dos membros do grupo investigado. Sem dúvida, não foi esse o nosso caso. Podemos afirmar, porém, que fizemos uso de observação participante natural *semiencoberta* no sentido de que parte dos protagonistas que pertenciam ao contexto de produção estudado (dois dos três assediadores e quatro espectadores das situações de assédio moral no trabalho transcorridas) não foi informada acerca da realização da pesquisa. Embora estejamos cientes de que, em relação a essa escolha, podem advir críticas relacionadas à questão ética, justificamos que assim o fizemos conscientemente, para evitar a possibilidade de sermos proibidos de continuar investigando a situação. Se declarássemos nossas intenções, provavelmente ao menos um dos três gestores de maior nível hierárquico da área (entre os quais dois foram identificados como assediadores) nos coibiria (de maneira mais ou menos "vigorosa") de dar continuidade, ou, se assim não ocorresse, possivelmente recorreria a um comportamento artificial ao tomar conhecimento de que as interações socioprofissionais estavam sendo observadas, comportamento este que poderia vir a ocultar ou mitigar a materialidade e a gravidade do problema.

Uma última dimensão referente à observação participante natural que julgamos pertinente expor aqui se refere às vantagens que o emprego desse instrumento trouxe para a pesquisa. De uma série de vantagens comumente apontadas na literatura, relacionemos algumas das que se evidenciaram no transcorrer do trabalho de campo: (1) proporcionou ao pesquisador a oportunidade de participar de eventos que, de outro modo, muito provavelmente seriam inacessíveis à investigação de cunho científico (Yin, 1984/2005); (2) viabilizou, mesmo perante o conhecimento dos assediados e testemunhas cientes de que estavam sendo observados, que estes não apresentassem inibições diante da presença do pesquisador e, dessa forma, se comportassem e desempenhassem suas atividades de maneira natural (Richardson, Peres, Wanderley, Correia & Peres, 1985/1999); (3) possibilitou a percepção da realidade pelo pesquisador, do ponto de vista de alguém de dentro do grupo (Yin, 1984/2005) e, dessa forma, viabilizou ao observador a interpretação de acontecimentos singulares e aparentemente triviais em uma significação mais profunda (Marconi & Lakatos, 1985/1999); (4) permitiu o acesso a estratégias criadas no cotidiano dos participantes para lidarem com situações interacionais diversas que não ascendiam ao simbólico e, portanto, que não se materializariam como objeto de verbalização quando da situação posterior de entrevista (Sato & Souza, 2001); (5) permitiu, evocando a expressão de Ryle citado por Geertz (1973/1989), uma "descrição densa" das situações, no sentido de que grande parte das ocorrências singulares pôde ser interpretada levando-se em conta o contexto no qual se dava, impossibilitando, assim, que determinadas ações isoladas fossem interpretadas erroneamente como "brincadeiras inocentes", em vez de ações desestabilizadoras ou difamadoras características do assédio moral no trabalho.

Procedimentos

A coleta de dados pela observação participante natural ocorreu entre maio de 2004 e abril de 2006, abarcando um período mínimo de seis horas diárias (que foram excedidas em diversas situações nas quais se fez necessário o prolongamento da jornada de trabalho) em quase todos os dias úteis que transcorreram no período mencionado. Excetuaram-se 49 dias, que foram subdivididos em três períodos de quinze dias corridos, nos quais o observador estava em férias, e outros quatro dias em que ele não compareceu em razão de folgas adquiridas.

Quanto ao critério de registro das situações pertinentes, esclareçamos que, a cada ocorrência que aparentava ter relação com o objeto da pesquisa – fossem caracterizadas por verbalizações, gesticulações, externalização de emoções, gestos, confidenciações, fossem caracterizadas por desabafos –, recorria-se ao registro dos dados em um diário de campo, dentro do possível no momento imediatamente seguinte a tais ocorrências, usualmente no computador (que sempre estava ligado e disponível ao pesquisador, por estar na condição de trabalhador) e, eventualmente, em um caderno de notas, o qual era transcrito e passava a compor o *corpus* eletrônico *a posteriori*. Quando, por diferentes razões, não era possível o registro imediato, este era realizado quando oportuno – o mais tardar, logo após o término do expediente de trabalho. Embora registrássemos no diário de campo acontecimentos que nos pareciam ter relação direta com situações de assédio moral no trabalho, uma vez que, inevitavelmente, àquela altura já estávamos "embebidos" pela teoria, fizemos os registros sem a preocupação de estabelecer categorizações, já que tínhamos decidido, conforme sugere Erickson citado por Sato e Souza (2001), que tal preocupação só deveria vir à tona quando da análise dos dados para evitar perder de vista certos detalhes aparentemente sem significado, mas que poderiam apresentar pertinência mais adiante.

Entrevistas semiestruturadas individuais

Justifica-se a adoção da entrevista semiestruturada individual como instrumento complementar deste trabalho pelas seguintes razões: possibilidade de compreensão mais ampla do "cenário" investigado, já que, por intermédio desse instrumento, as leituras não se bastaram nas realizadas pelo observador, mas consideraram as dos demais envolvidos nas situações que faziam parte da pesquisa; esclarecimento de determinados pontos que tinham suscitado dúvidas ao observador; meio entendido como o mais adequado para responder à terceira questão norteadora, bem como para aprofundar as respostas de todas as demais questões propostas.

Quanto à construção e à adequação do instrumento em pauta, cabe destacar primeiro que, por pensarmos como Le Boterf (1980/1987) que os instrumentos de coleta de dados, assim como os roteiros de entrevista, não devem, em um contexto de pesquisa participante, ser elaborados antecipadamente de forma desconectada ao projeto específico em questão, tanto o roteiro das entrevistas com os assediados (Apêndice A) quanto o roteiro das entrevistas com as testemunhas (Apêndice B) foram elaborados somente após findado o período destinado exclusivamente à observação participante. Desse modo, levaram-se em consideração não somente elementos levantados mediante a revisão da literatura acerca da temática, mas também aqueles diretamente relacionados com as situações reais consideradas. Um cuidado que procuramos ter em relação à ordenação de apresentação dos tópicos-guias referiu-se a iniciar a entrevista com questões mais simples e genéricas, deixando para abordar as mais delicadas e diretamente relacionadas ao fenômeno um pouco mais adiante, em um momento em que o participante provavelmente já estaria mais à vontade com a entrevista.

Outra informação que entendemos pertinente expor refere-se ao fato de que, como optamos por dar início às entrevistas semiestruturadas individuais somente após o período que entendemos ser suficiente para a melhor compreensão das situações pela observação participante, ou momento no qual já não tínhamos mais dúvidas acerca da "materialidade" de três das quatro situações de assédio moral no trabalho, as entrevistas com os assediados só vieram a ocorrer em fase mais avançada da pesquisa, em março de 2006. Quanto às entrevistas com as testemunhas, que, além de levantar sua percepção quanto à situação, visavam validar alguns dos relatos dos assediados, ocorreram ainda mais *a posteriori*, ou seja, somente após a conclusão de todas as entrevistas com os assediados.

Procedimentos

Antes de dar início a cada uma das entrevistas, não houve necessidade de introduzir os objetivos da pesquisa ou as intenções do entrevistador, tampouco a maneira pela qual se utilizariam os dados levantados, já que, diante do contexto participativo da pesquisa em pauta, no momento da entrevista todos os participantes já haviam discutido com o pesquisador e, portanto, estavam cientes e concordes com tais pontos. Entretanto, tomamos o cuidado de questionar se havia alguma dúvida em relação a tudo o que tínhamos conversado, reafirmar o compromisso com o sigilo em relação ao nome dos participantes, reiterar os agradecimentos pela participação e o fato de que, embora tivéssemos a intenção de nos basear nos resultados levantados e chegar a recomendações que pudessem modificar de forma positiva as situações adversas, não poderíamos garantir que tais recomendações viessem de fato a ser implementadas, já que não dependeriam somente de nós, mas de diversas outras pessoas da instituição.

Ainda nos instantes introdutórios de cada entrevista, solicitamos a cada entrevistado a permissão para realizar a gravação digital do que seria conversado, esclarecendo que o intuito era tão somente a transcrição para posterior tratamento dos dados. Nesse momento, ressaltamos que, embora estivéssemos gravando, o respondente poderia, a qualquer momento, solicitar sua interrupção temporária, se julgasse mais "confortável" para relatar determinados assuntos, e que poderia haver interrupções da entrevista para o esclarecimento de dúvidas relacionadas às questões.

Diante do aprofundamento desejado, não nos ativemos rigidamente aos assuntos relacionados ao tópico-guia, a fim de dar a devida liberdade aos entrevistados para explanar assuntos correlatos que abordavam de modo voluntário e, consequentemente, consideravam pertinentes. Entretanto, para explorarmos de forma aprofundada os aspectos de interesse que apareciam na fala do participante, recorremos a algumas técnicas sugeridas por Lodi (1970/1991) ao longo das entrevistas, como: (1) *sumário*: elaboração de uma pergunta que resumia o trecho da resposta anterior do participante, a fim de convidá-lo a centrar-se em um ponto de interesse; (2) *clarificação*: solicitação da elaboração aprofundada de algumas respostas que tinham ficado ambíguas ou vagas; (3) *confrontação*: elaboração de uma questão que apresentasse inconsistência percebida na resposta do participante, em vista do esclarecimento; e (4) *repetição*: repetição de uma questão previamente elaborada na tentativa de obter respostas aprofundadas.

Ao longo de cada uma das entrevistas, observamos ainda alguns cuidados, enfaticamente recomendados por autores como Lodi (1970/1991), Garret (1974) e Gaskell (2000/2003): respeito aos "silêncios" dos respondentes, no sentido de não apressar uma nova questão, dando aos entrevistados o tempo necessário para que esgotassem tudo o que pretendiam explanar, bem como o respeito à "resistência" de alguns deles em se aprofundar em certas questões, já que elas remetiam ao sofrimento inerente às práticas hostis que tinham vivenciado – se insistíssemos, poderíamos acabar "desmantelando" inadequadamente algum mecanismo de defesa ou estratégia defensiva; atenção não somente ao que era dito, mas também aos gestos, suspiros, expressões e reações corporais que se evidenciavam como canais de externalização de emoções, bem como aos não ditos, marcados sobretudo pelos silêncios já mencionados.

Como o entrevistador, na posição de colega de trabalho, tinha certa "intimidade" com os entrevistados, quando do privilegiado momento da entrevista em que o gravador era desligado, nos casos em que o entrevistado não emitia espontaneamente informações adicionais pertinentes, procuramos questionar abertamente se, aproveitando que o gravador já estava desligado, não existia mais nenhum aspecto "delicado" dos assuntos tratados que não havia sido abordado.

Cada entrevista durou, em média, uma hora – exceto uma delas, que teve duração de 1 hora e 42 minutos. Esse fato se deu em função de, ao sinal de finalização da entrevista – momento em que o entrevistador perguntou à entrevistada se havia algo que julgava pertinente acrescentar –, a participante ter dado continuidade, espontaneamente, por meio de acréscimos e reforços, a algumas questões já tratadas.

Quanto ao local de realização das entrevistas, embora tenhamos sugerido, no momento do agendamento, realizá-las em ambiente externo ao contexto de produção, somente um dos entrevistados concordou que a entrevista ocorresse externamente. Os demais participantes preferiram realizá-la dentro do contexto de produção, o que fizemos sob a condição de que ocorresse após o expediente de trabalho e sem a presença de nenhuma outra pessoa na sala, que não o entrevistador e o entrevistado, para, haja vista a "delicadeza" da temática abordada, evitar quaisquer interrupções e constrangimentos para os participantes.

Por fim, ao término de cada entrevista, reiteraram-se os agradecimentos pela participação em mais essa etapa da pesquisa e a garantia quanto à confidencialidade.

Análise documental

A análise documental configurou-se como mais um dos instrumentos metodológicos deste trabalho, já que somente ela poderia fornecer o acesso a determinadas informações que julgávamos pertinentes para melhor caracterização da instituição estudada. Entre os principais documentos analisados, destaquemos leis, decretos, normas, organogramas e manuais que apresentavam a missão, os objetivos, os valores organizacionais e as políticas organizacional e de pessoal.

Ainda por meio da análise documental, tentamos também acessar estatísticas e dados epidemiológicos, bem como possíveis queixas e denúncias documentadas que evidenciassem a existência expressa de práticas de assédio moral no trabalho na instituição. Entretanto, em razão do caráter sigiloso relacionado a tais informações, que nos foi declarado pela responsável pela divisão de pessoal consultada, não obtivemos consentimento para acessar tais documentos.

Capítulo 10
Tratamento dos dados

Cinco *corpus* textuais foram gerados após a transcrição de cada uma das entrevistas semiestruturadas individuais. Conforme já se havia decidido previamente, eles foram tratados por meio da técnica de análise de conteúdo denominada *categorial temática*. Em um primeiro momento (o da pré-análise), o *corpus* foi tratado separadamente para, somente na etapa de codificação/categorização, ser classificado em dois grandes *corpus*: um referente aos dados oriundos dos relatos de quatro entrevistados no "papel" de assediados, e outro aos dados oriundos dos relatos de três entrevistados no "papel" de testemunhas. Para fornecer detalhes acerca de como esse tratamento ocorreu, esclareceremos, nos parágrafos a seguir, os procedimentos que adotamos nas duas etapas correlatas a tal técnica que precedem à interpretação: a pré-análise e a codificação/categorização.

Inicialmente, na *pré-análise* (Bardin, 1977/2004) realizou-se uma *leitura flutuante* (Bardin, 1977/2004) de cada uma das entrevistas para deixar-se "[...] invadir por impressões e orientações" (Bardin, 1977/2004, p. 90) ou, mais precisamente, para reviver e começar a estruturar as primeiras impressões que o entrevistador havia tido no momento de cada uma das entrevistas. Não houve nessa fase, entretanto, a preocupação de estabelecer suposições iniciais acerca do material tratado – nesse sentido, poderíamos afirmar que, nesse momento, se privilegiou uma análise exploratória do *corpus*. Em paralelo à *leitura flutuante* do material a ser analisado, realizou-se, conforme sugerido por Bardin (1977/2004), a referenciação de índices e a elaboração de indicadores a fim de facilitar o posterior processo de codificação/categorização.

Findada a etapa de pré-análise, recorremos à preparação do material para a análise propriamente dita, por meio da *codificação* (Bardin, 1977/2004), que, mantendo sempre como "fios condutores" o referencial teórico e as questões norteadoras da pesquisa (Bardin, 1977/2004; Bauer, 2000/2003; Franco, 2003), caracterizou-se pelo recorte (escolha das unidades de registro – neste caso, *temas*), pela agregação dos dados brutos do texto (momento no qual reagrupou-se a totalidade de dados em dois *corpus*, conforme mencionado) e pela enumeração por meio da regra de contagem denominada por Bardin (1977/2004) de "presença ou ausência" para, enfim, estabelecer os nomes das categorias e realizar a *categorização* propriamente dita ou o recorte do texto em unidades comparáveis para fins de análise temática, por meio do critério *semântico*, já que se utilizaram *temas* como unidades de registro (Bardin, 1977/2004).

Não obstante Andren citado por Bauer (2000/2003) defenda que baixa *fidedignidade* não invalida uma interpretação, já que as ambiguidades do material fazem parte da análise de conteúdo e, portanto, nenhum analista de conteúdo profissional espera de fato alcançar total fidedignidade, decidimos, após cerca de quinze dias após o fim dos processos de codificação e categorização, recorrer, em conformidade com a sugestão de Bauer (2000/2003), a uma reanálise para chegar a uma segunda interpretação comparativa acerca do resultado que havíamos obtido inicialmente. Sem dúvida, essa "tática" nos foi bastante útil, principalmente para aprofundar nossas representações acerca do material e realizar pequenos ajustes no tocante a sobreposições de verbalizações, em mais de um tema, que haviam se dado quando da primeira análise.

Por fim, concluída a etapa de codificação e a consequente categorização, foi possível operacionalizar com o material resultante, sistematizado por meio de tabelas, a inferência ou interpretação dos dados (Bardin, 1977/2004).

O tratamento dos dados coletados mediante a observação participante, a exemplo do realizado com os dados oriundos das entrevistas, deu-se também por meio de análise de conteúdo categorial temática. Uma vez que explicitamos os procedimentos e as etapas realizados no tratamento dos dados resultantes das entrevistas, não entraremos novamente nesses detalhes, cabendo enfatizar apenas que os dados provenientes da observação participante foram todos reunidos em um *corpus* único – o diário de campo.

PARTE IV

RESULTADOS DA PESQUISA: DESVELAMENTO DO ASSÉDIO MORAL NO TRABALHO

Apresentaremos nesta parte uma breve caracterização da instituição na qual o trabalho foi realizado, além de discutir, à luz da teoria, os principais resultados obtidos pela observação participante e pelas entrevistas semiestruturadas individuais. Para melhor contextualizar os resultados no âmbito do objetivo central da pesquisa, organizamos a apresentação e discussão concomitante destes a fim de responder a cada uma das questões norteadoras, resgatadas a seguir:

- Como se caracterizam as interações socioprofissionais do contexto de trabalho estudado?
- Quais são as principais práticas que configuram assédio moral no contexto estudado?
- Como os assediados e as testemunhas percebem a situação?
- Quais são as principais repercussões para os trabalhadores vitimados e para o contexto de trabalho estudado?

Grande parte da caracterização da instituição, da divisão e dos participantes apresentada na sessão seguinte foi realizada por intermédio dos resultados oriundos da análise documental, enquanto as demais sessões agregam os resultados advindos da observação participante e das entrevistas com os assediados, sistematizados em quatro categorias temáticas, e das entrevistas com as testemunhas, igualmente com resultados sistematizados em quatro categorias temáticas.

Destaquemos ainda que, a exemplo de diversos autores que se utilizaram da observação participante, como Malinowski (1922/1976), Geertz (1960/1976), Ribeiro (1996) e Costa (2004), objetivando facilitar a visualização e dinamizar a narração dos acontecimentos, optamos por apresentar de maneira literal algumas verbalizações que não foram gravadas, mas sim registradas em nosso diário de campo, nos momentos imediatamente posteriores ao ocorrido. Porém, para diferenciá-la das verbalizações registradas no decorrer das entrevistas, vamos tomar o cuidado de fazer menção a cada uma delas em todas as ocasiões nas quais forem utilizadas.

Capítulo 11

Caracterização da instituição, divisão e protagonistas

A instituição na qual se situa a divisão que nos serviu de campo para o estudo de caso em pauta tem naturezas financeira e privada, configurando-se modalmente como uma sociedade por cotas limitada.

É eminentemente do ramo de serviços financeiros, com ênfase na concessão de empréstimos e financiamentos em geral. Quanto à sua abrangência territorial, a instituição atua em todo o território nacional. No momento do término da pesquisa, continuavacomposta por um montante de aproximadamente mil funcionários, distribuídos nas áreas financeira, administrativa e de serviços, que, por sua vez, estavam divididas em nove departamentos operados por dezenove divisões, sendo estas ramificadas em setores e áreas diversas. A divisão estudada é responsável pelo gerenciamento, promoção e comercialização de um dos serviços da instituição, estando, para tanto, subdividida em dois setores e três áreas. Nos parágrafos subsequentes apresentaremos, por intermédio dos pseudônimos que utilizaremos no decorrer do capítulo, os principais protagonistas das situações de assédio moral no trabalho constatadas, que compõem os referidos setores e áreas, sempre tendo como data de referência o mês de abril de 2006.

Um dos setores é chefiado por *Gregory* e se subdivide em duas áreas, cada qual chefiada por um encarregado de área, sendo uma dessas de responsabilidade de *Eloy*, que, por sua vez, chefiava, há aproximadamente seis meses, *Derick*, agente administrativo.

No outro setor, chefiado por *Jennyffer*, está lotado o agente administrativo *Ronny* e, há cerca de dois anos e meio, esteve lotada também *Vickie*, igualmente na posição de agente administrativo, subordinada a *Jennyffer*.

Fanny, agente administrativa, já esteve lotada no setor chefiado por *Jennyffer*, em um período de tempo em que ela trabalhou diretamente tanto com *Vickie* quanto com *Ronny*. Há aproximadamente um ano e meio, *Jennyffer* trabalha na área chefiada por *Eloy*.

Quanto ao observador participante da pesquisa, ele trabalhou durante dois anos na área de *Eloy* e, há aproximadamente um ano, trabalha na área subordinada ao setor de responsabilidade de *Jennyffer*.

Para caracterizar melhor a atual estrutura da divisão, apresentamos a seguir um esboço do organograma, explicitando os protagonistas e seus respectivos cargos:

Esboço do Organograma da Divisão Estudada*

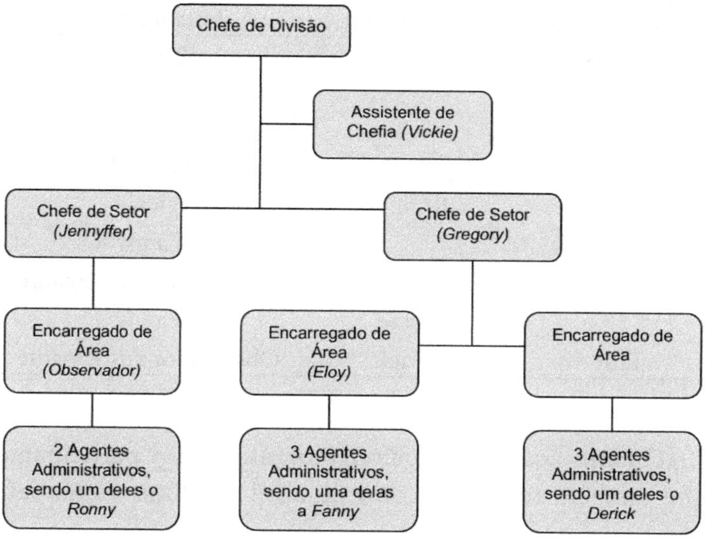

*** Data de Referência: Mês de Abril de 2006**

Apresentada a disposição hierárquica dos principais protagonistas, esclareçamos agora o enquadramento de cada um deles no contexto de assédio moral no trabalho identificado, incluindo o posicionamento do observador participante em diferentes momentos da pesquisa. Para tanto, apresentamos seus "papéis" na tabela a seguir e, na sequência, alguns dados sociodemográficos que julgamos pertinente explicitar.

Tabela 1
Posição dos Protagonistas das Situações de Assédio Moral no Trabalho

Assediador(es)	Assediado(s)	Testemunha(s)
Gregory	Eloy	Fanny
		Derick
		Observador(es) Participante(s)
Jennyffer	Ronny	Vickie
		Fanny
		Observador Participante
	Vickie	Fanny
Eloy	Derick	Observador Participante

Quanto aos dados sociodemográficos dos participantes (que também tiveram o mês de abril de 2006 como referência), destacamos:

- Assediado A (Ronny) – Gênero masculino; 37 anos de idade; trabalhando na instituição há aproximadamente dois anos e meio, desde o início na área estudada.
- Assediado B (Eloy) – Gênero masculino; 34 anos de idade; trabalhando na instituição há aproximadamente dez anos, sendo os últimos quatro anos na área estudada.
- Assediado C (Derick) – Gênero masculino; 23 anos de idade; trabalhando na instituição há aproximadamente um ano e meio, desde o início na área estudada.
- Assediado D (Vickie) – Gênero feminino; 48 anos de idade; trabalhando na instituição há aproximados quatro anos, desde o início na área estudada.
- Testemunha A (Fanny) – Gênero feminino; 27 anos de idade; trabalhando na instituição há aproximados três anos, desde o início na área estudada.

- Testemunha B – Vítima C (Derick).
- Testemunha C – Vítima D (Vickie).

Para completarmos esse quadro de protagonistas, embora evidentemente não os enquadremos todos como participantes, excetuando aquele que participou na posição de vítima de outro assediador (Eloy), julgamos importante apresentar alguns dos dados sociodemográficos dos assediadores, bem como os pseudônimos que adotamos para identificá-los no transcorrer do trabalho:

- Assediador A (Gregory) – Gênero masculino; 48 anos de idade; trabalhando na instituição há aproximados dezoito anos, sendo os últimos quatro anos e meio na área estudada;
- Assediadora B (Jennyffer) – Gênero feminino; 38 anos de idade; trabalhando na instituição há aproximados quinze anos, sendo os últimos quatro anos e meio na área estudada;
- Assediador C – assediado B (Eloy).

Ainda no tocante aos protagonistas, mencionemos que, na posição de observador participante e, portanto, de testemunha ocular, no transcorrer da pesquisa chegamos à conclusão de que duas situações de assédio moral no trabalho haviam se configurado e permaneciam em curso (Gregory assediando Eloy, Jennyffer assediando Ronny); também uma terceira havia ocorrido e perdurado por aproximadamente um ano (Eloy havia assediado Derick). Quanto à quarta situação de assédio moral levantada (Jennyffer como assediadora de Vickie), não tivemos oportunidade de testemunhar ocularmente a situação, mesmo porque essa afirmação se deu em período anterior ao início da pesquisa. Entretanto, por causa do relato emocionado que obtivemos de uma das entrevistadas (Vickie), convocada a participar em um primeiro momento exclusivamente na posição de espectadora dos atentados infligidos por Jennyffer contra Ronny, bem como em razão de algumas pistas que apontavam para a possibilidade de ter sido mais uma vítima da assediadora mencionada, pistas estas que apresentaremos a seguir, optamos por dar o devido espaço neste trabalho para o caso relatado por ela e complementado por uma de suas testemunhas.

Três evidências reforçaram a possibilidade de autenticidade da denúncia de Vickie:

- Fanny trabalhou na mesma área nesse período e testemunhou que, de fato, houve situações frequentes de violência moral infligidas por Jennyffer contra Vickie.
- O observador participante, que na época trabalhava em uma das áreas do outro setor da mesma divisão, embora não tivesse se apercebido da provável gravidade do ocorrido na ocasião, chegou a ser procurado algumas vezes por Vickie, aparentemente bastante transtornada em razão de um suposto conflito com Jennyffer.
- Para melhor caracterizar a situação, optamos por telefonar para uma ex-funcionária da instituição, que havia trabalhado em período anterior a Fanny ao lado de Vickie, a qual, embora não tenha se disposto a um encontro para uma entrevista formal, acabou por confirmar, no transcorrer de uma conversa dirigida com duração aproximada de trinta minutos, grande parte do relatado por Vickie.

CAPÍTULO 12
COMO SE CARACTERIZAM AS INTERAÇÕES SOCIOPROFISSIONAIS DO CONTEXTO DE TRABALHO ESTUDADO?

Comecemos apresentando, mediante o uso de tabelas, as categorias temáticas, suas descrições, temas e alguns exemplares de verbalizações, estabelecidas por meio do tratamento dos resultados oriundos das entrevistas (com os assediados e as testemunhas) e que subsidiaram a resposta à questão norteadora que configurou o título deste capítulo.

Tabela 2
Categoria Temática 1: Caracterização das Interações Socioprofissionais

Descrição: Caracterização que as vítimas de assédio moral no trabalho fazem das ações recíprocas entre duas ou mais pessoas, que são "produzidas" ***por*** **e se desenrolam** ***em*** **situações de trabalho que vivenciam cotidianamente e que podem ser subdivididas em interações hierárquicas, coletivas intra/intergrupos e externas.**

Temas	Exemplos de Verbalizações
Interações Intragrupos	*Eu acho assim... Entre colegas é muito bom. O nosso tratamento... A nossa convivência é muito boa entre colegas.* (Vickie)
	A questão do relacionamento com seu colega, isso aí é uma coisa que, fundamentalmente traz bem-estar [...]. (Ronny)
Interações Hierárquicas	*A interação na minha área tá um pouquinho desfalcada porque, na verdade, a minha chefe não tem muito perfil pra liderar [...] então a interação é um pouquinho complicada.* (Derick)
	A nossa convivência é muito boa entre colegas... Agora entre chefias... O negócio já muda muito, né? Acho que já muda bastante. (Vickie)

Tabela 3
Categoria Temática 1: Caracterização das Interações Socioprofissionais

Descrição: Caracterização que as testemunhas das situações de assédio moral no trabalho fazem das ações recíprocas entre duas ou mais pessoas, que são "produzidas" *por* e se desenrolam *em* situações de trabalho que vivenciam cotidianamente e que podem ser subdivididas em interações hierárquicas, coletivas intra/intergrupos e externas.	
Temas	Exemplos de Verbalizações
Interações Intragrupos	*Eu acho que a relação aqui entre colegas é muito bacana... É saudável. [...] Acho que todo mundo se gosta.* (Fanny)
	Em relação aos colegas, eu acho que a gente é bem interado. (Derick)
Interações Hierárquicas	*As interações com chefes? Muito ruim, muito ruim, muito ruim mesmo! [...] Você vê... A convivência do Gregory e da Jennyffer com os funcionários é péssima! Mesmo a da chefona aqui dentro também não é lá essas coisas, não...* (Vickie)
	As interações no nosso departamento, acho que é um problema só de chefe. (Fanny)

Todos os participantes entrevistados classificaram as interações com as chefias, fossem essas imediatas ou superiores – o que traduz a totalidade das denominadas *interações hierárquicas* por Ferreira e Mendes (2003) –, como "pouco adequadas", sendo que seus julgamentos se caracterizaram por adjetivações como "ruins", "péssimas", "desfalcadas", "complicadas" e "problemáticas", conforme algumas das verbalizações transcritas podem ilustrar:

> As interações com chefes? Muito ruim, muito ruim, muito ruim mesmo! [...] Você vê... A convivência do Gregory e

> da Jennyffer com os funcionários é péssima! Mesmo a da chefona aqui dentro também não é lá essas coisas não... (Vickie)
>
> As interações no nosso departamento, acho que é um problema só de chefe. (Fanny)
>
> A interação na minha área tá um pouquinho desfalcada porque, na verdade, a minha chefe não tem muito perfil pra liderar [...] então a interação é um pouquinho complicada. (Derick)

Tais "leituras" se davam, entre outras possíveis razões, em função da postura rigorosa de comando e exigência de submissão impostas pelos superiores hierárquicos, fato que, aliás, considerando algumas denúncias informais ocorridas em reuniões com outras áreas e também registradas por membros da Comissão Interna de Prevenção de Acidentes (Cipa), parecia-nos reflexo da cultura da instituição e, de um ponto de vista mais amplo, da lógica socioeconômica vigente. Justifiquemos tal interpretação pelo fato de os referidos superiores hierárquicos pautarem sua postura perante os subordinados – muitas vezes abusiva – na existência do "imenso exército de reserva" (Marx, 1890/2003) e, consequentemente, no desemprego estrutural, sendo que recorrentemente faziam menção a tais fatos, ameaçando, de maneira direta ou indireta, os subordinados à exclusão. Vamos exemplificar essa interpretação, respectivamente, com a fala de um dos assediados entrevistados e com uma das verbalizações de Jennyffer, registrada em nosso diário de campo:

> Na hora que um chefe tem que se posicionar para poder orientar, ele orienta como uma forma assim... De

> escravidão, bem do tipo da Jennyffer, que você também conhece – "Você tem que fazer, você vai fazer, pois se você não fizer facilmente vamos lhe substituir por outra pessoa que vai fazer... E vai fazer melhor que você" [...]. (Ronny)

> Eu não consigo entender o que está havendo. Você tem que aumentar o seu ritmo, tem que dar conta! Está sendo pago para quê, afinal? E se não quiser, fique sabendo que tem muita gente lá fora querendo o seu lugar... (Jennyffer)

Como forma de corroboração do discutido acerca da avaliação que os participantes fazem das interações hierárquicas e de introduzir uma discussão acerca da avaliação de grande parte deles em relação às interações intragrupos, podemos mencionar ainda um "convite" de Eloy, registrado em nosso diário de campo, dirigido a todos os colegas[1] da divisão por ocasião de uma reunião em outra cidade, que ocasionou a ausência dos dois chefes de setor e da responsável pela divisão:

> Pessoal, o que vocês acham de amanhã, lá pelas duas horas da tarde, quando todos os chefões aqui de dentro já tiverem viajado, fazermos uma reuniãozinha só nossa, com aquele clima gostoso que só existe entre a gente? Podemos pedir umas pizzas e almoçar todos juntos, sem nenhum dos chefes para nos atormentar. (Eloy)

[1] Embora evidentemente exista uma diferenciação de nível hierárquico entre o agente administrativo e o encarregado de área, constatou-se que os três encarregados eram "tidos como iguais" por quase todos os agentes administrativos da divisão, ou seja, eram enquadrados por estes como "colegas" e, portanto, eram enquadrados pelos participantes como sujeitos das interações intragrupos.

Assim como Eloy, os demais participantes evidenciaram, não somente por palavras, mas também por atitudes, que, no geral, avaliavam "positivamente" as interações com os colegas:

> A questão do relacionamento com seu colega, isso aí é uma coisa que fundamentalmente traz bem-estar [...]. (Ronny)
>
> Eu acho que a relação aqui entre colegas é muito bacana, é saudável. Tirando esses problemas com os chefes, acho que a relação aqui é verdadeira... Acho que todo mundo se gosta. (Fanny)
>
> Entre colegas a gente tem um ambiente legal, sabe... Por quê? Porque você tem negócio de uma festinha, de uma reunião, de uma amizade, de uma brincadeira, isso também gera bem-estar, entendeu? (Eloy)
>
> Eu acho assim... Entre colegas é muito bom. O nosso tratamento... A nossa convivência é muito boa entre colegas. (Vickie)
>
> Em relação aos colegas, eu acho que a gente é bem interado... (Derick)

Cremos poder sustentar, em razão dessas declarações aliadas à vivência interacional que estabelecemos com todos os participantes, que as interações intragrupos não somente eram de fato "boas", "legais" "saudáveis" e "verdadeiras", como, em muitas ocasiões, pareceram ter servido de uma espécie de "amparo" àqueles que sofriam situações de assédio moral no trabalho. De acordo com os resultados das pesquisas realizadas por Ferreira e Mendes (2003) e Aragão (2004), no contexto de auditoria-fiscal da Previdência Social brasileira, no caso estudado, as interações intragrupos parecem representar um suporte socioafetivo importante para a manutenção da saúde dos trabalhadores, em especial daqueles que haviam se tornado alvo de violência moral.

Podemos justificar as leituras expostas no parágrafo anterior não somente por meio das falas dos assediados, mas também nos referindo a pelo menos dois fatos constatados por nós: (a) embora tenham sido bastante raras as ocasiões de intervir em defesa dos assediados no transcurso de uma situação de assédio moral no trabalho, usualmente os espectadores eximiam-se de participar; (b) em diferentes momentos nos quais os assediadores não estavam presentes, os espectadores, em sua grande maioria, mostravam-se compadecidos com a situação dos assediados, chegando diversas vezes a declarar abertamente que não concordavam com aquelas práticas, que as consideravam injustas e, como complemento, acabavam por expressar "maus juízos" acerca dos assediadores. Esse caso singular, distanciando-se do comumente retratado na literatura – em geral, a vítima de assédio moral no trabalho encontra-se só e, o que é ainda pior, tende a ser assediada por uma *mob* (Hirigoyen, 1998/2003; Piñuel y Zabala, 2001/2003; Abajo-Olivares, 2004) –, permite-nos enquadrar grande parte dos espectadores envolvidos como, na expressão de Guedes (2003), *conformistas passivos*, que, embora não intervenham por diferentes razões, não participam e discordam das agressões.

Vamos finalizar este capítulo esclarecendo que, em relação às interações *externas* e *intergrupos* (Ferreira e Mendes, 2003), nenhum dos participantes se posicionou de forma favorável, fosse no decorrer das entrevistas, fosse no cotidiano de trabalho transcorrido durante o período em que realizávamos a pesquisa, não obstante, conforme retrataremos no próximo capítulo, tenham ocorrido algumas situações ocasionais nas quais se configuraram "contatos contaminadores" (Goffman citado por Barreto, 2003) e, por consequência, "participações induzidas" tanto de membros de outras divisões da instituição quanto de usuários de seus serviços, nas frequentes "zombarias" empregadas por dois dos assediadores contra suas vítimas.

Capítulo 13

Quais são as principais práticas que configuram assédio moral no trabalho no contexto de trabalho estudado?

Seguem as categorias temáticas, com suas respectivas descrições, temas e exemplos de verbalizações, que, com os dados coletados por intermédio da observação participante, subsidiaram a resposta à questão norteadora em foco.

Tabela 4
Categoria Temática 2: Ações que Configuraram Assédio Moral no Trabalho

Descrição: Conjunto de ações violentas (de natureza psicológica e/ou física) que, no entender dos assediados, lhes foram infligidas por assediadores de maneira frequente, com o objetivo de isolá-los, desestabilizá-los e/ou difamá-los.	
Temas	**Exemplos de Verbalizações**
Desestabilizações	*[...] a imposição, o tom de voz que ela usava, né? E a agressividade da palavra, né? Da expressão também... Isso era o que mais me incomodava, entendeu?* **(Ronny)**
	As brincadeiras continuam. Uma que ele fala todo dia é "ele entala na porta". **(Eloy)**
Difamações	*Como você mesmo presenciou, ela simplesmente falava que deveria ter perguntas e respostas inteligentes, e que as perguntas que eu fazia eram "burras", ou seja, chamou o funcionário de "burro".* **(Ronny)**
	[...], e a humilhação, porque ela não tem hora pra chamar a atenção, pode tá quem for [...] é perante todo mundo, é humilhar falando que você não sabe, você não presta atenção, que é totalmente desatenta, que não serve pra trabalhar aqui, que não sabia como eu trabalhava em uma empresa do mesmo ramo anteriormente... **(Vickie)**
Isolamento	*Eu já tentei conversar com ela. E ela falou – "não tem conversa entre nós dois nesse sentido, eu sei muito bem o que eu faço"... já chegou a acontecer isso...* **(Ronny)**
	O Eloy tava manipulando a minha chefe direta pra que ela... Como é que eu vou falar?... Me constranger perante o pessoal da minha área [...] **(Derick)**

Tabela 5

Categoria Temática 2: Ações que Configuraram Assédio Moral no Trabalho

Descrição: Conjunto de ações violentas (de natureza psicológica e/ou física) que, no entender das testemunhas, foram infligidas aos assediados por assediadores de maneira frequente, com o objetivo de isolá-los, desestabilizá-los e/ou difamá-los.	
Temas	**Exemplos de Verbalizações**
Desestabilizações	*O Ronny é um pobrezinho... A Jennyffer grita com ele o tempo todo, mas grita mesmo!* **(Vickie)**
	Acho que o tom, o tom muito... Muito agressivo... Eu acho que o tom, às vezes, ele funciona como um tapa, né? Então o Gregory, ele fala pro Eloy – "Que 'merda' é essa aqui?" [...] o Gregory dá uns gritos com o Eloy que são a mesma coisa que uns tapas. **(Fanny)**
Difamações	*Ele difamava o Eloy todo dia...* **(Derick)**
	A Jennyffer, naquela época, falava muito mal do Ronny pra mim. **(Fanny)**

Apresentadas as categorias temáticas, adentremos os subtópicos que seguem com detalhes acerca de cada um dos três conjuntos de ações violentas.

Desestabilizações

Comecemos por resgatar as memórias que registramos no mês de maio de 2004, ocasião em que trabalhávamos no setor chefiado por Gregory, no qual se encontrava lotado também Eloy, e assim permanecia até o momento em que a pesquisa foi finalizada. Naquele período, embora não pudéssemos precisar com exatidão o mês em que a situação de perseguição de Gregory contra Eloy teve início, estimamos sem margem de erro, conforme sublinhamos em nosso diário de campo, que ela já perdurava no mínimo um ano.

No período mencionado, recordávamos que Gregory estava fazendo uso, de maneira bastante recorrente – praticamente todos os dias em que o assediado estava presente no contexto de trabalho –, de "brincadeiras" aparentemente inocentes que ressaltavam o fato de Eloy estar com o nível de gordura corporal acima do saudável. Conforme claramente pretendido por Gregory, em diversas ocasiões, tais "brincadeiras" impeliam muitos dos presentes e transeuntes a gargalhadas, muito provavelmente em razão do "contato contaminador" (Goffman citado por Barreto, 2003), entre os quais, ao menos no início, se encontrava o próprio Eloy. Ocorre que, logo no início da pesquisa, percebemos que as "brincadeiras" não somente persistiam como vinham acontecendo cada vez mais repetidamente, passando a ocorrer inclusive na presença de pessoas de outras áreas da empresa e perante usuários dos serviços das empresas que eventualmente compareciam ao setor com a finalidade de resolver alguma pendência. Entre as inúmeras "brincadeiras" persistentes, sempre corporificadas por verbalizações de Gregory, apresentemos algumas que temos acompanhado formalmente desde maio de 2004 (até abril de 2006, quando cessamos a coleta de dados, desestabilizações similares ainda persistiam) e que registramos, senão de forma fiel, ao menos bastante aproximada em nosso diário de campo:

> Eloy, onde você estava? Aposto que na cantina? Só pode ser! (Gregory)

> Eloy, você vai à cantina? Vê se deixa pelo menos alguma coisinha por lá, pra gente poder lanchar mais tarde também. (Gregory)
>
> Eloy, você disse que está fazendo dieta, não disse? Qual é o objetivo dessa dieta? É engordar ainda mais? É o que está aparentando, não é, pessoal? (Gregory)
>
> Pessoal, vocês viram como o Eloy engordou ainda mais? (Gregory)
>
> Escondam os seus lanches, senão o Eloy vai traçar tudo. (Gregory)
>
> Eloy, cuidado para não entalar ali na porta. (Gregory)
>
> Vocês viram o buraco que se formou ali no chão, bem abaixo do lugar onde fica a cadeira do Eloy? (Gregory)
>
> Eloy... Você não entala na privada quando usa o banheiro, não? (Gregory)
>
> A roda do seu carro soltou? Também pudera, né? Com esse peso todo... (Gregory)
>
> Eu tenho pena da esposa do Eloy... Imaginem como é que é a transa dos dois? A pobrezinha deve ficar toda esmagada. (Gregory)

Conforme procuramos sugerir com o adjetivo *persistente*, todas essas "brincadeiras" se repetiram em diversas situações por meio de formulações mais ou menos similares feitas por Gregory. Embora não tenhamos recorrido ao registro frequencial de todas elas no período mencionado, para exemplificar o quanto foram persistentes, podemos mencionar que, ao contabilizar o número de registros em nosso diário de campo de frases que faziam referência a sentido correlato à primeira ilustrada (como, por exemplo: "Estava na cantina de novo, Eloy? Aposto que sim!"), somente nos meses de agosto e setembro de 2004, chegamos ao número de 67 ocorrências. Isso significa dizer que em quase todas as ocasiões em que Eloy necessitava sair da sala, fosse para se ir ao banheiro, para resolver alguma pendência em outra divisão ou, eventualmente, para lanchar, tão logo retornava à sala escutava "piadas" com esse sentido, sempre ditas publicamente por Gregory.

Gregory, utilizando-se de sua superioridade hierárquica, chegou a declarar em agosto de 2004, em tom de "brincadeira", que Eloy estava proibido de ir à cantina, por estar "gordo demais". Como resultado dessa "brincadeira", o assediado de fato passou a evitar as idas à cantina ou mesmo aceitar qualquer alimento que lhe fosse oferecido, sempre alegando que, se aceitasse, Gregory "pegaria no pé dele". Conforme presenciamos com duas testemunhas (Vickie e Fanny), o assediado chegou a ponto de passar muitos dias de trabalho – mesmo alguns com mais de dez horas seguidas – sem ingerir alimento algum.

Quanto mais persistiam as brincadeiras, mais Eloy evidenciava estar transtornado, passando a demonstrar desaprovação mediante expressões faciais carregadas de austeridade. Em diversos momentos, compreendidos no período de maio a novembro de 2004, presenciamos tentativas de Eloy, embora de forma um tanto tímida, de pedir a Gregory que parasse de "sacaneá-lo", conforme sua expressão usual. Entretanto, a cada pedido, Eloy obtinha respostas – também manifestadas publicamente – que acabavam por fortificar ainda mais a desestabilização:

> Que é isso, Eloy? Você não tem esportiva? Além do mais, a nossa intenção é lhe ajudar... Você está precisando muito

> de uma ajuda para perder peso, vocês não concordam? Vamos ajudar o nosso colega nessa empreitada? (Gregory)

Contrarrespostas como essa, improvisadas por Gregory para retrucar as eventuais queixas de Eloy ou mesmo para replicar os raros comentários de espectadores que provavelmente se apercebiam da sordidez que as pretensas brincadeiras comportavam, sugerem que Gregory, em diversas ocasiões, evidenciava ter a habilidade de improvisação, aludida por autores como Piñuel y Zabala (2001/2003) e Abajo-Olivares (2004) como usual entre os assediadores, que o capacita a negar a situação de assédio e mudar o foco da questão.

Os ápices das vexações contra Eloy davam-se em momentos nos quais estavam congregados diversos funcionários da instituição, tal como em uma reunião, realizada em setembro de 2005, que contava com aproximadamente sessenta trabalhadores: em determinado momento, um funcionário de outra divisão relatou ter percebido o quanto nossa divisão estava sobrecarregada de trabalho ao presenciar alguns funcionários, como Eloy, correndo pelos corredores para atender a alguma demanda que tinha horário-limite para ser cumprida. Esse comentário rendeu a seguinte contra-argumentação pública de Gregory:

> Não, mas isso é intencional. Nós fazemos de propósito pra ver se o Eloy perde alguns quilinhos. Vocês não perceberam o quão gordo ele está? (Gregory)

A referida atitude desencadeou um visível constrangimento em Eloy, que ficou imediatamente com a face rosada, começou a transpirar, encolheu-se na cadeira como se quisesse esconder ou mesmo "desaparecer", então se voltou para mim, que estava sentado em uma cadeira ao seu lado, e declarou:

> Poxa, o Gregory é terrível! Eu sabia que ele ia me humilhar na frente de todo mundo, só pra variar um pouquinho, né? Estava demorando. Ele só estava aguardando uma oportunidade, como sempre... (Eloy)

A recorrência do processo de desestabilização pública empregado por Gregory contra Eloy, pautado principalmente na ação de zombar de características pessoais (Leymann, 1993/1996; Hirigoyen, 1998/2003, 2001/2002; Piñuel y Zabala, 2001/2003; Abajo-Olivares, 2004), pôde ser corroborada por alguns relatos de testemunhas oculares e do próprio Eloy quando das entrevistas individuais, conforme os nossos grifos explicitam:

> Uma brincadeira de mau gosto típica – "O Eloy fez um buraco aqui no chão"... O Gregory todo dia chegava e falava: "Olha, Eloy, esse buraco cada dia tá maior"... (Derick)
>
> [...] em relação à gordura do Eloy, o Gregory brinca muito... Até demais... (Fanny)
>
> As brincadeiras continuam. Uma que ele fala todo dia é "ele entala na porta". (Eloy)

As táticas desestabilizadoras de Gregory não se restringiram à zombaria em relação a traços físicos de Eloy. Conforme já evidenciamos, este é casado e, ainda no ano de 2004, confidenciou a alguns colegas da divisão – entre os quais se encontrava Gregory – que, alguns meses antes, ele e a esposa haviam decidido ter um filho. Com bastante pesar, ele declarou que, após diversas tentativas, ainda não tinham conseguido, razão pela qual já tinham dado início a um tratamento. Eloy não chegou a detalhar se o problema de infertilidade havia sido efetivamente diagnosticado, tampouco se sua origem estaria relacionada ao seu organismo, ao da esposa ou ao de ambos. O fato é que, poucos dias após tal confidência, Gregory deu início a mais um conjunto de pretensas "brincadeiras", que, conforme registramos em diferentes ocasiões, giravam em torno basicamente das seguintes ideias:

> É, Eloy, é melhor você resolver o seu problema, porque daqui a pouco a sua esposa terá um filho com o padeiro, ou quem sabe com o carteiro... (Gregory)

> O Eloy não está "dando conta do recado". Daqui a pouco a esposa dele vai "recorrer" a um vizinho... (Gregory)

Assim como a ação desestabilizadora tratada anteriormente, essa também foi utilizada por Gregory persistente e repetidamente por aproximados quatro meses, só findando quando Eloy nos deu a notícia de que o tratamento tinha sido bem-sucedido e, portanto, que sua esposa estava grávida. Ainda assim, com uma espécie de "desfecho malévolo" das referidas ações, Gregory lançou publicamente, ao menos por três vezes em que estávamos presentes, o seguinte comentário:

> Será que esse filho é do Eloy mesmo? (Gregory)

Até este momento, nos limitamos a relatar uma das modalidades de ações desestabilizadoras empregadas por Gregory contra Eloy – as zombarias, em especial de características físicas do assediado, as quais, conforme já procuramos referenciar, são recorrentemente apontadas na literatura especializada como pertencentes a um dos conjuntos de ações que configuram assédio moral no trabalho (Leymann, 1993/1996; Hirigoyen, 1998/2003, 2001/2002; Piñuel y Zabala, 2001/2003; Abajo-Olivares, 2004). Cabe acrescentar que as mencionamos relacionando-as exclusivamente ao assédio moral no trabalho sofrido por Eloy, pela razão de tal modalidade de ação ter se restringido àquela situação. Entretanto, as desestabilizações infligidas por Gregory contra Eloy não se limitaram às chacotas. Tal como nas situações de assédio moral no trabalho promovidas por Jennyffer contra Ronny e Vickie, por um período de tempo prolongado e com considerável frequência, Gregory vem agredindo Eloy verbalmente, agressões que, conforme pudemos constatar no transcorrer da convivência e elucidaremos quando estivermos tratando da percepção dos assediados quanto aos possíveis fatores causais para o desencadeamento da violência moral, não se sustentavam em falta de competência profissional dos referidos assediados e evidenciaram-se intencionalmente dirigidas a eles pelos dois assediadores supracitados. Comecemos, então, por mostrar a maneira pela qual se davam essas agressões, por intermédio das "vozes" dos próprios assediados:

> [...] a imposição, o tom de voz que ela usava, né? E a agressividade da palavra, né? Da expressão também... Isso era o que mais me incomodava, entendeu? (Ronny)

> Quantas vezes que ele berrou para mim – "Ah, mas você tem que dar conta, você tem que dar prioridade!". Mas... Pô, tudo é prioridade. Não dá para fazer tudo! Não com aquela estrutura... E o que eu não entendo é que eu sei que ele sabe perfeitamente disso. (Eloy)

> [...] aquela agressividade dela, aquela mania de gritar comigo [...]. (Vickie)
>
> Nessas agressões diárias entram também muitas das ignorâncias agressivas que ele faz comigo [...]. (Eloy)

Essas verbalizações não somente podem ser todas atestadas pela observação e registro de diversas situações que se repetiram no transcorrer dos aproximados dois anos de pesquisa, como acabaram por ser corroboradas também pelo relato de algumas das testemunhas oculares que foram entrevistadas:

> O Ronny é um pobrezinho... A Jennyffer grita com ele o tempo todo, mas grita mesmo! (Vickie)
>
> Acho que o tom, o tom muito... Muito agressivo... Eu acho que o tom, às vezes, ele funciona como um tapa, né? Então o Gregory, ele fala pro Eloy – "Que "merda" é essa aqui?" [...] o Gregory dá uns gritos com o Eloy que são a mesma coisa que uns tapas. (Fanny)
>
> E a Jennyffer, com a Vickie e com o Ronny, também, né? Ela não chega a xingar eles, é mais o tom agressivo, né? (Fanny)

Muitas das agressões verbais tinham início em decorrência do não cumprimento integral da rotina de trabalho prevista, conforme sinalizado por uma das verbalizações de Eloy transcritas acima, fato que, para um observador externo e eventual no contexto, talvez não se caracterizassem como ações complementares às situações de assédio moral no trabalho, mas poderiam equivocadamente sugerir incompetência profissional dos assediados. Porém, para aqueles que trabalhavam na área, entre os quais, o próprio observador participante, as agressões se manifestavam evidentemente de maneira intencional contra os assediados em questão, já que muito raramente os trabalhadores da divisão, entre os quais podemos incluir os próprios gestores, conseguiam cumprir toda a demanda de atividades, mesmo sob o já "naturalizado" regime de horas extras, uma vez que a estrutura de pessoal era (e continuava a ser quando a pesquisa terminou) abertamente insuficiente. Dito isso, ressaltemos, então, que os dois assediadores em questão frequentemente se declaravam conscientes da sobrecarga de trabalho e da consequente necessidade de aumento do quadro de pessoal da divisão, razão pela qual relevavam o não cumprimento das demandas impostas e, assim, poupavam das cobranças e pressões todos os trabalhadores da divisão, excetuando os assediados em questão. Houve, por exemplo, diversas ocasiões nas quais o observador participante e outra funcionária do setor estavam trabalhando com Ronny, compartilhando as mesmas atividades e, ainda assim, somente Ronny era "punido" pelo não cumprimento da totalidade das tarefas prescritas. Diversas "chamadas" de Jennyffer para Ronny foram registradas em nosso diário de campo, abaixo transcrito, as quais nos pareceram bastante representativas:

> Eu não consigo entender o que está havendo. Você tem que aumentar o seu ritmo, tem que dar conta! Está sendo pago para quê, afinal? E se não quiser, fique sabendo que tem muita gente lá fora querendo o seu lugar... (Jennyffer)

"Pressões" de Jennyffer, como a exemplificada, também foram relatadas diretamente por Ronny no transcurso da entrevista:

> [...] Você tem que fazer, você vai fazer, pois se você não fizer, facilmente vamos lhe substituir por outra pessoa que vai fazer... E vai fazer melhor que você [...]. (Ronny)

Situações bastante similares vêm sendo vivenciadas por Eloy, conforme tivemos a oportunidade de presenciar. A verbalização dele é exemplo disso:

> Quantas vezes o Gregory não virou pra mim – "Por que você não fez isso? Por que não fez aquilo?"... Aí eu falo da sobrecarga e ele – "Não interessa, tem que fazer, tá sendo pago pra isso, isso aqui tá parecendo internet discada, a gente pede um negócio e só daqui a dois anos é que vai fazer". (Eloy)

As agressões verbais sofridas por Ronny e Eloy apresentadas anteriormente continham efeitos desestabilizadores não somente pela violência expressa, na maioria das vezes na presença de outros trabalhadores (e mesmo ocasionalmente na presença de funcionários de outras divisões da instituição), mas também pela desvalorização absoluta do esforço despendido pelos referidos assediados no transcorrer das atividades – desvalorização que Piñuel y Zabala (2001/2003) aponta como típica em situações de assédio moral no trabalho.

Como salientou Fanny no decurso da entrevista, Ronny, pelo menos no início, tentava confrontar Jennyffer. Entretanto, de acordo com a nossa leitura acerca dessas reações, Fanny entendia que estas acabavam agravando as agressões verbais de Jennyffer contra Ronny: a cada contra-argumentação, a assediadora "golpeava-o" ainda mais furiosamente até que se calasse, recorrendo usualmente a injúrias amparadas pela espessa armadura que a superioridade hierárquica lhe concedia em relação ao assediado. As atitudes de Jennyffer acabaram corroborando a sustentação de Hirigoyen (1998/2003) de que as tentativas do assediado de resistir ao domínio ou expressar o que sente usualmente o expõe à fúria do assediador, que age de maneira ainda mais agressiva para fazê-lo calar-se, talvez pelo fato de os assediadores temerem realmente a comunicação com os assediados (Hirigoyen, 1998/2003).

Também se configurou bastante frequente a ação de Jennyffer de criticar "negativamente toda e qualquer sugestão de Ronny (Leymann, 1993/1996; Hirigoyen, 1998/2003, 2001/2002; Piñuel y Zabala, 2001/2003; Abajo-Olivares, 2004). Nossas observações continuadas nos levaram à conclusão de que, na verdade, as depreciações das sugestões, usualmente verbalizadas por Jennyffer publicamente e em tom bastante agressivo, não se justificavam pelas ideias em si, mas pela antipatia contra Ronny, que Jennyffer invariavelmente parecia querer evidenciar. Como forma de subsidiar a referida interpretação a que chegamos, ressaltemos que algumas das sugestões dadas por Ronny chegaram a ser implementadas pela própria Jennyffer em momentos posteriores, porém, como se poderia supor, sem dar o devido crédito ao autor.

Também deflagramos como ação desestabilizadora utilizada intencionalmente por Jennyffer a prescrição de tarefas (como entregar e buscar documentos em outras divisões da instituição) que, embora tivessem correlação com as atribuições dos agentes administrativos, foram adotadas por ela para "irritar" Ronny, conforme ele confidenciou para alguns dos trabalhadores do setor em certas ocasiões. Em diversas situações, ela "ordenou" que a vítima se dirigisse a divisões situadas no último andar da instituição para entregar ou pegar documentos, incluindo alguns de ordem pessoal da assediadora. Usualmente, tais pedidos ocorriam em momentos nos quais Ronny estava bastante sobrecarregado com outras atividades; em pelo menos três situações alguns colegas intervieram, se propondo a ir no lugar dele, mas Jennyffer não autorizou, insistindo que ele é quem deveria subir. Como mencionamos, houve intencionalidade, uma vez que, na maioria das vezes, tão logo Ronny retirava-se da sala, Jennyffer confidenciava aos presentes, sem maiores explicações, que havia feito de propósito, pois sabia que ele se incomodava com a tarefa.

Embora não possamos classificar tal ação como uma "prescrição de tarefa humilhante", nem mesmo como uma "prescrição de tarefa de maneira não equitativa em relação aos demais trabalhadores", as quais têm sido usualmente citadas na literatura como ações empregadas por assediadores que visam desestabilizar o assediado (Leymann, 1993/1996; Hirigoyen, 1998/2003, 2001/2002; Piñuel y Zabala, 2001/2003; Abajo -Olivares, 2004), cremos poder, diante da intencionalidade declarada de Jennyffer de "irritar" Ronny, enquadrá-la como mais uma ação desestabilizadora entre o conjunto de ações que configuram o assédio moral no trabalho.

Outra ação desestabilizadora que Vickie declarou, durante a entrevista, ter sido utilizada repetidamente por Jennyffer contra ela e que também é apontada na literatura como constituinte das práticas de assédio moral no trabalho referiu-se à exploração de algumas "fraquezas" (Hirigoyen, 1998/2003) que esta sustentava ter e que afirma ter confidenciado para Jennyffer em certas ocasiões:

> A minha patetice foi quando eu falei que eu preferia ser mandada do que mandar... Aí pronto... Aí foi a "gota d'água" – "Não dá mesmo, não teria a menor competência

> pra isso"... Quem fala demais, dá bom dia ao cavalo, não é mesmo? (Vickie)
>
> "[...] ainda bem que você sabe que você não pode mandar... Você tem é que ser mandada mesmo!". Isso várias vezes ela falou... Quer dizer... Eu também fui dar ousadia, né? Fui falar que o meu perfil era esse... (Vickie)
>
> Ela usava tudo, tudo, tudo, tudo! Era uma deixa tua e ela pegava. (Vickie)

Além das ações desestabilizadoras narradas nos parágrafos anteriores, desde o ano de 2003, Gregory só se reportava a Eloy usando um apelido que criou para fazer trocadilho com seu nome verdadeiro deste – ao qual não podemos fazer menção, diante da razoável probabilidade de "tornar visível" o nome verídico de Eloy. Cabe ressaltar que a situação atingiu com bastante frequência o escárnio e o consequente embaraço, evidentemente almejados por Gregory. Da mesma forma, Eloy empregava o termo *cabeçudo* em todas as ocasiões nas quais precisava se dirigir a Derick, apelido que perdurou por algum tempo após a transferência do rapaz para outro setor da divisão (recordemos que Derick era subordinado direto de Eloy). Na verdade, Eloy estava equivocado quanto à acepção correta do verbete ("indivíduo obstinado, teimoso"), já que, conforme evidenciou em diferentes situações, com o emprego do apelido pretendia igualar Derick a um "indivíduo ignorante" ou "desprovido de instrução", e parece ter atingido os objetivos desestabilizadores almejados com tal emprego. Hirigoyen (1998/2003) atesta que tal recurso enquadra-se como um dos mais habituais entre os procedimentos perversos. Entretanto, diferentemente do relatado pela autora – de que esse recurso costuma cativar diversos aderentes, que, dessa forma, acabam tornando-se cúmplices ativos –, excetuando algumas raras exceções em que Derick recorreu ao trocadilho adotado por Gregory para se referir a Eloy (muito provavelmente como um contra-ataque às situações violentas que estava sofrendo), nenhum dos trabalhadores do contexto fez uso desses recursos, pelo menos não que tenhamos presenciado ou que os participantes tenham relatado.

As desestabilizações utilizadas por Gregory contra Eloy, tanto por meio de zombarias como de agressões verbais, ainda perduravam quando do desfecho deste trabalho. Quanto às desestabilizações por meio de agressões verbais infligidas por Jennyffer contra Vickie findaram desde que esta foi transferida para outra área da divisão. Já no que se refere às desestabilizações infligidas por Jennyffer contra Ronny, elas ainda perduravam quando do término da pesquisa, porém em escala reduzida, se comparada ao que ocorria alguns meses antes (a redução da frequência parece estar ligada à eficácia de algumas das estratégias de mediação adotadas por Ronny, conforme elucidaremos no capítulo que trata das percepções dos assediados e testemunhas).

Difamações

Quanto às ações difamadoras deflagradas no transcurso da pesquisa, cabe destacar as que foram infligidas por Eloy contra Derick, uma vez que (a) se manifestaram de maneira demasiadamente recorrente, ocorrendo quase diariamente ao longo de aproximadamente um ano; e (b) a referida situação representou a única das quatro situações de assédio moral no trabalho tratadas em que a difamação sobrepujou a desestabilização.

Em novembro de 2004, Derick foi contratado para exercer a função de agente administrativo na área de Eloy. Nessa ocasião, ainda trabalhávamos naquela área, por isso, tivemos a oportunidade de perceber que, no primeiro mês de trabalho, Eloy passou a fazer uso de pretensas "brincadeiras" contra Derick, as quais usualmente buscavam colocar em dúvida a masculinidade deste, entre as quais podemos explicitar algumas das que registramos em nosso diário de campo:

> Pessoal, eu acho que esse cara aí é meio "boiola", não é não? (Eloy)
>
> Essa "bicha" do Derick tem olhado de forma meio suspeita para mim... Acho que "ela está apaixonada"... (Eloy)
>
> Oh, "gayzão"! Você já fez o que eu mandei? (Eloy)

Ainda naquele primeiro mês, em razão da repetitividade com que Eloy atormentou Derick ao fazer um conjunto de aparentes "brincadeiras" similares às relatadas, começamos a suspeitar de que provavelmente se tratava de mais uma situação de violência moral. Em janeiro de 2005 não tínhamos mais dúvidas quanto a se tratar de assédio moral no trabalho. Relembremos que, conforme declaramos no quadro teórico de referência, não só discordamos da rigidez em relação à periodicidade estipulada e adotada por alguns autores, tal como Leymann (1993/1996) e Abajo-Olivares (2004), como acreditamos que mesmo em um intervalo de alguns dias alguém pode assediar moralmente outra pessoa, evidentemente por meio da persistente e deliberada repetição de ações violentas, a ponto de causar-lhe danos verdadeiramente devastadores.

Para não nos limitar às verbalizações do assediador, que registramos em nosso diário de campo, vamos abrir espaço para algumas falas de Fanny e do próprio Derick, manifestadas quando entrevistados:

> [...] o Eloy ficava fazendo brincadeira de mau-gosto com o Derick, e ele tinha que ficar calado, porque o Eloy era o chefe dele... (Fanny)
>
> O maior ponto que ele achava que era o meu ponto fraco era me chamar de "veado"... ele tentou, não parava, não parava... (Derick)
>
> Teve uns seis meses, assim, que foram cruciais... Todo dia, todo dia! Não passava um dia sem ter aquelas piadinhas de mau-gosto contra mim. [...]. Você lembra que, antigamente, até se eu olhasse pra cá o Eloy já começava a falar que eu tava apaixonado por ele? (Derick)

As difamações infligidas por Eloy contra Derick foram tão persistentes que acabaram resultando de maneira eficaz na propagação de rumores a respeito do assediado, modalidade de difamação essa que também é apontada na literatura como mais uma das artimanhas dos assediadores (Leymann, 1993/1996; Hirigoyen, 1998/2003, 2001/2002; Piñuel y Zabala, 2001/2003; Abajo-Olivares, 2004) – registramos em nosso diário sete ocorrências nas quais colegas da divisão, na ausência de Derick, questionavam entre si se, afinal de contas, ele era ou não homossexual. Para caracterizarmos melhor a situação, registremos aqui, primeiro, que partimos do pressuposto ético de que ninguém deveria ser "constrangido" em razão de sua "identidade sexual", mas, já que a questão foi tão insistentemente levantada por Eloy, testemunhemos que em nenhuma ocasião Derick evidenciou ser homossexual e que o próprio Eloy, em algumas intervenções que procuramos fazer em favor de Derick, declarou que também não acreditava nisso, só o fazia por "brincadeira".

Já que estamos tratando de difamações relacionadas a identidades sexuais, relatemos algumas das difamações feitas por Jennyffer contra Ronny, de teor similar, as quais também tivemos diferentes oportunidades de presenciar e registrar em nosso diário de campo. Porém, antes de apresentar algumas das verbalizações registradas, salientemos que, diferentemente do ocorrido com Derick, o referido processo de difamação se deu, em geral, na ausência de Ronny:

> Vocês já perceberam que o Ronny só fala com homens no telefone... E sempre com um jeitinho afeminado, carinhoso, como se estivesse falando com uma namorada? (Jennyffer)
>
> Eu detesto homem "fresco". Vocês já perceberam o quanto o Ronny é sensível? Eu não posso chamar a atenção dele que os olhos dele já se enchem logo de lágrimas. É um "veado" mesmo... (Jennyffer)

Tal como no caso de Derick, as referidas difamações parecem ter surtido algum resultado, já que diferentes colegas da divisão também se puseram, em algumas situações, a questionar a masculinidade de Ronny. Somente a título de exemplo, registremos tal suspeita por parte de uma das testemunhas evidenciadas no transcorrer da entrevista:

> A Jennyffer fica falando do Ronny... Tem aquele negócio, se é "boiola", se não é... Talvez seja mesmo... (Fanny)

Embora, na maioria das vezes em que procurou difamar Ronny no sentido mencionado, Jennyffer tenha se restringido a fazê-lo na ausência dele, houve algumas circunstâncias nas quais ela declarou a todos os presentes, em meio a agressões desestabilizadoras que estava dirigindo contra ele, que não suportava homem "fresco", sensível, que essas características em um homem sinalizavam que ele era, em verdade, mal resolvido quanto a sua sexualidade. Acrescentemos a esse contexto, ainda, que esses comentários se davam justamente em momentos nos quais o assediado mostrava-se bastante transtornado com as agressões, chegando a evidenciar, tal como percebido e utilizado por Jennyffer, estar "contendo as lágrimas".

Os relatos anteriores corroboram a afirmativa de Hirigoyen (2001/2002) de que muitos dos insultos proferidos contra homens vítimas de assédio moral no trabalho compreendem, com bastante recorrência, ataques contra a identidade sexual e a virilidade, recursos estes que Dejours (1998/2001) também percebeu serem manejados por certos líderes organizacionais, os quais classificou como perversos, por, menos ou mais conscientes, banalizarem o mal.

Outra ação difamadora de Jennyffer que se deu de maneira bastante frequente contra Ronny referiu-se a seus contínuos comentários acerca da competência profissional de sua vítima. Em diversas situações nas quais Ronny não estava presente, ela declarou para diferentes trabalhadores da divisão, entre os quais cabe destacar a própria chefe, que estava bastante insatisfeita com o trabalho prestado por Ronny, chegando mesmo a declarar abertamente que, por tal razão, gostaria de "excluí-lo" do contexto, intenção que, recorrendo-se à literatura (Leymann, 1993/1996; Hirigoyen, 1998/2003, 2001/2002; Piñuel y Zabala, 2001/2003; Abajo-Olivares, 2004), só veio a corroborar ainda mais a classificação do processo como assédio moral no trabalho. Complementarmente, essa difamação também se deu de maneira conjunta com algumas das desestabilizações que Jennyffer empregou contra Ronny, tais como agressões verbais públicas por meio das quais ela insinuava, na frente de diferentes colegas, que Ronny era um "indivíduo pouco inteligente" (Ximenes, 1999):

> Como você mesmo presenciou, ela simplesmente falava que deveria ter perguntas e respostas "inteligentes", e que as perguntas que eu fazia eram "burras", ou seja, chamou o funcionário de "burro". (Ronny)
>
> Ficar me chamando, chamando o funcionário de "burro"... Não é uma postura de uma pessoa que tá sendo, né? Sendo o representante, sendo o "líder" naquele momento [...]. (Ronny)

Façamos justiça a Ronny e registremos que, tanto em nosso julgamento quanto na avaliação de alguns colegas, incluindo uma das testemunhas, ele era dono de uma competência profissional evidente, o que talvez o enquadrasse no típico perfil das vítimas de assédio moral no trabalho – trata-se de pessoas competentes e dedicadas ao trabalho (Hirigoyen, 1998/2003; Piñuel y Zabala, 2001/2003). Deixemos que a fala de Vickie ateste ao menos parte da avaliação que fazemos de Ronny:

> O Ronny tem um ritmo de trabalhar que é muito legal, eu acho um barato que ele é todo metódico. Você pode prestar atenção que as coisinhas dele tão ali, ele cria formulários, ele toma as iniciativas, mas aí muitas vezes ela barra, ela barra [...]. Eu vejo muito o Ronny fazendo isso, tudo dele é tão certinho... Mas parece que nunca agrada ela, ela sempre vê um defeito. (Vickie)

Difamações de teor similar não somente ocorreram em meio às ações de violência moral infligidas por Eloy contra Derick, como também parecem ter ganhado a adesão de pelo menos um funcionário de outra área da instituição:

> Um dia desses eu tava ali trabalhando... Aí veio um funcionário de outra área aqui e perguntou alguma coisa pro Eloy... Aí ele falou – "Vai lá e fala com aquele 'cabeçudo' ali, apontando para mim. Aí o funcionário chegou lá e falou para mim – "E aí, 'cabeção'? Será que com esse nome você vai conseguir me ajudar mesmo?" (Derick)
>
> [...] na realidade, ele queria de qualquer forma me humilhar, né? Me deixar arrasado, porque no início ele pegava no meu pé e começava a me chamar de "burro" na frente de todo mundo... (Derick)

No que toca à situação de assédio moral no trabalho infligida por Gregory contra Eloy, mencionemos um ato difamador empregado por Gregory que também nos parece claramente conectado ao conjunto de ações violentas infligidas contra Eloy. Tal ato materializa-se por intermédio de comentários que Gregory dirige exclusivamente a Eloy todas as vezes que este retorna das férias:

> Você já retornou das férias? Não precisava. Nós nem precisamos de você por aqui. (Gregory)

A referida verbalização de Gregory foi registrada em nosso diário de campo no primeiro dia de trabalho, após um período de férias de Eloy. Entretanto, antes do retorno de Eloy, Gregory já havia tratado de difamá-lo em certa ocasião em que, preocupado Eloy resolveu telefonar para se informar acerca do andamento de determinado compromisso de trabalho. Nessa ocasião, o observador participante estava substituindo Eloy e, enquanto conversava com este por telefone, foi interrompido por Gregory solicitando estridentemente, para que o Eloy pudesse ouvir, que transmitisse o seguinte recado:

> Avise ao Eloy que ele não está fazendo falta nenhuma e, portanto, que não precisa nem retornar. (Gregory)

Conforme salientamos, essa ação difamadora foi empregada por Gregory, pelo menos desde o momento em que a pesquisa teve início, em todas as situações nas quais Eloy saiu de férias, mesmo em um momento que o observador participante já não trabalhava mais naquele setor, o que pode ser confirmado pelo relato de Fanny, quando na condição de entrevistada:

> Nas primeiras férias em que eu substitui o Eloy, o Gregory falou, quando o Eloy chegou, que ele não precisava mais voltar, não, que não tinha mais necessidade dele por lá [...] é péssimo, né? (Fanny)

Em nossa leitura, a ação de Gregory visou atender, principalmente, à intenção de difamar Eloy perante os colegas de trabalho (entre os quais se encontravam subordinados diretos de Eloy, como a Fanny), sugerindo quase diretamente que Eloy era "desnecessário" à divisão, ou mesmo "indesejável". Essa intenção evidencia a tentativa de pôr em dúvida a capacidade profissional do assediado, o que autores como Leymann (1993/1996), Hirigoyen (1998/2003, 2001/2002), Piñuel y

Zabala (2001/2003) e Abajo-Olivares (2004) também apontam como ação característica de assédio moral no trabalho. Porém, acrescentemos que, em nosso entendimento, a referida ação comporta, simultaneamente, intenções desestabilizadoras, leitura que corrobora nossa sustentação apresentada no Capítulo 5, de que algumas ações podem vir a transcender empiricamente a categoria teórica a que pertencem. Apresentemos uma fala do próprio Eloy que também ilustra as desestabilizações que ele sofreu, aliadas a difamações acerca de sua competência profissional:

> De repente você tá querendo fazer, aí vem o seu superior e briga com você, reclama com você, estressa com você na frente das outras pessoas, na frente dos seus subordinados ou na frente de uma outra chefia ou outros subordinados, entendeu? Ou na frente de um superior dele; isso gera um certo constrangimento, isso gera mal-estar, dá pra entender? Então essas coisas assim é o que a gente tá vivenciando hoje. Entendeu? (Eloy)

Isolamento

Ações com o intuito de isolar os assediados que configurassem assédio moral no trabalho foram as menos recorrentes no caso estudado. Somente dois dos assediados (Ronny e Derick) alegaram ter sido expostos a ações que configuraram a intencionalidade do assediador de isolá-los, as quais não chegamos a presenciar diretamente e, portanto, estão embasadas unicamente no relatado pelos assediados e atestado por uma das testemunhas (Fanny).

A "tática" de isolamento infligida por Jennyffer contra Ronny restringiu-se, conforme relatado por ele e atestado por Fanny, à ação de privá-lo da possibilidade de comunicação acerca do ocorrido, ação apontada na literatura como bastante comum em processos de assédio moral no trabalho (Leymann, 1993/1996; Hirigoyen, 1998/2003, 2001/2002; Piñuel y Zabala, 2001/2003; Abajo-Olivares, 2004):

> Eu já tentei conversar com ela. E ela falou – "Não tem conversa entre nós dois nesse sentido, eu sei muito bem o que eu faço"... já chegou a acontecer isso... (Ronny)
>
> Tanto que, quando começou... Pergunte à Fanny, chegava no final do expediente, aí eu falava assim – "Vamos fazer um feedback?" O primeiro, segundo, terceiro... A partir do quarto, ela me falou – "Não quero um feedback com você". [...] Cortou a possibilidade de comunicação, né? (Ronny)

Mais uma vez, podemos recorrer à sustentação de Hirigoyen (1998/2003) de que talvez a negação da comunicação pelos assediadores se dê em função da intenção de manter o assediado sem compreender o processo em curso e, dessa forma, permanecer "impotente" perante o conjunto de ações violentas.

Já a tática de isolamento infligida por Eloy contra Derick restringiu-se, conforme relatado por ele e igualmente atestado por Fanny, a agir de forma a colocar outros contra ele, também apontada por alguns estudiosos, tais como Leymann (1993/1996), Hirigoyen (1998/2003, 2001/2002), Piñuel y Zabala (2001/2003) e Abajo-Olivares (2004), como característica em situações de assédio moral no trabalho. Essa tática teve início, conforme o assediado afirmou, no momento seguinte a sua transferência para outra área da divisão:

> O Eloy tava manipulando a minha chefa direta pra que ela... Como é que eu vou falar?... Me constranger perante o pessoal da minha área [...] (Derick)
>
> O Eloy começou também a me constranger em relação a fazer uma brincadeira de mau-gosto comigo e na mesma hora ele atiçava a minha chefa. [...] Aí ela, na mesma hora, "explodia" em cima de mim. [...] Ele tava fazendo muito isso. [...] E ela "explodia" na mesma hora, me dava uma "catracada". (Derick)

Recorrendo a autores como Hirigoyen (1998/2003), Piñuel y Zabala (2001/2003) e Abajo-Olivares (2004), e com base no relatado por Derick, poderíamos supor que Eloy, a exemplo de diversos assediadores, apresentava a habilidade de manipular outras pessoas para ajudá-lo na "empreitada malévola" contra sua vítima, em especial em um momento no qual, em razão da transferência do assediado para outra área da divisão, o assédio moral no trabalho em curso havia "perdido sua força".

Finalizemos este capítulo chamando a atenção para o fato de nenhuma das ações violentas desveladas ter sido caracterizada pela violência física contra os assediados, o que só vem aumentar a considerável predominância detectada por diversos estudos focados no assédio moral no trabalho. Acrescentemos a observação de que tal predominância de violência em "nível psíquico" acaba tornando o assédio ainda mais perspicaz, já que raramente deixa "marcas visíveis" nos assediados ou evidencia-se claramente sem um acompanhamento contínuo e aprofundado, o que, na maioria dos casos, lhe dá a adequada titulaçãode "violência invisível" (Heloani, 2003).

Capítulo 14

Como os assediados e as testemunhas percebem a situação?

Comecemos este tópico esclarecendo que estamos empregando o verbo *perceber* com algumas das acepções dadas por Ferreira (1986/1999) e Houaiss (2001): "entender", "compreender", "enxergar de tal maneira" e "formar ideia de". Tal esclarecimento se faz necessário para evitar confusões conceituais, em especial àqueles habituados com as elaboradas formulações da psicologia social acerca da *percepção social* (Stoetzel, 1963/1972; Aronson, Wilson & Akert, 1999/2002).

Faz-se necessário elucidar ainda que, uma vez que a pesquisa não estabelece como objetivo identificar os possíveis fatores causais nem as estratégias de mediação empregadas pelos assediados no intuito de atenuar o impacto negativo das ações violentas, bem como não se propõe a traçar o perfil dos assediados e dos assediadores, só optamos por levantar a percepção dos assediados e das testemunhas nesses tocantes, para melhor contextualizar as situações de assédio moral no trabalho consideradas. Por essa razão, deve ficar claro que não pretendemos, nesses territórios, chegar a formulações definitivas, apenas apresentar possibilidades segundo a percepção daqueles que vivenciaram as situações.

Seguem as categorias temáticas que aportaram a resposta à questão norteadora que constitui o título deste capítulo:

Tabela 6
Categoria Temática 3: Percepções acerca do Contexto de Violência Moral Vivenciada

Descrição: Percepções dos assediados acerca do contexto global de violência moral que vivenciaram, ou seja, as formas pelas quais "enxergaram" as ocorrências de assédio moral no trabalho, o(s) assediador(es)/a(s) assediadora(s), a si mesmos, os possíveis fatores causais e as estratégias de mediação que utilizaram para atenuar tais situações e/ou o mal-estar/sofrimento provocado.

Temas	Exemplos de Verbalizações
Desestabilizações	*Aquilo ali tava me causando tanto constrangimento que eu tava começando a levar pro lado pessoal mesmo, eu tava começando a chegar em casa e pensar assim – "Poxa, amanhã eu tenho que voltar a trabalhar e o Eloy vai começar a vir com aquela 'otarice' de novo, eu vou ficar chateado"...* **(Derick)**
	Eu acho assim... Foi muita humilhação aquela época que eu passei, mas infelizmente a gente precisa do emprego, né? **(Vickie)**
Acerca do(a) assediador(a)	*Ela é uma pessoa complicada, no sentido de não saber liderar, não saber tratar o seu subordinado [...].***(Ronny)**
	A saturação dela é infinita, não acaba, não satura, não satura, então é assim, totalmente direcionado... Ela descarrega totalmente direcionado em uma pessoa em especial. O desequilíbrio dela, a raiva, tudo... Sei lá o que é, vai pra aquela pessoa certinha. **(Vickie)**

(*Continua*)

Tabela 6 (*Continuação*)
Categoria Temática 3: Percepções acerca do Contexto de Violência Moral Vivenciada

Acerca de si mesmo(a)	*Logo no momento em que eu comecei, que começaram aquelas pressões, de certa forma eu tava me sentindo culpado, achava que eu não tinha bom desempenho. [...] eu mesmo tava me avaliando mau funcionário [...].* **(Ronny)** *[...] ela humilhava tanto que eu me sentia até uma inútil mesmo, né? Acabava incorporando que eu era uma pessoa que não dava mesmo pra trabalhar, que não dava pra fazer nada. Fui botando isso na minha cabeça.* **(Vickie)**
Acerca dos possíveis fatores causais	*É da personalidade dela. [...] tanto é um traço de personalidade dela [...] que foi refletido agora. [...] uma coisa tão certa que hoje ela procura ajuda de um profissional pra tentar controlar esse ímpeto de falar as "coisas", né? E do jeito que fala...* **(Ronny)** *Na realidade, eu cheguei a pensar que era inveja... Porque o Eloy me via assim... Poxa, na época tava malhando direto e o Eloy tava tentando emagrecer...* **(Derick)**
Acerca das estratégias de mediação que adotaram para atenuar as situações adversas e/ou o mal-estar/ sofrimento provocado	*A questão de conseguir ter revertido um pouco [...] foi ficar mais em silêncio, ou seja, não contestar [...].* **(Ronny)** *[...] eu tentava, quando eu saía do trabalho, esquecer aquilo ali, esquecer que eu trabalhava naquele departamento, naquela empresa, era uma forma de amenizar. É complicado? É... Mas era a única forma que eu tinha, né? De... Não sofrer, não ficar relembrando o que eu tinha passado, né? O que eu tinha ouvido, as pressões que eram exercidas ali dentro, eu preferi simplesmente esquecer que eu trabalhava ali [...], eu tentava não lembrar.* **(Ronny)**

Tabela 7
Categoria Temática 3: Percepções acerca do Contexto de Violência Moral Vivenciada

Descrição: Percepções das testemunhas acerca do contexto global de violência moral que vivenciaram, ou seja, as formas pelas quais "enxergaram" as ocorrências, o(s) assediador(es)/ a(s) assediadora(s), o(s) assediado(s)/ a(s) assediadas(s), os possíveis fatores causais e as estratégias de mediação adotadas pelo(s) assediado(s)/ pela(s) assediada(s) em vista de atenuar tais situações e/ou o mal -estar/sofrimento engendrado por elas.

Temas	Exemplos de Verbalizações
Acerca das ocorrências de assédio moral no trabalho	*Eu acho que com o Ronny ela (Jennyffer) pegou mais pesado do que comigo. Acho que com o Ronny foi muita humilhação, muita humilhação com ele [...]. O Ronny foi muito humilhado, muito humilhado, muito humilhado mesmo.* **(Vickie)**
Acerca do(a) assediador(a)	*[...] o Eloy é muito "gente boa" [...]. Muita coisa que ele faz contra o Derick... Sei que é inconsciente, é repetir modelo, né?* **(Fanny)**
	Acho que, na verdade, a Jennyffer sempre precisa de um... E assim que a Vickie saiu, entrou o Ronny... Aí foi ele que passou a apanhar... **(Fanny)**
Acerca do(a) assediado(a)	*[...] o problema é que o Eloy não faz nada, não reage, só fica tomando "esporro" do Gregory [...] acho que é tudo medo [...]* **(Fanny)**
	O Ronny tem um ritmo de trabalhar que é muito legal... Eu acho um barato que ele é todo metódico. Você pode prestar atenção que as coisinhas dele tão ali, ele cria formulários, ele toma as iniciativas [...]. **(Vickie)**

(Continua)

Tabela 7 (*Continuação*)
Categoria Temática 3: Percepções acerca do Contexto de Violência Moral Vivenciada

Acerca dos possíveis fatores causais	*No início, o Ronny chegou querendo mudar tudo, dava palpite, perguntava tudo o porquê... Assim... E isso começou a irritar ela, ela falava mal dele e ele, novato, respondia [...]* **(Fanny)**
	No caso do Gregory, eu acho que ele precisava escolher alguém [...]. Então ele escolheu Eloy. **(Derick)**
Acerca das estratégias de mediação utilizadas pelos assediados para atenuação das situações adversas e/ou o mal-estar/sofrimento provocado	*De tanto que eu e a Vickie falamos para o Ronny – "Não faz isso, não faz isso, você vai de frente com ela, você vai se dar mal"... De tanto a gente falar isso, de tanta "porrada" que ele levou dela, aí ele começou a adotar uma outra postura, de não reagir.* **(Fanny)**
	Quando o Derick foi lá pra outra área, aí ele falou – "Eloy, agora você não pode mais brincar comigo, agora não sou mais seu empregado"... Aí começou a ficar melhor aos poucos. **(Fanny)**

Baseando-nos em cada um dos temas levantados nas categorizações mencionadas, apresentamos nos subtópicos que seguem os principais resultados a que chegamos.

Percepções

Ocorrências de assédio moral no trabalho

As ocorrências de assédio moral no trabalho foram generalizadamente, como se poderia esperar, percebidas de maneira negativa tanto pelos assediados quanto pelas testemunhas. Conforme demonstraremos nos parágrafos a seguir, essas percepções giraram entre os termos *humilhantes*, *constrangedoras*, *injustas*, *torturantes*, entre outros.

Vickie definiu repetidamente as situações que vivenciou como *humilhantes*, adjetivando-as também de *traumáticas*, *torturantes*, *ruins*, entre outros:

> Muito humilhante! É uma palavra que fica sempre comigo... É muito humilhante uma pessoa... Vamos dizer assim... Que tá chegando em um local e ser muito humilhada... Eu acho assim... Ninguém merece isso... É o fim, é muito ruim... E a gente tem que se sujeitar... (Vickie)

> De tudo isso, o que eu posso resumir é a humilhação e o trauma que me deixou... Porque eu fico, vamos dizer assim... Até ela gritando com alguém, isso me faz recordar demais! Me lembra as minhas humilhações... (Vickie)

> [...] é uma tortura, uma tortura... Agora a palavra certa é essa, é humilhação e tortura o que a gente sofre aqui com essa "louca"... (Vickie)

> Eu acho assim... Foi muita humilhação aquela época que eu passei, mas, infelizmente, a gente precisa do emprego, né? (Vickie)

Da mesma forma, na posição de testemunha do assédio moral no trabalho infligido por Jennyffer contra Ronny, Vickie classificou a situação como *humilhante*, embora a tenha percebido de maneira ainda mais grave do que a que havia sofrido:

> Eu acho que com o Ronny ela "pegou mais pesado" do que comigo. Acho que com o Ronny foi muita humilhação, muita humilhação com ele [...]. O Ronny foi

> muito humilhado, muito humilhado, muito humilhado mesmo. (Vickie)

Assim como as percepções de Vickie acerca das ocorrências de assédio moral no trabalho, tanto da que vivenciou quanto da que presenciou, o fenômeno da humilhação, que, baseando-nos no conceito de *humilhação social* de Gonçalves-Filho (1998), poderíamos definir como uma modalidade de angústia disparada por impactos traumáticos, é corriqueiramente apontado pelas vítimas de assédio moral no trabalho como uma vivência constante e dolorosa no decorrer desse árduo processo de "aniquilamento moral", conforme bem o retrata Barreto (2003).

Fanny, fazendo referência à violência moral dirigida por Eloy contra Derick, define-a como *injusta*:

> [...] Foi muita injustiça o que o Derick passou ali... O Eloy era muito injusto com o Derick, muito injusto... (Fanny)

Ronny, Derick e Eloy, de maneira bastante recorrente, definiram as situações de assédio moral no trabalho que vivenciaram como *constrangedoras*:

> Aquilo ali tava me causando tanto constrangimento que eu tava começando a levar pro lado pessoal mesmo, eu tava começando a chegar em casa e pensar assim – "Poxa, amanhã eu tenho que voltar a trabalhar e o Eloy vai começar a vir com aquela 'otarice' de novo, eu vou ficar chateado"... (Derick)

> Nessas agressões diárias entram também muitas das ignorâncias agressivas que ele faz comigo [...] O constrangimento... ele é chato pra "caramba" [...]. (Eloy)

> Posso definir essa situação toda como *constrangedora*. (Ronny)

Todos os assediados – incluindo Eloy, que, conforme trataremos mais adiante, em alguns momentos nega ou eufemiza defensivamente a realidade do que vivenciou –, ao terem esclarecido o conceito de *assédio moral no trabalho* e serem questionados quanto a enquadrar as ocorrências que vivenciaram como tais, invariavelmente responderam afirmativamente:

> Com certeza, com certeza... Esse conjunto de situações tipifica, sacramenta o que eu tenho passado [...] eu acho... Com certeza... É assédio moral. (Eloy)

> Com certeza, enquadra, sim. O Eloy me assediava moralmente todos os dias. (Derick)

> Eu acho... Com certeza! Você tá falando agora, eu acho que encaixa, encaixa sim. Só não houve a parte física, mas a humilhação diária, os gestos, [...] ela te põe lá pra baixo, você se torna um "zero à esquerda"... Então, é... Só não tem o lado físico... O que é até pior, porque eu acho que é preferível você levar um murro na cara, né? Que daqui a pouco vai ficar bom. Você não vai esquecer não, mas você se espezinhar todo dia, todo dia... Porque isso se torna uma loucura, gente! Então é um assédio moral, é um assédio moral mesmo! Eu nunca tinha olhado por esse lado! (Vickie)

> O próprio assédio aconteceu comigo... Seria exatamente o que aconteceu comigo... (Ronny)

Assediadores

Entre os assediadores, a Jennyffer foi a descrita de maneira mais desfavorável, tanto pelos assediados quanto pelas testemunhas:

> [...] é muito descontrolada, totalmente descompensada, despreparada... Infelizmente... (Vickie)
>
> Ela é uma pessoa complicada, no sentido de não saber liderar, não saber tratar o seu subordinado [...]. (Ronny)
>
> [...] a ignorante era ela [...]. (Vickie)
>
> [...] é totalmente "perdida da cabeça", né? (Vickie)
>
> A Jennyffer é totalmente desequilibrada, totalmente desequilibrada [...]. (Fanny)
>
> [...] ela é uma pessoa difícil! Isso é, viu? É muito difícil. (Vickie)
>
> Eu acho que ela é uma pessoa mal resolvida... (Vickie)
>
> [...] é mal resolvida, é mal amada, acho que tudo isso engloba tudo nela, é descompensada demais! (Vickie)
>
> [...] é uma pessoa encrenqueira, [...] arrogante, mal-educada [...] (Vickie)

Muitas das avaliações que os dois assediados de Jennyffer (Vickie e Ronny) fazem dela, em especial as de Vickie, evidenciam uma das repercussões naturalmente surtidas em situações de assédio – sentimentos que mesclam raiva, revolta, mágoa, ressentimento e até mesmo vontade de vingar-se, conforme já salientado por Barreto (2003), expressos por "pensamentos agressivos", tal como a verbalização de Vickie no transcorrer da entrevista, bem como a de Ronny, registrada em nosso diário de campo no mês de março de 2006, sugere:

> Ela me humilhou tanto que... Hoje eu a trato, mas eu não gosto, não gosto dela, [...] no que eu posso, eu faço a caveira dela, faço mesmo... E olha que não é falando nenhuma mentira para ninguém... É só mostrando a verdadeira "face" dela. (Vickie)

> A vontade que eu tinha, muitas vezes, era de matar ela. Ou então, em um daqueles ataques de absoluto descontrole emocional que ela fazia contra mim, que ela tivesse um infarto e não retornasse mais... Assim teríamos um "monstro" a menos no mundo para nos infernizar. (Ronny)

Alguns autores fazem menção à existência de assediadores que poderiam ser enquadrados como verdadeiros "assassinos em série" organizacionais, tal como Piñuel y Zabala (2001/2003), ao apelidá-los de *psicopatas organizacionais*, e Abajo-Olivares (2004), ao denominá-los *Hannibal Lecters organizacionais*. Com essas denominações, ambos os autores querem retratar que há assediadores que, se investigado seu passado profissional, revelarão já ter alguns "esqueletos no armário", no sentido de já terem feito vítimas anteriores. Talvez o fato de Jennyffer ter feito duas vítimas consecutivas, em um intervalo de alguns poucos anos, a enquadre no perfil de assediador mencionado pelos autores, classificação esta que pode ser corroborada pelas avaliações de Vickie e Fanny acerca da referida assediadora:

> Eu acho assim, conforme vai entrando gente nova, aquele ali vai virando vítima dela, vítima dela até ela saturar, apesar de que não satura, né? (Vickie)

> A saturação dela é infinita, não acaba, não satura, não satura [...]. (Vickie)
>
> Acho que, na verdade, a Jennyffer sempre precisa de um... E assim que a Vickie saiu entrou o Ronny... Aí foi ele que passou a apanhar... (Fanny)

Na percepção de Derick, enquanto testemunha do assédio moral no trabalho infligido por Gregory contra Eloy, talvez o assediador também apresentasse uma espécie de tendência a sempre fazer uma vítima:

> No caso do Gregory, eu acho que ele precisava escolher alguém [...]. Então ele escolheu o Eloy. (Derick)

Outro aspecto apontado por Ronny como correlato a Jennyffer referiu-se à habilidade da assediadora de seduzir pessoas (Hirigoyen, 1998/2003; Piñuel y Zabala, 2001/2003; Abajo-Olivares, 2004), o que ocasionava, conforme de fato testemunhamos e registramos em nosso diário em algumas ocasiões, perplexidade em pessoas externas à divisão ao escutar relatos dos assediados (Ronny e Vickie) acerca da agressividade com a qual Jennyffer os havia tratado (e continuava a tratar, no caso de Ronny):

> Quem vê aquela pessoa, que é a nossa chefa, fala assim – "Nossa, é a melhor pessoa no mundo para trabalhar"... Mas quem trabalha ali sabe que não é. (Ronny)

Vickie ainda fez leituras acerca da personalidade de Jennyffer que parecem sugerir um traço de megalomania, tipicamente apontado como comum entre os assediadores (Hirigoyen, 1998/2003; Guedes, 2003; Piñuel y Zabala, 2001/2003; Abajo-Olivares, 2004):

> Ela se considera muito poderosa, a postura dela, sabe? A postura dela de estar sempre falando: "Eu fiz, eu faço, eu vou fazer". É sempre assim, ela tem que estar em evidência, ela é o máximo! Ela sempre tem muita história pra contar, muita vivência, mas sempre se colocando em evidência, sempre se colocando como sendo o máximo, né? Ah... E tem mais, né? Todo homem olha pra ela, todo mundo paquera ela! (risos) (Vickie)

> E outra coisa... Ela se considera muito sabida pra tudo! É uma coisa que me chama a atenção... [...]. Então tudo dela é melhor, diferente, tudo ela sabe, tudo ela entende... (Vickie)

Gregory foi designado muitas vezes por Eloy, em especial em momentos subsequentes às agressões que havia sofrido, como uma pessoa *bronca*, adjetivação esta que o assediado complementava ao afirmar que ele realmente "não tinha condições de se portar de maneira decente para com as pessoas". Fanny parece fazer uma avaliação similar a de Gregory ao afirmar:

> O caso do Gregory, eu acho que é mais falta de tato mesmo... O Gregory é bem "grosseirão"... Assim, sai da característica dele de personalidade, criação, sei lá o quê... (Fanny)

Já em relação a Eloy enquanto assediador de Derick, tanto o assediado quanto Fanny, na posição de testemunha da situação, recorreram com frequência à imagem que faziam de Gregory para retratá-lo, mesmo porque acreditavam que Eloy acabou, inconscientemente, assediando Derick, justamente por reproduzir as atitudes de seu assediador:

> Como o Gregory é intolerante, acaba que o Eloy também é... (Fanny)
>
> O Eloy... Ele tem muita "coisa" assim... Do Gregory, sabe? (Fanny)
>
> [...] muita coisa que ele faz contra o Derick... Sei que é inconsciente, é repetir modelo, né? (Fanny)
>
> O Eloy, ele se foca no Gregory... O "espelho" dele é o Gregory. (Derick)

Como não era o foco da pesquisa, não se realizou uma análise aprofundada das possíveis estratégias defensivas utilizadas por Eloy para "suportar" o provável sofrimento advindo das práticas de assédio moral no trabalho que Gregory lhe infligira. Entretanto, a leitura das falas de Derick e Fanny pode conduzir à interpretação de que ele estava recorrendo a um dos mecanismos de defesa elencados por Freud (1946/1968): a identificação com o agressor, que se caracteriza por um mescla dos mecanismos de introjeção e projeção.

Derick, ainda se referindo a Eloy, relatou uma habilidade que este, na percepção do assediado, tinha: a habilidade de manipular as pessoas, à qual já havíamos feito menção quando tratamos das ações de Eloy que visavam isolar Derick e que, de fato, é descrita por alguns autores como recorrente entre os assediadores (Hirigoyen, 1998/2003; Piñuel y Zabala, 2001/2003; Abajo-Olivares, 2004):

> O Eloy tava manipulando a minha chefa direta pra que ela... Como é que eu vou falar?... Me constranger perante o pessoal da minha área [...]. (Derick)

> Ele teve o poder de manipular ela quando eu já tava lá... Pra ela me atacar sem eu poder me defender [...]. (Derick)

> O Eloy tava manipulando ela pra ela me constranger, já que ele não tava conseguindo me afetar mais... (Derick)

Assediados

Eloy, em razão de seu explícito zelo e dedicação ao trabalho – que ele continuou evidenciando mesmo depois de cerca de três anos de vitimização – era usualmente classificado, por quase todos os membros da divisão, excetuando seu assediador e a chefe da divisão, como *workaholic*, fato que pudemos atestar no transcorrer dos quase dois anos de pesquisa e que o coloca, no entender de Hirigoyen (1998/2003), como um grande candidato a se tornar vítima de assédio moral, já que sua notável dedicação ao trabalho tende a provocar, na expressão de Piñuel y Zabala (2001/2003), sentimentos de inadequação pessoal e profissional comum entre os propensos assediadores. Além disso, a despeito da imagem que Gregory parecia procurar fixar acerca de Eloy, este era percebido como um profissional competente de maneira generalizada. Enfim, no que toca à pessoa de Eloy, podemos acrescentar que grande parte dos colegas da divisão o estimava, expressando opiniões similares às que Fanny emitiu quando da entrevista:

> [...] o Eloy é muito "gente boa" [...]. (Fanny)

Eloy se autoavaliava de maneira similar a como seus colegas o enxergavam, sem ter acreditado, em momento algum no transcorrer da pesquisa, ter sido um *incompetente*, como seu assediador estava continuamente sugerindo, direta ou indiretamente:

> Eu sei que tenho muita coisa, muita bagagem, muita coisa pra produzir ali e sei que eu consigo produzir muito, eu sou muito esperto pras coisas, eu consigo, eu vou "fuçar"... E eu sei que o pessoal não faz isso, sabe? [...] Eu tenho certeza... Fico com medo da hora que eu não aguentar mais e ter que sair e o Gregory achar que é só colocar outra pessoa e aí ela não conseguir [...]. (Eloy)

Por outro lado, tanto Ronny quanto Vickie, no transcorrer das situações de assédio moral no trabalho que vivenciaram, chegaram a introjetar parte das calúnias mediante as quais Jennyffer avaliava suas pessoas e seu trabalho, julgando-se em parte culpados pela situação, em uma atitude defensiva típica de situações de assédio moral no trabalho (Hirigoyen, 1998/2003; Piñuel y Zabala, 2001/2003):

> Logo no momento que eu comecei, que começaram aquelas "pressões", de certa forma eu tava me sentido culpado, achava que eu não tinha bom desempenho [...] eu mesmo tava me avaliando mau funcionário [...]. (Ronny)
>
> [...] ela humilhava tanto que eu me sentia até uma inútil mesmo, né? Acabava incorporando que eu era uma pessoa que não dava mesmo pra trabalhar, que não dava pra fazer nada. Fui botando isso na minha cabeça. (Vickie)

Perante as declarações acima, julgamos bastante acertada a afirmativa de Barreto (2003) de que a humilhação acaba por reforçar o sentimento de inutilidade, reforço este que, por sua vez, tende a comprometer em certa medida a identidade e a dignidade dos humilhados. Dito isso, registremos que, diferentemente das insinuações de Jennyffer e das autoavaliações que os próprios assediados fizeram de si mesmos (as quais, em nossa leitura, realmente se resumiam a introjeções), as principais testemunhas das situações de assédio moral no trabalho alegaram que os dois eram bons funcionários e que, portanto, as avaliações de Jennyffer eram injustas. Quanto à testemunha ocular da violência moral vivida por Vickie, conforme já mencionamos, referia-se a uma antiga funcionária que já não trabalhava mais na empresa no momento em que a pesquisa ocorreu. Entretanto, no transcorrer do também já mencionado contato telefônico que tivemos, ela declarou não só que Vickie se empenhava satisfatoriamente em suas obrigações profissionais, como também que Jennyffer estava de fato tentando difamá-la injustamente. Já quanto à principal testemunha ocular do processo de assédio moral no trabalho vivido por Ronny, explicitemos a avaliação que fazia dele como profissional:

> O Ronny tem um ritmo de trabalhar que é muito legal... Eu acho um barato que ele é todo metódico. Você pode prestar atenção que as coisinhas dele tão ali, ele cria formulários, ele toma as iniciativas, mas aí muitas vezes ela barra [...] parece que nunca agrada a ela, ela sempre vê um defeito. (Vickie)

No que se refere a Derick, embora Eloy também o procurasse difamar com termos como *cabeçudo*, *burro* ou *lerdo*, Fanny, enquanto principal testemunha das situações violentas vivenciadas por Derick, afirmou:

> O Eloy pegou o Derick, sabe? Às vezes, sinceramente, o Derick ficava aqui o dia inteiro trabalhando, trabalhando, trabalhando sem parar... Depois, quando ele parava, o Eloy pedia pra ele levar a relação de pendências pra olhar [...] Aí o Eloy falava assim – "Você só conseguiu fazer isso?" [...] Coisas assim sabe? E eu via o menino, coitado... Ele tava produzindo pra valer... (Fanny)

Possíveis fatores causais

Antes de darmos prosseguimento, cabe pontuar mais uma vez que não é propósito deste trabalho buscar as causas para as situações de assédio moral no trabalho detectadas. Entretanto, uma vez que, em vista de maior contextualização das percepções dos participantes, decidimos "levantar" as opiniões deles nesse tocante, exporemos o que relataram, embora sem pretensão de chegar a respostas finais, tampouco de aprofundar a questão.

Muitos estudiosos do fenômeno assédio moral no trabalho, como Hirigoyen (1998/2003; 2001/2002), têm relacionado a origem das ações violentas, de maneira demasiado enfática, aos traços de personalidade dos perpetradores. Embora consideremos essa ênfase um tanto reducionista (embora não neguemos a possibilidade de fatores de personalidade "facilitarem" a manifestação da violência, conforme já salientamos no Capítulo 5, entendemos que o assédio moral no trabalho deve ser encarado como um problema organizacional, nunca meramente individual), vale ressaltar que, nos casos estudados, dois dos assediados (Ronny e Vickie) e duas das testemunhas (Fanny e Derick) consideraram essa possibilidade relacional ao buscar as causas para os processos de violência moral no trabalho infligidos por Jennyffer e Gregory, conforme sugerem algumas de suas verbalizações, expostas no subtópico que tratava das percepções acerca dos assediadores. A título de exemplo, apresentemos mais duas verbalizações:

> É da personalidade dela. [...] tanto é um traço de personalidade dela [...] que foi refletido agora. [...] uma coisa tão certa que hoje ela procura ajuda de um profissional pra tentar controlar esse ímpeto de falar as coisas, né? E do jeito que fala... (Ronny)

> O caso do Gregory eu acho que é mais falta de tato mesmo... O Gregory é bem "grosseirão"... Assim, sai da característica dele de personalidade, criação, sei lá o que... (Fanny)

De fato, se resgatarmos o entendimento que Hirigoyen (1998/2003) tem para o *perverso narcisista*, conseguiríamos elencar algumas características que se aplicam aos traços das personalidades que os dois anos de convivência e as avaliações dos supracitados assediados e testemunhas evidenciaram correlatos a Jennyffer e Gregory: têm senso grandioso da própria importância; são absorvidos por fantasias de sucesso e poder ilimitado; têm excessiva necessidade de serem admirados; têm atitudes e comportamentos arrogantes; se ressentem e se encolerizam com decepções; mantêm distância afetiva em relação aos que estão ao redor; e são excessivamente críticos, mas não admitem que os critiquem.

Outro fator causal apontado por um dos assediados (Derick) e que também é comumente mencionado na literatura foi a possibilidade de o assediador invejá-lo (Hirigoyen, 1998/2003, 2001/2002; Guedes, 2003):

> Na realidade, eu cheguei a pensar que era inveja... Porque o Eloy me via assim... Poxa, na época tava malhando direto e o Eloy tava tentando emagrecer... (Derick)

Ainda refletindo acerca das possíveis razões que levaram Eloy a assediá-lo, Derick considera que seu assediador estava reproduzindo contra ele o que havia sofrido, como uma espécie de *desabafo catártico*:

> Eu acho que ele tava tentando... Meio que desabafar... Que às vezes, pra desabafar, tem gente que tem que dar "porrada" em alguém, tem gente que tem que humilhar alguém, tem que fazer piadas de mau-gosto, né? (Derick)

Fanny, por sua vez, aproxima-se da interpretação de Derick, ao afirmar:

> [...] muita coisa que ele faz contra o Derick... Sei que é inconsciente, é repetir modelo, né? (Fanny)

Considerando que, conforme advoga Charon (1996/2002), a interação se configura como "nossa fonte de socialização" e, assim, acaba influenciando nossos valores, autoimagem, identidade, atitudes e personalidade, podemos corroborar a leitura de Fanny ao considerar a hipótese de que a interação socioprofissional estabelecida entre Gregory e Eloy acabou por influenciar as atitudes e a personalidade deste, que, dessa forma, passou a reproduzi-lo. Ainda buscando uma interpretação para a leitura de Fanny acerca das causas que levaram Eloy a assediar Derick moralmente, poderíamos, de um ponto de vista psicanalítico, considerar a possibilidade de Eloy ter passado a agredir Derick de maneira tão similar pela qual foi agredido por Gregory como forma de se defender do sofrimento por meio da mescla entre mecanismos de introjeção e projeção, a qual pode configurar o mecanismo de defesa denominado por Anna Freud de *identificação com o agressor* (Freud, 1946/1968).

As percepções de Fanny acerca da principal razão pela qual Ronny passou a ser assediado corroboram um dos achados das pesquisas de Barreto (2005), que questionava as políticas de gestão, bem como as maneiras pelas quais estavam sendo executadas as rotinas de trabalho:

> O Ronny não tem medo, sabe? Queria questionar tudo... Pô... Chegou agora... Cala a boca e faz desse jeito que tá aí mesmo... Mas o Ronny ficava muito assim: "Onde que tá isso aqui? Acho que não tá certo. Não seria melhor assim?". Ele entrou aqui querendo mudar tudo, [...] Pô, a Jennyffer já tem isso e ainda o cara chega... "Xarope" mesmo. (Fanny)

Com tal fala, Fanny não somente sugeriu um dos possíveis fatores causais para o assédio moral no trabalho contra Ronny, mas também que ela própria havia se adequado e se submetido passivamente à "política" imposta por Jennyffer. De um ponto de vista macro, talvez esse comportamento reflita a política da instituição. Transcrevemos abaixo uma reflexão de Barreto (2003) que exemplifica bem essa situação:

> As ordens devem ser recebidas passivamente como sinal de integração e adequação à política da empresa. Deve-se trabalhar em silêncio e quase invisível, fazer horas extras ou produzir o determinado sem se lastimar. Negar ou

> contestar as ordens é desobediência que deve ser punida, servindo de exemplo para outros companheiros que devem continuar produzindo. (p. 152)

Conforme já havíamos antecipado quando estávamos apresentando uma das modalidades de desestabilização recorrentemente empregadas contra Ronny e Eloy (as agressões verbais), ambos evidenciaram que a sobrecarga de trabalho era um dos fatores desencadeadores das ações violentas contra eles, o que pudemos de fato atestar, enquanto na posição de observador participante, como uma das causas da violência moral no trabalho como DiMartino, Hoel e Cooper (2003) sugerem.

> Quantas vezes que ele berrou para mim – "Ah, mas você tem que dar conta, você tem que dar prioridade!" Mas... Pô, tudo é prioridade. Não dá para fazer tudo! Não com aquela estrutura... E o que eu não entendo é que eu sei que ele sabe perfeitamente disso. (Eloy)
>
> Quantas vezes o Gregory não virou pra mim – "Porque você não fez isso? Porque não fez aquilo?"... Aí eu falo da sobrecarga e ele – "Não interessa, tem que fazer, tá sendo pago pra isso, isso aqui tá parecendo internet discada, a gente pede um negócio e só daqui a dois anos é que vai fazer". (Eloy)
>
> A gente trabalha em um departamento em que o nosso organograma departamental tá completamente errado... Ou seja, você trabalha sufocado, você trabalha um trabalho escravo, né? Então, essa questão de você trabalhar em um local onde deveria ter mais pessoas e você acaba sobrecarregado, isso aí é um ponto negativo [...] que acaba afetando as relações... (Ronny)

Estratégias de mediação utilizadas pelos assediados para atenuação das situações e/ou o mal-estar/sofrimento produzido

Salientemos, logo de início, que não enquadramos aqui *todas* as estratégias adotadas pelos assediados perante as situações de assédio moral no trabalho desveladas como estratégias *defensivas* (Dejours, 1980/1992, 1993/1998, 1993/2004a, 1996/2004; 1998/2001; Dejours & Abdoucheli, 1990/1994; Dejours, Dessors & Molinier, 1998; Mendes, 1999; Ferreira & Mendes, 2003), de *mobilização subjetiva* (Dejours, 1993/2004a; Dejours & Molinier, 1994/2004; Mendes, 1999; Ferreira & Mendes, 2003) e, menos ainda, *operatórias* (Guérin, Laville, Daniellou, Duraffourg & Kerguelen, 1997/2001; Ferreira, 2003; Ferreira & Mendes, 2003). Entretanto, enquadramos todas elas, resgatando a proposição de Ferreira e Mendes (2003), como *estratégias de mediação*, já que, indubitavelmente, configuram "modos de sentir, pensar e agir" adotados pelos assediados em vista de responder às contradições do contexto de produção (neste caso, especificamente as oriundas da dimensão *interações socioprofissionais*) que podem ocasionar mal-estar e/ou sofrimento.

Conforme já evidenciamos em alguns momentos, os processos de assédio moral no trabalho infligidos por Eloy contra Derick e por Jennyffer contra Vickie findaram; no primeiro caso, isso ocorreu pouco depois de o assediado ter sido transferido para outra área, e no segundo, imediatamente após a assediada ter sido transferida para outra área. Ambos os assediados relacionam o fim da violência moral que sofreram exclusivamente a essas transferências. Entretanto, Derick declara que algumas das "estratégias" que empregou, ainda quando as ações que constituíram a violência moral contra ele estavam em curso, ajudaram na minimização dessas situações, conforme relataremos nos parágrafos seguintes.

No caso de Derick, a ajuda de uma pessoa externa ao contexto de produção (a namorada dele) parece ter sido decisiva para torná-lo definitivamente cônscio da violência que lhe estava sendo infligida:

> [...] eu tava aceitando tudo na brincadeira, mas ela "me abriu os olhos" mesmo, me alertando que aquilo tava me denegrindo, tava me humilhando na realidade... (Derick)
>
> Aí ela falou – "Eu percebo que ele fica tentando te humilhar. Até quando a gente sai pra algum lugar que esteja eu, você e ele, ele fica tentando te denegrir a imagem". (Derick)

Somente após essa "tomada de consciência" é que Derick, por sugestão da namorada, passou a adotar certas estratégias de mediação para combater tais situações:

> Minha namorada... Foi ela que me estimulou a reagir, na verdade... Foi uma boa estratégia. De pegar bem nos "pontos fracos" dele... (Derick)

Entre as mencionadas estratégias, Derick esclareceu que começou a "contra-atacar" Eloy de maneira similar à forma como era atacado – por intermédio de "brincadeiras vexatórias", algumas das quais chegamos a presenciar de fato e, na percepção dele, contribuíram para a amenização dos atos difamadores que Eloy tão correntemente adotava contra ele:

> Eu comecei a não deixar ele me humilhar mais, eu comecei meio que a responder ele. Teve um dia desses que eu chamei ele de "sem bunda" (risos)... Pra ele acalmar, né? Ele tava me "sacaneando", tava falando que eu tava ficando com "corpinho de veado", não sei o que, começou com aquelas "babaquices" dele, aí eu falei... (Derick)

> Eu falei pra ele um dia que se ele fosse tão engraçado como ele pensa, ele não precisava rir sozinho das próprias piadas... Aí ele ficou quietinho. (Derick)

Ainda se referindo às estratégias adotadas por Derick, podemos considerar que ele também recorreu a uma estratégia defensiva individual de negação (Ferreira e Mendes, 2003) ao se isolar dos demais companheiros de trabalho por determinado período:

> Eu não tava dando muito papo, eu tava chegando e fazendo minha função, tava ficando mais isolado... (Derick)

Já Vickie, que chegou a declarar estar certa de que o assédio moral no trabalho que sofreu só cessou em função do distanciamento em relação a Jennyffer após a transferência de área, bem como pelo fato de, daquele momento em diante, ter deixado de ser subordinada direta da assediadora, reagiu às situações de assédio moral no trabalho, na maioria das vezes, de maneira similar à maioria das vítimas de tal modalidade de violência – principalmente se mantendo passiva e introjetando a culpa pela situação (Hirigoyen, 1998/2003; Piñuel y Zabala, 2001/2003), conforme elucidamos no subtópico em que tratamos das percepções acerca dos assediados. Segundo Vickie e a antiga funcionária que testemunhou o processo, foram raras as ocasiões em que ela chegou a reagir e, nas poucas vezes que o fez, agiu de maneira bastante agressiva, o que só veio, no entender dela, a agravar as situações. Fanny, assim como a antiga funcionária mencionada, trabalhou durante certo período na mesma área que Vickie e exemplificou algumas das reações no decorrer da entrevista:

> A Vickie, às vezes, reagia [...]. A Vickie falava muitas coisas pra Jennyffer que eu pensava... "Caramba, agora vai 'rolar porrada!'". (Fanny)

Não obstante as eventuais reações agressivas de Vickie contra Jennyffer, ela relatou que na maioria das vezes não teve coragem de reagir, mesmo porque estava sob a temida e ininterrupta ameaça de exclusão, tão presente em nossa atual realidade socioeconômica (Dejours, 1998/2001; Mello, 1999; Batista, 2003):

> É um "leão" e uma "formiguinha"... Eu vou "morrer" com só um grito que ela der... Eu já ficava apavorada. E tem aquele negócio também... A gente tá naquele período de experiência, né? Os três meses iniciais que você acha assim: "Vou ser mandado embora se fizer alguma coisa contra"... Poxa, mas eu queria tanto ficar pra não ficar desempregada de novo"... Aí depois passa os três meses, você já foi aprovado, mas... Você ainda tem medo de enfrentar ela, né? Porque é um "leão" contra uma "formiguinha" mesmo... (Vickie)

Não obstante a predominância dessa postura passiva de Vickie em relação às situações adversas que vivenciou, o que nos sugere o emprego de estratégias defensivas individuais de racionalização (Ferreira & Mendes, 2003), ela declarou ter recorrido à seguinte tática para combatê-las: denunciou o caso para dois superiores hierárquicos de Jennyffer. Entretanto, conforme nos relatou, nenhum dos dois lhe deu atenção e, portanto, nenhuma medida foi adotada, omissão esta que, em nossa leitura, acabou por ir de encontro a uma das prescrições integrantes do manual de conduta da instituição – "*Será considerada falta grave, podendo ensejar na rescisão contratual por justa causa, qualquer ação lesiva à honra ou boa fama infligida no decorrer do expediente de trabalho contra qualquer pessoa*".

Eloy, tal como Vickie, geralmente não reagia de forma explícita às situações de assédio moral no trabalho infligidas por Gregory:

> [...] o problema é que o Eloy não faz nada, não reage, só fica tomando "esporro" do Gregory [...] acho que é tudo medo [...]. (Fanny)

Entretanto, essa postura de não reação não significa que Eloy deixou de recorrer a estratégias de mediação, a fim de atenuar o mal-estar e/ou sofrimento que as ações de violência moral no trabalho infligidas por Gregory lhe provocavam. Por intermédio de diversas falas de Eloy, que registramos em nosso diário de campo no transcorrer da pesquisa, bem como por meio de algumas falas emitidas quando da entrevista, concluímos que ele estava adotando, de maneira inconsciente e bastante recorrente, estratégias defensivas individuais de negação e de racionalização (Ferreira & Mendes, 2003). Vamos dar exemplos de tais estratégias por intermédio de uma das falas registradas:

> [...] eu não acredito, na verdade, que as cobranças excessivas do Gregory comigo sejam injustas [...]. O problema é a falta de pessoal, entendeu? O problema é a estrutura... Ela incapacita você de dar conta de cumprir as rotinas [...] aí depois pode dar um estresse lá na frente... É normal, sabe? (Eloy)

A análise da verbalização pode conduzir à suposição de que Eloy não somente negava a adversidade contida nas ações violentas que Gregory lhe infligia tão frequentemente, mas também buscava naturalizar tais condutas com explicações que, provavelmente, tinham um caráter facilitador para que o assédio moral no trabalho se instaurasse, mas nem por isso diminuíam a responsabilidade de Gregory perante a violência que estava cometendo contra sua vítima.

Outra postura defensiva de Eloy foi evidenciada quando o questionávamos quanto ao impacto causado pelas tão usuais desestabilizações, por meio das pretensas "brincadeiras" que Gregory lhe dirigia:

> Não me aflige... Eu brinco, eu dou risada... (Eloy)

Julgamos que essa resposta de Eloy explicita uma postura defensiva, pelo fato de ter contrastado com nossas observações, em todo o transcorrer da pesquisa, acerca das reações que habitualmente explicitava perante tais brincadeiras, conforme exemplificamos no Capítulo 13, quando relatamos uma situação na qual Gregory o constrangeu perante cerca de sessenta funcionários da instituição. Vickie também expressou, como entrevistada, opiniões em relação ao provável impacto que tais brincadeiras surtiam em Eloy:

> E quando o Gregory faz essas... Sei lá... Brincadeiras, o Eloy fica totalmente descompensado, totalmente descompensado. (Vickie)
>
> [...] o emocional dele tá todo fora de sintonia... Coitado do Eloy... (Vickie)

Já que estamos tratando das estratégias de mediação adotadas por Eloy contra as situações adversas que tão comumente lhe eram impostas, registremos que, diferentemente do que sinalizaram alguns dos resultados da pesquisa de Dejours e Jayet (1991/1994), realizada no ramo industrial de produção nuclear, não cremos que seu "presenteísmo", ao qual fizemos alusão quando tratávamos das percepções acerca dos assediados, relacionava-se a uma defesa, uma vez que tal postura já se dava muito antes de as agressões de Gregory terem início – de acordo com o confidenciado por uma funcionária da instituição que havia trabalhado com Eloy em um período em que ele ainda não trabalhava na divisão estudada, ele já agia dessa maneira. Poderíamos, entretanto, vir a interpretar o referido presenteísmo como uma defesa no sentido sugerido por Dejours (1980/1992): luta individual de Eloy para preservar um condicionamento produtivo arduamente adquirido.

Fanny, que presenciou diversas das desestabilizações e difamações direcionadas por Gregory contra Eloy, emitiu uma opinião que acabou entrando em consonância com a sustentação comum na literatura, acerca de que as estratégias defensivas, sejam essas individuais, sejam coletivas (Dejours, 1993/2004a, 1998/2001; Ferreira & Mendes, 2003), não obstante seu caráter benigno para a manutenção provisória da estabilidade psíquica dos trabalhadores que as estão empregando, comportam usualmente um efeito paradoxal, isto é, acabam sustentando as situações adversas que seus criadores enfrentam e, dessa forma, impedem a mobilização para modificar tais situações (Dejours, 1988/2004, 1996/2004, 1998/2001; Dejours & Abdoucheli, 1990/1994; Mendes, 1999; Mendes e Morrone, 2002; Ferreira e Mendes, 2003).

> Enquanto o Eloy tiver essa postura, assim... Passiva, o Gregory não vai parar, sabe? Não vai parar! (Fanny)

Enfim, como uma última estratégia de mediação para amenizar o mal-estar/sofrimento produzido pelas situações de assédio moral no trabalho que Eloy estava vivenciando, tratou-se do recurso às interações intragrupos que, conforme já relatamos, pareciam realmente lhe gerar bem-estar:

> Enquanto tá no momento de tensão ali, pô... Eu tento brincar, melhorar aquilo. A nível interpessoal... Entre colegas.... As próprias reuniões que a gente faz, as nossas brincadeiras, a gente brinca aqui, solta uma piadinha ali, solta uma gargalhada ali, essas coisas são excelentes pra aliviar [...]. (Eloy)

Quanto a Ronny, algumas estratégias de mediação foram adotadas conscientemente para minimizar a ocorrência das ações violentas que Jennyffer lhe infligia. Conforme mencionamos no subtópico que tratou das percepções de Ronny acerca de si mesmo, ele nos relatou que, inicialmente, sua reação foi introjetar a culpa pelo ocorrido, bem como passar a acreditar que a imagem que Jennyffer procurava fazer dele devia ter algum fundamento. Entretanto, tão logo se conscientizou da realidade por trás daquelas situações adversas, declarou que passou a adotar algumas estratégias que, conforme acreditava, ajudaram na amenização das situações adversas que estava vivenciando. A primeira delas, conforme de fato havíamos percebido e já registrado, foi o "silêncio, no sentido de não contestar nem revidar nada do que sua assediadora dizia com intenção de desestabilizá-lo ou difamá-lo:

> Uma das maneiras que eu achei foi a questão do silêncio [...]. (Ronny)
>
> A questão de conseguir ter revertido um pouco [...] foi ficar mais em silêncio, ou seja, não contestar [...]. (Ronny)

O silêncio perante situações que tendem a provocar sofrimento constitui mais uma das possíveis defesas adotadas para o enfrentamento desse sofrimento (Dejours & Jayet, 1991/1994; Dejours, 1998/2001). Dejours e Jayet (1991/1994) salientam que essa defesa refere-se à individualização máxima do sofrimento e sinaliza que as defesas coletivas, caso tenham sido acionadas, deixaram de ser eficazes.

Como segunda estratégia de mediação que Ronny alegou ter empregado e que, no entender dele, surtiu efeitos positivos no sentido de amenizar as situações de violência moral no trabalho vivenciadas por ele, referiu-se à constante tentativa de agradar a assediadora:

> [...] a segunda de tentar ser amigo dela, [...] a melhor forma é tentar ser amigo da pessoa que está te prejudicando. (Ronny)

De fato, ainda antes de Ronny declarar que empregou deliberadamente tal estratégia de mediação, já havíamos registrado inúmeras tentativas dele de agradar Jennyffer, em especial elogiando-a como pessoa e como profissional e trazendo-lhe, para o almoço, pratos que ela já havia declarado gostar. Vickie também havia percebido essas tentativas intencionais e fez o seguinte comentário acerca disso, quando entrevistada:

> O Ronny tenta agradar ela ao máximo... Que tem horas que ele passa até por ridículo, coitadinho, por ridículo fazendo as coisas, assim, pra poder ver se agrada a ela... E ela nada... (Vickie)

Outra estratégia de mediação adotada por Ronny para atenuar o mal-estar/sofrimento provocado pelas ações violentas que Jennyffer lhe infligia, também empregadas por Eloy, foi adotar o recurso, em muitas ocasiões, de fazer brincadeiras com os colegas de trabalho, conforme pudemos realmente atestar. Esse fato, mais uma vez, parece corroborar nossa leitura de que as interações socioprofissionais intragrupos contribuíam, de certa forma, para a amenização do mal-estar/sofrimento sentido pelas vítimas de assédio moral no trabalho:

> Imagine se a gente for trabalhar calado ali, sem nenhuma brincadeira, sem nada que alegrasse o ambiente... Ia ficar horrível! [...] Seria horrível você trabalhar em um ambiente daquele jeito, em função das coisas que a gente vive ali... (Ronny)

Ainda no tocante a estratégias de mediação adotadas por Ronny perante as situações de violência que vivenciou, ele relatou que se empenhava, em todas as ocasiões em que se retirava do contexto de produção, em esquecer que trabalhava naquele local:

> [...] eu tentava, quando eu saía do trabalho, esquecer aquilo ali, esquecer que eu trabalhava naquele departamento, naquela empresa, era uma forma de amenizar. É complicado? É... Mas era a única, assim, forma que eu tinha né? De... Não sofrer, não ficar relembrando o que eu tinha passado, né? O que eu tinha ouvido, as pressões que eram exercidas ali dentro, eu preferi simplesmente esquecer que eu trabalhava ali [...], eu tentava não lembrar. (Ronny)

Em relação à estratégia de Ronny, mencionemos que, a nosso ver, dificilmente será bem-sucedida. Nossa visão aparentemente pessimista pode ser justificada ao nos recordar das degradantes repercussões que o assédio moral no trabalho tende a provocar em suas vítimas (das quais nos ocuparemos no capítulo seguinte), bem como ao resgatar os achados de diferentes pesquisas que procuram mostrar a recorrência com a qual os problemas gerados dentro do contexto de produção acabam "invadindo" a vida privada dos trabalhadores, para o que o estudo de Le Guillant et al. (1956/1984) com operadores de centrais telefônicas parisienses nos parece excelente exemplar. Podemos justificar nossa posição ao ressaltar a eloquente afirmativa, pautada em estudos acerca da dinâmica dos processos psíquicos e sociais, de que a relação subjetiva com o trabalho indubitavelmente leva seus "tentáculos" para além do espaço do contexto de produção (Dejours, 1980/1992; 1993/2004a; 1993/2004b), mesmo porque "o homem que está engajado em estratégias defensivas para lutar contra o sofrimento no trabalho não abandona seu funcionamento psíquico no vestiário" (Dejous, 1993/2004a, p. 101).

Encerremos este capítulo relatando um fato inédito em situações de assédio moral no trabalho: em abril de 2006, Jennyffer convocou uma reunião com todos os trabalhadores do setor sob sua responsabilidade e, após tratar de assuntos correlatos ao trabalho, declarou publicamente estar ciente da postura inadequada que vinha tendo, o que evidenciou ter "enxergado", com a ajuda de um tratamento psicológico que havia iniciado. Para a perplexidade de Ronny, pediu-lhe desculpas por todas as agressões que havia lhe infligido. Embora, após tal ocorrência, Jennyffer tenha voltado a dirigir algumas ações portadoras de violência moral contra Ronny, nós nos vemos na obrigação de relatar o referido pedido público de desculpas ao assediado, que não somente representa um dado empírico incomum em casos de assédio moral no trabalho, colocando em pauta algumas das afirmativas taxativas de Hirigoyen (1998/2003) de que os assediadores "nunca" virão a "reconhecer" e modificar suas posturas perversas, como também nos conduz à suposição de que algumas das estratégias de mediação adotadas por Ronny talvez tenham surtidoalgum efeito no sentido de atenuar o processo de assédio moral no trabalho que estava vivenciando. É evidente que o tratamento psicológico também deve ter contribuído consideravelmente para a mudança de atitude da assediadora.

CAPÍTULO 15

QUAIS SÃO AS PRINCIPAIS REPERCUSSÕES PARA OS TRABALHADORES VITIMADOS E PARA O CONTEXTO DE TRABALHO ESTUDADO?

Conforme mencionamos no Capítulo 5, Schuster (1996) critica o fato de muitas das consequências relacionadas ao assédio moral no trabalho serem apresentadas, na grande maioria dos estudos, sem a explicitação conjunta de dados empíricos que comprovem tais relações. Supomos que tal omissão se deve, em grande parte, ao fato de muitas das repercussões desse fenômeno serem, fatualmente, de difícil caracterização, pois ora se tratam de repercussões subjetivas, por sua materialidade se bastar nos sentimentos e relatos do assediado, ora se caracterizam por repercussões cujos diagnósticos não podem chegar a comprovar que sejam realmente provenientes das situações de violência moral às quais os assediados foram submetidos. Dito isso, é evidente que, neste trabalho, estamos confrontando o mesmo problema, de difícil solução, já que não temos meios para comprovar que boa parte das repercussões aqui tratadas seja de fato proveniente (ou unicamente proveniente) dos casos de violência moral que desvelamos. Entretanto, tal dificuldade, a nosso ver, não invalida nossa opção por tornar este trabalho um dos raros espaços nos quais as vozes de denúncia dos assediados possam se manifestar.

Esclareçamos que, por questões didáticas e a exemplo do que alguns especialistas no assédio moral no trabalho têm feito, como Piñuel y Zabala (2001/2003), Guedes (2003) e Abajo-Olivares (2003), estamos separando as repercussões acarretadas aos assediados em categorias distintas – neste caso, físicas, afetivas, cognitivas e sociais, não obstante reconheçamos, como outros estudiosos, que elas estão inter-relacionadas.

Apresentamos a seguir as últimas categorias temáticas resultantes das entrevistas com os assediados e testemunhas que subsidiaram a resposta à questão norteadora tratada nesse subtópico:

Tabela 8
Categoria Temática 4: Repercussões acarretadas pelo Assédio Moral no Trabalho

Descrição: Principais repercussões que, no entender dos assediados, foram acarretadas ao contexto de produção e a si mesmos (física, afetiva, cognitiva e/ou socialmente) pelas ações violentas que caracterizaram o assédio moral no trabalho.	
Temas	Exemplos de Verbalizações
Físicas	*Herpes... Herpes aqui debaixo do busto. Aí eu fui ao médico [...] contei pra ele o que eu tava vivendo aqui e ele disse que era tudo devido ao ambiente de trabalho mesmo.* (Vickie)
	Naquela época a minha pressão chegou realmente a elevar, pela primeira vez na vida. Eu descobri quando eu fui fazer o pericial, que foi em setembro do ano passado. A mulher responsável disse – "Você vai ter que ir embora e tem que ir ao médico agora mesmo, senão pode acontecer alguma coisa com você devido à pressão" [...]. (Ronny)
Afetivas	*Ele já me azucrinou a ponto de dar vontade... A ponto de "partir pra cima", mas aí eu me controlei, mesmo porque era o meu chefe, né?* (Derick)
	Depressão... Eu tenho até hoje. Desde aquela época eu tô com um remedinho, eu tô tomando um antidepressivo [...]. (Vickie)
Cognitivas	*Então, eu não conseguia me concentrar totalmente no trabalho. Mesmo que eu parecesse estar concentrado, eu não conseguia me concentrar [...]. Então, isso me afetava bastante.* (Derick)

(Continua)

Tabela 8 (*Continuação*)
Categoria Temática 4: Repercussões acarretadas pelo Assédio Moral no Trabalho

	[...] nos primeiros meses, eu tava tendo rejeição grande para aprender. Eu não tava mais conseguindo "processar" nada. **(Ronny)**
Sociais	*A gente chega em casa nervoso... Chego em casa, vou deitar na cama, vou dormir, nem converso com minha esposa, não converso com meus pais [...] Eu me sinto "bloqueado".* **(Eloy)**
	Na minha vida pessoal interferia muito... Porque eu saía nervoso daqui... Eu via isso quando eu ia falar com a minha namorada, [...] quando eu tinha esses problemas por causa do Eloy, eu já falava com ela meio agressivo, entendeu? Isso refletia, sim. **(Derick)**
Para o Contexto de Produção de Serviços	*Afetou, bastante. Eu produzia bem menos quando ele começava com isso... Poxa, aquilo tava me afetando, né?* **(Derick)**
	Quando eu comecei a trabalhar no setor, eu tava com todo "gás" pra aprender... Como funcionava aquilo, como era isso, como era aquilo... Mas, infelizmente, na segunda semana eu fui "barrado" [...] Essas pressões fizeram com que eu me "estacionasse", com que eu não tivesse mais o interesse em aprender as coisas que eu precisava pro trabalho. **(Ronny)**

Tabela 9
Categoria Temática 4: Repercussões acarretadas pelo Assédio Moral no Trabalho

Descrição: Principais repercussões que, no entender das testemunhas, foram acarretadas ao contexto de produção e aos assediados (física, afetiva, cognitiva e/ou socialmente) pelas ações violentas que caracterizaram o assédio moral no trabalho.	
Temas	Exemplos de Verbalizações
Físicas	*Eu lembro que o Eloy tava desesperado com aquelas dores de cabeça dele, tudo por causa da situação com o Gregory.* (Vickie)
	O pior é que o Eloy tá ficando cada vez mais gordo. Mas também, coitado, ele tá todo descompensado [...]. (Vickie)
Afetivas	*O Eloy falou que tava... Que ia "estourar" com o Gregory... E eu tô vendo a hora de acontecer isso, a hora que ele "estourar", e aí como é que vai ficar?* (Fanny)
	E quando o Gregory faz essas... Sei lá... Brincadeiras, o Eloy fica totalmente descompensado, totalmente descompensado. (Vickie)
Sociais	*E o pior é que o Eloy, com essas grosserias do Gregory, tá passando por incompetente... O problema é esse, fica passando por incompetente [...].* (Fanny)
Para o Contexto de Produção de Serviços	*O Eloy diz que não aguenta mais, não. Ele diz que já tá pra sair. Mesmo que seja pra ganhar menos, pra ficar desempregado, ele diz que não tá aguentando mais, não.* (Derick)
	Mas o que fica é, assim... "Carácolis, vou ter que sair daqui o mais rápido possível"... Porque amanhã pode ser eu ali "levando", entendeu? (Fanny)

Nos subtópicos a seguir, vamos pormenorizar algumas das principais repercussões referidas.

Repercussões físicas para os assediados

Entre as repercussões à dimensão física dos assediados, que, conforme a percepção deles e das testemunhas, teriam sido provocadas pelas situações adversas vivenciadas e que muitos autores têm recorrentemente apontado na literatura, podemos mencionar:

- **Distúrbios cardiovasculares (hipertensão arterial)** (Hirigoyen, 1998/2003, 2001/2002; Piñuel y Zabala, 2001/2003; Guedes, 2003; Abajo-Olivares, 2004; Barreto, 2005; Caixeta, 2005)

Dois dos assediados – Ronny e Eloy – apresentaram quadro de hipertensão arterial, o qual ambos alegaram ter sido diagnosticado pela primeira vez em suas vidas após já estarem há algum tempo submetidos às situações de assédio moral no trabalho. Quanto ao depoimento de Ronny, poderíamos dizer que "memórias" em nosso diário de campo atestam essa informação, já que registramos justamente no mês de setembro de 2005 que, após retornar de um exame pericial periodicamente exigido pela empresa, ele nos relatou, perplexo, que a médica do trabalho havia constatado que sua pressão estava bastante elevada em relação ao padrão normal que ele alegava ter tido no transcorrer de toda a vida. Acrescentemos aqui que, naquele mês, as situações de assédio moral no trabalho vivenciadas por Ronny estavam, senão no auge, mais intensas e repetitivas:

> Naquela época a minha pressão chegou realmente a elevar, pela primeira vez na vida. Eu descobri quando eu fui fazer o pericial, que foi em setembro do ano passado. A mulher responsável disse: "Você vai ter que ir embora... E tem que ir ao médico agora mesmo, senão pode acontecer alguma coisa com você devido à pressão" [...]. (Ronny)

Alguns dias após a ocorrência, Ronny informou-nos que procurou um especialista e, daquele momento em diante, passou a fazer uso diário de um medicamento prescrito para controlar a pressão arterial. Entretanto, mesmo sob efeito do medicamento, tivemos a oportunidade de registrar em nosso diário de campo que, em fevereiro de 2006, em uma ocasião em que membros da Cipa da instituição estavam aferindo a pressão dos funcionários, novamente foi detectado um "índice de risco" em Ronny, fato que chegou ao conhecimento de representantes da divisão de pessoal e desencadeou a exigência institucional para que ele se dirigisse a um médico do trabalho com a máxima urgência possível.

Quanto a Eloy, detectamos a possibilidade de existência da hipertensão arterial ao presenciarmos, no mês de fevereiro de 2005, o questionamento de um colega da divisão acerca de qual era o objetivo do medicamento que estava sobre a mesa do assediado, no que Eloy declarou que visava controlar sua pressão arterial. Ao conversamos, em seguida, a respeito do possível quadro de hipertensão arterial, afirmou que havia sido diagnosticado, pela primeira vez em sua vida, em uma consulta médica que tinha ocorrido aproximadamente dois meses antes. Quanto ao diagnóstico do médico, afirmou que incluía, além do fato de Eloy estar com a massa corporal elevada, estresse, o qual o assediado reconheceu sofrer, mas alegando estar ligado unicamente às situações constrangedoras que estava vivenciando no trabalho.

Evidentemente, não podemos sustentar que a hipertensão arterial desses dois assediados tenha se originado exclusivamente em razão da violência moral infligida tão repetitivamente sobre eles. Cabe reconhecer que ambos evidenciaram outros fatores que podem ter contribuído para seu aparecimento: Ronny alegou que tinha propensão, já que na sua família havia alguns casos de hipertensos, e Eloy, embora não tivesse histórico familiar de hipertensão, estava com a massa corporal elevada. Entretanto, os então detectados processos de assédio moral no trabalho infligidos contra ambos, que estávamos presenciando quase que diariamente, aliados às afirmativas de que a hipertensão arterial havia surgido pela primeira vez em suas vidas justamente naquele momento, parece-nos um indício razoável de que, se não foi desencadeada unicamente pelas práticas de violência moral desveladas, a hipertensão dos dois assediados deve ter sido ao menos "impulsionada" por elas.

- **Cefaleias** (Piñuel y Zabala, 2001/2003; Abajo-Olivares, 2004)

Em nosso diário de campo, registramos diversas circunstâncias nas quais Eloy alegava estar sofrendo de enxaqueca, queixas que se deram, em muitas ocasiões, poucos momentos após ter sido submetido a zombarias ou agressões de Gregory. Durante certo período de tempo, mais especificamente entre os meses de setembro e dezembro de 2004, Eloy passou a se queixar continuamente da referida enxaqueca, que perdurava todo o expediente de trabalho e, conforme nos relatou, avançava os limites "espaciais" da instituição. Ainda de acordo com nossos registros no diário de campo, foram justamente tais enxaquecas que, segundo ele, o levaram a descobrir que estava, na verdade, sofrendo de hipertensão arterial. Mais uma vez não temos como sustentar categoricamente que as cefaleias tenham sido produzidas pelas situações de assédio moral no trabalho, porém, embasados na literatura, nas constantes situações desagradáveis que presenciamos e na percepção do próprio assediado, podemos ao menos considerar uma forte probabilidade de acerto nas seguintes palavras de Eloy:

> Você lembra que eu chegava aqui direto com uma dor de cabeça terrível, tudo por conta da pressão que ele fazia em mim? (Eloy)

- **Transtornos do sono** (Leymann, 1993/1996; Piñuel y Zabala, 2001/2003; Guedes, 2003; Abajo-Olivares, 2004; Caixeta, 2005)

Dois dos assediados – Vickie e Eloy – declararam ter sofrido, em razão das situações de agressões e humilhações constantes a que foram submetidos, alguns transtornos do sono, tais como insônia e seguidas interrupções espontâneas do sono. Ambos os assediados declararam ter recorrido frequentemente a medicamentos para conseguir dormir, conforme as verbalizações a seguir podem ilustrar. É preciso acrescentar que tanto Eloy quanto Vickie relacionavam essas repercussões a outra consequência comumente manifestada em vítimas de assédio moral no trabalho: a *ansiedade* (Einarsen, 2000; Hirigoyen, 2001/2002; Piñuel y Zabala, 2001/2003):

> Tô tomando remédio. [...] Busco uma forma de me acalmar. (Eloy)

> [...] todo dia era a mesma coisa, todo dia era a mesma ladainha: "A Jennyffer fez isso, a Jennyffer fez aquilo, a Jennyffer fez isso, a Jennyffer fez aquilo"... Aí entrava tipo em um "calmantezinho" pra poder pelo menos dormir bem. (Vickie)

- **Doenças de pele** (Hirigoyen, 1998/2003, 2001/2002; Piñuel y Zabala, 2001/2003)

Embora não tenhamos encontrado nenhum estudo que exemplificasse pelo menos uma das doenças de pele identificadas como possível repercussão do assédio moral no trabalho, os três autores referenciados nos levam a considerar a probabilidade de que a doença de Vickie, surgida no período em que ela estava sendo assediada moralmente no trabalho por Jennyffer, tenha de fato relação com a violência sofrida, conforme afirmou ter sido diagnosticado pelo médico que a examinou:

> Herpes... Herpes aqui debaixo do busto. Aí eu fui ao médico e ele falou que a herpes desencadeia quando você tá em um sistema nervoso [sic]. [...] Aí eu contei pra ele o que eu tava vivendo aqui e ele disse que era tudo devido ao ambiente de trabalho mesmo. (Vickie)

Repercussões afetivas para os assediados

Entre as repercussões afetivas advindas do assédio moral no trabalho que se evidenciaram mais recorrentes entre os assediados, podem ser destacadas:

- **Apatia** (Leymann, 1993/1996; Hirigoyen, 2001/2002; Piñuel y Zabala, 2001/2003; Abajo-Olivares, 2004)

O desenvolvimento da apatia de Ronny em relação aos assuntos profissionais não somente foi declarado por ele, como já havia sido constatado por nós. Logo que o observador participante foi transferido da área na qual trabalhava com Eloy para o setor chefiado por Jennyffer, pôde perceber que, embora aparentemente Ronny já estivesse sendo "perseguido" pela assediadora há alguns meses, ainda demonstrava interesse em aprender mais acerca do trabalho que realizava, bem como usualmente tomava iniciativas e procurava propor sugestões pertinentes relacionadas às atividades realizadas no setor. Entretanto, passamos a presenciar que, a cada iniciativa e tentativa de sugestão, ele era, respectivamente, interrompido e criticado de maneira agressiva por Jennyffer, conforme já havíamos mencionado neste capítulo. Com o passar do tempo, antes de escutar suas declarações acerca de tal postura, percebemos e registramos que ele havia se tornado apático, no sentido de não demonstrar interesse por nenhum dos assuntos correlatos ao trabalho, tomar iniciativas ou propor sugestões, conforme atesta sua verbalização:

> Quando eu comecei a trabalhar no setor, eu tava com todo "gás" pra aprender... Como funcionava aquilo, como era isso, como era aquilo... Mas, infelizmente, na segunda semana eu fui "barrado" [...] Essas pressões fizeram com que eu me "estacionasse", com que eu não tivesse mais o interesse em aprender as coisas que eu precisava pro trabalho. (Ronny)
>
> Eu não tinha o interesse de aprender mais coisas ali, por conta disso. (Ronny)

Pontuemos aqui que, como consequência, a apatia acaba se tornando uma das repercussões negativas que o assédio moral no trabalho acarreta também ao contexto de produção como um todo, conforme trataremos mais adiante, e acrescentemos que, se recorrermos a Ferreira e Mendes (2003), poderemos interpretar a apatia como uma estratégia defensiva individual de racionalização empregada por Ronny diante das situações adversas que ele vivenciava diariamente.

- **Irritabilidade** (Leymann, 1993/1996; Hirigoyen, 1998/2003; Piñuel y Zabala, 2001/2003; Abajo-Olivares, 2004)

Em diferentes ocasiões, especialmente em momentos subsequentes às desestabilizações e difamações que sofriam, Ronny e Eloy manifestaram evidente irritabilidade, estado emocional que, algumas vezes, acabava impactando negativamente nas interações intragrupos (e mesmo intergrupos) e, conforme trataremos mais adiante, refletia-se também nas esferas conjugal e familiar de ambos:

> Com certeza absoluta, essas situações afetaram as minhas relações interpessoais. Primeiro, na época, né? Que eu fui tão pressionado que eu não tinha um tratamento legal com nossos representantes, nossos vendedores... As pessoas ligavam, faziam perguntas e eu tava impaciente, irritado. Simplesmente, às vezes, não sei... "Deixa eu passar [...] pra outra pessoa"... [...] então, eu, de uma certa forma, eu acredito que eu que tratava mal... E na relação de trabalho, aqui dentro, também, né? [...] eu não tive uma relação inicial legal com meus colegas. Não que eu fosse grosso... Mas, em determinadas ocasiões, eu acabava sendo grosso [...] (Ronny)

> [...] uma vez eu tava lá, e ele com aquelas ignorâncias dele... Aí vieram os dois colegas ali da outra área e fizeram uma brincadeira... Aí, pô, eu tava em um momento muito estressante, fizeram a brincadeira e eu "estourei" com eles... Depois fui lá pedir desculpas... (Eloy)

Conforme evidenciaremos quando estivermos tratando das repercussões sociais que as situações de assédio moral no trabalho desveladas produziram, Derick também declarou ter sido atingido pela irritabilidade em razão da violência moral que Eloy lhe infligiu.

- **Crises de choro** (Leymann, 1993/1996; Piñuel y Zabala, 2001/2003)

Vickie relatou que, em diversas situações, foi tão desestabilizada por Jennyffer que não conseguia impedir que lhe abatessem longas crises de choro, dentro e fora da instituição. Embora na ocasião ainda não estivéssemos realizando a pesquisa, recordamos que, no ano de 2003, em algumas ocasiões, ela nos procurou, em meio a crises de choro, para fazer queixa de Jennyffer, geralmente expressando sentimentos de cólera contra a assediadora.

> Chorei, chorei muitas, não foi uma nem duas, chorei muitas vezes. [...] Muitas vezes eu chorei de descompensar totalmente. (Vickie)
>
> Teve uma vez que saí daqui chorando muito... Fui ao departamento de informática e disse que não ia mais aguentar pro meu familiar que trabalha lá... Chamei ele na sala de reunião lá do departamento de informática e disse: "Vou

> pedir minhas contas agora, eu vou pedir, não vou ficar sendo humilhada"... (Vickie)

- **Depressão** (Leymann, 1993/1996; Einarsen, 2000; Hirigoyen, 2001/2002; Piñuel y Zabala, 2001/2003; Heloani, 2003; Guedes, 2003; Barreto, 2005; Caixeta, 2005)

Vickie declarou taxativamente que, em função das situações de violência moral que Jennyffer lhe infligiu, desenvolveu um quadro de depressão que, até o momento em que a pesquisa terminou, ainda perdurava:

> Depressão... Eu tenho até hoje. Desde aquela época eu tô com um remedinho, eu tô tomando um antidepressivo [...]. (Vickie)

Quanto a Ronny, uma das agentes administrativas do mesmo setor nos confidenciou, assim que foi contratada, no período em que ele já estava sendo assediado moralmente por Jennyffer, que ele havia declarado que a depressão tinha sido diagnosticada no transcorrer de um tratamento que procurou. Entretanto, quando, no decorrer da entrevista, nós o questionamos acerca das repercussões que aquelas situações haviam lhe acarretado, ele não chegou a mencionar essa consequência, não obstante tenha, em diferentes momentos, tanto no decorrer da entrevista quanto da pesquisa, feito menção ao sofrimento que tais situações lhe provocavam.

Já Eloy, embora também não tenha declarado estar sofrendo de depressão, alegou temer que o constrangimento que Gregory estava lhe ocasionando pudesse vir, entre outros efeitos, a desencadeá-la, razão pela qual estava desejoso de pedir demissão ou transferência para outra divisão da instituição:

> Eu não posso mais ficar lá, vai chegar uma hora que eu vou ficar depressivo, vou ter um enfarto, vou "estourar" dentro da minha casa, vou "estourar" com meus superiores... Aí, pô, sabe Deus qual é a consequência disso... Esse é meu medo... Porque eu já tô mais do que no meu limite. (Eloy)

A preocupação de Eloy parece fazer sentido ao considerarmos que "a desvalorização contínua em diferentes espaços sociais gera desprazer, revolta, tristeza profunda e indignação, que se manifestam como sintomas de depressão" (Barreto, 2003, p. 153).

- **Agressividade** (Piñuel y Zabala, 2001/2003; Abajo-Olivares, 2004)

Não surpreende o fato comumente relatado por diversos estudiosos do assédio moral no trabalho de que, em muitas situações, o assediado perdeu o controle e, tomado pelos sentimentos de raiva, revolta, mágoa, ressentimento e mesmo vontade de vingar-se do(s) assediador(es) (Barreto, 2003), se voltou contra esse(s) de maneira agressiva. Entre as situações de assédio moral no trabalho estudadas, recordamos algumas em que Vickie, entregue a crises de choro, declarava na ausência de Jennyffer, para todos os presentes, que a vontade que tinha era de esmurrar a assediadora. Da mesma forma, chegamos a registrar em nosso diário de campo uma situação em que, ao cruzarmos com Derick em um dos corredores da instituição, este confidenciou-nos que, em diversas circunstâncias nas quais Eloy o atormentava, a vontade que tinha era de agredir o referido assediador, afirmando ainda que, em muitas ocasiões, havia jurado a si mesmo que se encontrasse Eloy fora do contexto de produção ia agredi-lo de fato. Essa confidência voltou a se manifestar no decorrer da entrevista, com uma das testemunhas e com o próprio Derick:

> O Derick ficava até meio querendo apelar com o Eloy, partir pra "porrada" mesmo... (Fanny)
>
> Ele já me azucrinou a ponto de dar vontade... A ponto de "partir pra cima", mas aí eu me controlei, mesmo porque era o meu chefe, né? (Derick)

Quanto a Ronny, conforme já evidenciamos quando estávamos tratando das percepções dos assediados e testemunhas acerca dos assediadores, ele também confidenciou ter tido pensamentos agressivos contra sua assediadora:

> A vontade que eu tinha, muitas vezes, era de matar ela. [...]. (Ronny)

Felizmente, nenhum desses pensamentos agressivos chegou, em qualquer escala que fosse, a se materializar, mesmo porque provavelmente qualquer expressão de ira por parte dos assediados só viria agravar a situação, uma vez que, como Hirigoyen (2001/2002) adverte, muito provavelmente os assediadores se utilizariam dessas reações para projetar a culpa sobre os assediados.

- **Sintomas correlatos à *síndrome de estresse pós-traumático*** (Hirigoyen, 1998/2003, 2001/2002; Piñuel y Zabala, 2001/2003; Abajo-Olivares, 2004)

Para alguns autores, como Hirigoyen (2001/2002) e Piñuel y Zabala (2001/2003), o emocional de uma pessoa que foi submetida a repetidas situações de violência moral no trabalho costuma ser tão abalado que é usual ela apresentar sintomas semelhantes aos das vítimas de estupro, acidentes em geral, catástrofes naturais, entre outros, sintomas ligados à *síndrome do estresse pós-traumático* ou, mais especificamente, conforme mencionado no Capítulo 5, à *síndrome de estresse por coação continuada* (Piñuel y Zabala, 2001/2003). A seguinte verbalização de Vickie parece sugerir isso:

> [...] é uma tortura, uma tortura... Agora a palavra certa é essa, é humilhação e tortura o que a gente sofre aqui com essa "louca"... Que até hoje... Engraçado, tem alguma coisa que consegue, consegue, mexe comigo aqui do outro lado. É uma sensação muito ruim. Me faz muito, muito mal. (Vickie)

As falas de Vickie, transcritas quando em curso, foram acompanhadas de alguns indícios acerca do estado emocional da assediada, externalizados na formade gagueira, transpiração e lacrimejação enquanto os narrava, sinais que parecem sugerir que, de fato, a situação de assédio moral no trabalho sofrida pela assediada em questão produziu uma "ferida psíquica" de difícil cicatrização:

> [...] eu acho que é preferível você levar um murro na cara, né? Que daqui a pouco vai ficar bom. (Vickie)

Além disso, Vickie chegou a nos confidenciar, ao fim da entrevista, que, embora naquele momento estivesse se sentindo bem por ter desabafado com alguém acerca de situações que havia guardado somente para si, no transcorrer da entrevista havia se sentido mal ao resgatar algumas das lembranças correlatas às situações de violência a que havia sido submetida, alegando que elas, "por mais surpreendente que pudesse parecer", a tinham feito reviver, em proporção similar, as mesmas emoções negativas sentidas quando das agressões. Indícios de que situações de assédio moral no trabalho provocam feridas de difícil cicatrização têm sido recorrentes entre os relatos de assediados, como demonstram alguns trechos de cartas encaminhadas para Hirigoyen (2001/2002).

Repercussões cognitivas para os assediados

Muitas das vítimas de assédio moral no trabalho têm descrito consequências maléficas oriundas de tal fenômeno que ultrapassam as dimensões física e afetiva, sendo que estas têm afetado cognitivamente (Leymann, 1993/1996; Einarsen, 2000; Piñuel y Zabala, 2001/2003; Guedes, 2003; Abajo-Olivares, 2004). Neste estudo, três dos quatro assediados descreveram também repercussões oriundas da violência moral que sofreram e que evidenciavam impactos cognitivos.

- **Dificuldade para concentrar-se** (Leymann, 1993/1996; Einarsen, 2000; Piñuel y Zabala, 2001/2003; Guedes, 2003; Abajo-Olivares, 2004)

Derick relatou que, em praticamente todas as ocasiões em que era assediado moralmente no trabalho por Eloy, sentiu, em razão da desestabilização que lhe acarretavam dificuldade de se concentrar no trabalho:

> Então, eu não conseguia me concentrar totalmente no trabalho. Mesmo que eu parecesse estar concentrado, eu não conseguia me concentrar [...]. Então, isso me afetava bastante. (Derick)

- **Bloqueio mental**

Tanto Ronny quanto Vickie declararam que as situações desestabilizantes a que foram tão frequentemente submetidos por Jennyffer acabaram por produzir, em muitas situações, uma espécie de *resistência cognitiva compulsória*, a qual Vickie apelidou de *bloqueio mental* para apreender assuntos correlatos ao trabalho:

> [...] nos primeiros meses eu tava tendo rejeição grande para aprender. Eu não tava mais conseguindo "processar" nada. (Ronny)

> Eu "bloqueei"... Até hoje eu "bloqueei" aquele cálculo que todos precisamos saber fazer aqui... Eu não consigo! [...] No dia que... Acho que foi a segunda, ou mesmo na primeira vez que eu fui perguntar pra ela como se fazia, ela disse que não concebia eu não saber calcular aquilo... E se você me perguntar hoje como se calcula, eu não sei calcular, é um "bloqueio" que me criou [...] eu não consigo, não sei, podem me explicar... [...] Eu tenho esse "bloqueio" mental por causa dos gritos que ela deu comigo! (Vickie)

Repercussões sociais para os assediados

No tocante aos prejuízos sociais para as vítimas das situações de assédio moral no trabalho desveladas, evidenciaram-se:

- **Danos às esferas conjugal e familiar** (Piñuel y Zabala, 2001/2003; Guedes, 2003; Abajo-Olivares, 2004)

Entre as repercussões afetivas relatadas, mencionamos que Derick relatou, após ter sido submetido a assédio moral no trabalho, ter passado a ficar irritadiço. Tal irritabilidade, conforme declarado por ele, acabou por repercutir em seu relacionamento com a namorada:

> Na minha vida pessoal interferia muito... Porque eu saía nervoso daqui... Eu via isso quando eu ia falar com minha namorada, porque sempre falo com ela à noite. Então, quando eu ia falar com ela, quando eu tinha esses problemas por causa do Eloy, eu já falava com ela meio agressivo, entendeu? Isso refletia, sim. (Derick)

Da mesma forma, Eloy, fazendo referência à situação de assédio moral no trabalho que Gregory lhe causou, afirma:

> Isso me afeta psicologicamente... Pô, eu fico nervoso dentro de casa, entendeu? (Eloy)
>
> A gente chega em casa nervoso... Chego em casa, vou deitar na cama, vou dormir, nem converso com minha esposa, não converso com meus pais [...] Eu me sinto "bloqueado". (Eloy)

- **Isolamento social** (Hirigoyen, 1998/2003; Einarsen, 2000; Piñuel y Zabala, 2001/2003; Abajo-Olivares, 2004)

Chegamos a perceber e registrar em nosso diário, bem como tentamos intervir em algumas ocasiões conversando diretamente com Ronny, que o referido assediado estava, muito provavelmente em decorrência das situações de violência moral a que estava sendo exposto, isolando-se socialmente dentro do contexto de trabalho. Tal processo de autoisolamento, que provavelmente transcorreu por aproximadamente um ano, surtiu efeitos que perduraram até o fim da pesquisa, alguns colegas da divisão não simpatizavam com Ronny, alegando, usualmente, que ele era muito *fechado* e *antissocial*.

Derick também declarou ter, de maneira impulsiva, se isolado socialmente no contexto de trabalho por determinado período, conforme já havíamos feito menção quando tratamos das percepções acerca das estratégias de mediação adotadas pelas vítimas perante as situações de assédio moral no trabalho:

> Eu não tava dando muito papo, eu tava chegando e fazendo minha função, tava ficando mais isolado... (Derick)

Repercussões para o contexto de produção

Diversos autores têm procurado advertir que o assédio moral no trabalho não causa repercussões desfavoráveis somente aos assediados. Os contextos de produção que lhes servem de palco também saem, de uma forma ou de outra, prejudicados. Confidenciemos que, com o nosso viés de Ergonomia, disciplina esta que coloca o bem-estar do trabalhador como prioridade (Iida, 1990/1997), acima da eficiência e eficácia almejadas pelos representantes de todo e qualquer contexto de produção, nós nos preocupamos de maneira prioritária com a saúde dos seres humanos que neles trabalham. Entretanto, para tentar impulsionar a ação dos gestores que ainda não se convenceram da necessidade de combater e precaver a ocorrência do assédio moral no trabalho, decidimos, na pesquisa, evidenciar quais seriam as principais repercussões que esse pernicioso fenômeno estava trazendo também para o contexto no qual ocorria, as quais apresentaremos a seguir.

- **Redução da produtividade** (Abajo-Olivares, 2004)

As prováveis repercussões cognitivas causadas nos assediados, que apresentamos em um dos subtópicos anteriores, já evidenciam um possível impacto do assédio moral no trabalho na produtividade. Afinal, um trabalhador que, por estar desestabilizado, apresenta dificuldade para se concentrar em seu trabalho ou apresenta resistência compulsória para aprender os procedimentos de que necessitará fazer uso, muito provavelmente não terá o mesmo desempenho se não estiver sob tal estado emocional. As seguintes afirmativas podem explicitar que o raciocínio acima se aplica ao contexto estudado:

> Eu produzia bem menos quando ele começava com isso... Poxa, aquilo tava me afetando, né? (Derick)
>
> Quando eu comecei a trabalhar no setor, eu tava com todo "gás" pra aprender... Como funcionava aquilo, como era isso, como era aquilo... Mas, infelizmente, na segunda semana eu fui "barrado" [...] Essas pressões fizeram com que eu me "estacionasse", com que eu não tivesse mais o interesse em aprender as coisas que eu precisava pro trabalho. (Ronny)

> A minha produtividade caiu por conta disso. (Ronny)

- **Deterioração do "ambiente" de trabalho** (Abajo-Olivares, 2004; Hirigoyen, 1998/2003, 2001/2002)

Alguns dos participantes, referindo-se aos reflexos que as situações de assédio moral produziram no "ambiente" de trabalho, acabaram sinalizando o quanto tal fenômeno pode ser realmente pernicioso para o ambiente como um todo, fato que, na posição de "membros" da divisão estudada, também podemos atestar:

> Um clima pesado, né? Te "desconcerta" totalmente, baixa maior "baixo astral". (Fanny)

> Imagine se a gente for trabalhar calado ali, sem nenhuma brincadeira, sem nada que alegrasse o ambiente... Ia ficar horrível! [...] Seria horrível você trabalhar em um ambiente daquele jeito, em função das coisas que a gente vive ali... (Ronny)

- **Alta probabilidade de "perder" alguns de seus trabalhadores**

Dois dos assediados (Ronny e Eloy) relataram, em diferentes ocasiões no decorrer da pesquisa, que, embora tivessem ciência da possibilidade de "fazer carreira" dentro da instituição, não gostariam mais de permanecer ali, em razão do "desgaste" que estavam sofrendo e, por tal razão, na primeira oportunidade, pediriam demissão ou tentariam ser transferidos para outra divisão da instituição. Tais afirmativas voltaram a surgir no momento das entrevistas:

> Pensei em sair várias, várias vezes [...], ou em trocar de setor. (Ronny)
>
> Por isso que eu tô, tipo assim, fico pensando [...] Quero ver se eu consigo montar meu "negocinho", consigo "segurar" a minha filha, entendeu? [...] Pô, pra me dar sustento, vou tentar fazer outra coisa, entendeu? Eu não vou é ficar "tomando"... (Eloy)

Acrescentemos que Eloy não se bastou a declarar "estar no limite" somente para nós, já que o fez também para as duas testemunhas de sua situação de assédio moral no trabalho:

> O Eloy diz que não aguenta mais, não. Ele diz que já tá pra sair. Mesmo que seja pra ganhar menos, pra ficar desempregado, ele diz que não tá aguentando mais não. (Derick)
>
> O Eloy ali quer pedir demissão... (Fanny)

Vickie também, quando do momento da entrevista, declarou que, em diversas ocasiões no período em que estava sendo assediada moralmente por Jennyffer no trabalho, cogitou pedir demissão:

> Eu pensei várias vezes em pedir até "minhas contas", que eu digo: "Aqui eu não vou ficar"... Por que, pra gente ser humilhada? (Vickie)

A referida assediada afirmou ainda que só não desistiu de continuar na instituição por ter sido transferida de setor, fato que, cabe colocar aqui, não ocorreu – pelo menos que tenhamos tomado conhecimento – em razão das situações de assédio moral infligidas contra Vickie, mas sim por questões de reestruturação interna.

Da mesma forma, as situações de assédio moral no trabalho acabaram provocando "motivações" similares em uma das testemunhas, Fanny:

> Eu tô na fase de desencantamento. Aqui não é nada do que eu pensava. Aqui é muito bom pra você ir passando o tempo até conseguir outra coisa... E o que é ruim... Porque tem tudo pra ser uma empresa bacana, tem tudo pra ser... (Fanny)
>
> Mas o que fica é, assim... "Carácolis, vou ter que sair daqui o mais rápido possível"... Porque amanhã pode ser eu ali "levando", entendeu? (Fanny)

Quanto a Derick, embora não tenha declarado ter cogitado pedir demissão, nos "sugeriu", por meio de pelo menos duas verbalizações expressadas no transcorrer das entrevistas, que tendia a chegar a esse ponto:

> [...] a época que o Eloy tava me infernizando mesmo, me constrangendo a ponto de infernizar... Era de chegar em casa e ainda pensar assim: "Poxa, amanhã eu tenho que trabalhar, que 'merda'!" (Derick)
>
> A troca de área veio como uma bênção... Cheguei lá e, poxa... Em relação ao que eu passava aqui com o Eloy, eu me senti lá no "céu", né? (Derick)

Os sentimentos expressos por Derick quanto à troca de área foram atestados ainda pela principal testemunha ocular do processo de assédio moral no trabalho que havia sofrido:

> Quando o Derick foi pra lá, ele falou: "Ai, que beleza! Nossa, aqui é o 'céu'!". (Fanny)

Concluíremos esta terceira parte do livro por meio de uma breve retrospectiva: os dados coletados mediante análise documental nos possibilitaram caracterizar os principais protagonistas, bem como desenhar o "palco" no qual atuaram socialmente em meio a práticas de assédio moral no trabalho. Os resultados advindos das entrevistas com os assediados e testemunhas nos permitiram, com o conveniente suporte da observação participante, responder às quatro questões norteadoras da pesquisa e, portanto, ao seu objetivo central. Como resultado principal, poderíamos destacar a constatação de três situações concretas de assédio moral no trabalho que transcorreram no período em que a pesquisa foi feita, bem como uma quarta situação que havia transcorrido em período anterior ao da realização da pesquisa, sendo todas elas do tipo descendente ou vertical (Leymann, 1993/1996; Abajo-Olivares, 2004; Guedes, 2003; Hirigoyen, 1998/2003, 2001/2002; Piñuel y Zabala, 2001/2003; Aguiar, 2003).

CONCLUSÃO

A interpretação dos resultados da pesquisa, que teve como intuito prioritário desvelar práticas de assédio moral no trabalho por meio da análise de interações socioprofissionais, possibilitou, mediante a participação integrada do pesquisador e de parte dos trabalhadores de uma das divisões da instituição financeira estudada, constatar três situações concretas de manifestação do fenômeno, bem como evidenciar outra que já havia transcorrido em período anterior ao da realização da pesquisa, sendo as quatro do tipo descendente ou vertical.

O fato de as quatro situações de assédio moral no trabalho levantadas se enquadrarem na modalidade vertical não nos causou estranheza, em razão de a análise das interações socioprofissionais ter nos conduzido, previamente, à conclusão de que as interações hierárquicas da divisão estudada, em geral, caracterizavam-se por relações de poder autoritárias, marcadas pelo "manejo" da ameaça à exclusão. Embora não tenhamos realizado uma pesquisa que nos permitisse fazer inferências concludentes acerca da cultura organizacional da instituição, baseando-nos nas observações que realizamos enquanto membros internos no decorrer de alguns anos, bem como em algumas denúncias materializadas em reuniões com outras áreas e também registradas por membros da Comissão

Interna de Prevenção de Acidentes (Cipa), hipotetizamos que as referidas relações de poder autoritárias características da divisão estudada refletem a realidade preponderante nas interações hierárquicas da instituição e, de um ponto de vista mais macro, da conjuntura socioeconômica imperante. Nesse sentido, compartilhamos da opinião de Barreto (2003) de que a humilhação à qual são submetidos muitos trabalhadores encontra espaço não em razão de uma falha no sistema político, mas, ao contrário, por ser encarada muitas vezes como um meio necessário à manutenção da ordem e disciplina e ao aumento da produtividade, o que, em nosso entendimento, torna razoável a sustentação de que "a ridicularização e a difamação são instrumentos potentes de controle" (Barreto, 2003, p. 199).

Quanto às interações intragrupos, foram avaliadas por todos os participantes como positivas, chegando mesmo a servir de importante suporte socioafetivo para a manutenção da saúde dos trabalhadores, em especial daqueles que haviam se tornado alvo de assédio moral no trabalho.

Entre as *práticas mais recorrentes* que marcaram as situações de assédio moral no trabalho desveladas, foram constatadas: (a) *práticas desestabilizadoras*: zombarias acerca de características pessoais, agressões verbais, críticas às iniciativas e sugestões, uso de trocadilhos e apelidos depreciativos, exploração de fraquezas e imposição de tarefas com o intuito de desestabilizar; (b) *práticas difamadoras*: disseminação de rumores, tanto acerca da identidade sexual quanto da competência profissional; (c) *práticas de isolamento*: privação da possibilidade de comunicação e manipulações que visavam colocar terceiros contra o assediado.

Como forma de caracterizar melhor as situações de assédio moral constatadas no trabalho, levantaram-se algumas das *percepções dos assediados e das testemunhas*. Entre os resultados mais expressivos de tal levantamento, constatou-se que:

a) predominantemente, tanto os assediados quanto as testemunhas classificavam as *situações de assédio moral no trabalho* negativamente, sendo que estas foram com frequência avaliadas mediante adjetivações como *humilhantes*, *constrangedoras*, *injustas*, *torturantes*, entre outros, cabendo enfatizar ainda que*todos* os assediados, incluindo, portanto, aqueles que inicialmente introjetavam-se a culpa pelo ocorrido, ao terem esclarecido o conceito de *assédio moral no trabalho* e serem questionados se enquadrariam as situações que vivenciaram como tal, invariavelmente responderam de forma afirmativa.
b) tal como as situações, os *assediadores* também foram avaliados pelos assediados e pelas testemunhas de maneira negativa, avaliações que se justificaram em parte por sentimentos que mesclavam raiva, revolta, mágoas, ressentimentos e desejo de vingança, usual entre vítimas de assédio moral no trabalho (Barreto, 2003), mas também pelo fato de dois dos três assediadores identificados terem sido percebidos como espécimes de *psicopatas organizacionais* (Piñuel y Zabala, 2001/2003; Abajo-Olivares, 2004), no sentido de apresentarem uma aparente compulsividade para "fazer vítimas". Os assediadores foram avaliados ainda como donos de certas habilidades que colocavam em prática para operacionalizar a violência moral no trabalho, tal como as habilidades de seduzir e manipular outras pessoas. Algumas das "leituras" realizadas acerca de um dos assediadores sugeriram que ele apresentava traços megalomaníacos,

os quais são, de fato, comuns entre perpetradores da modalidade de violência em questão.

c) contrastando as repetidas insinuações depreciativas que os assediadores faziam em relação à capacidade profissional dos *assediados*, todos eles foram avaliados pelas suas respectivas testemunhas como profissionais zelosos, competentes e dedicados ao trabalho, fatos que, se nos basearmos no entendimento de alguns estudiosos, talvez tenham sido propulsores de sentimentos de inadequação pessoal e profissional dos assediadores.

d) quanto aos *possíveis fatores causais* das situações de assédio moral no trabalho desveladas, foram apontados os traços de personalidade de dois dos três assediadores, que chegaram a sugerir características *perverso-narcisistas*; a inveja de um dos assediadores em relação aos traços físicos de sua vítima; a "repetição de modelos", na expressão de uma das testemunhas, que teria levado um dos assediados a adotar atitudes similares às de seu assediador contra um de seus subordinados, talvez em razão da manifestação inconsciente do mecanismo de defesa denominado por Freud (1946/1968) de *identificação com o agressor*; os questionamentos que um dos assediados passou a fazer em relação às políticas de gestão e às maneiras pelas quais as rotinas de trabalho estavam sendo executadas; e a sobrecarga de trabalho.

e) entre as *estratégias de mediação* adotadas pelos assediados e percebidas como eficazes na atenuação das situações e/ou do mal-estar/sofrimento produzido, destacaram-se: o recurso à ajuda de terceiros e a interações saudáveis com colegas; o contra-ataque ao assediador operacionalizado por um dos assediados por meio de ações de teor similar às que estava sofrendo (zombarias);

tentativas persistentes de um dos assediados para agradar sua assediadora; estratégias defensivas individuais, tais como o isolamento, a apatia, a passividade, o silêncio, a introjeção e a negação, a eufemização e a banalização das práticas adversas.

Entre as *repercussões aos assediados* que se evidenciaram como passíveis de terem sido engendradas pelas práticas de assédio moral no trabalho, podemos mencionar: (a) *físicas*: cefaleias, transtornos do sono, doenças da pele e distúrbios cardiovasculares, com especial ênfase à hipertensão arterial; (b) *afetivas*: apatia, irritabilidade, agressividade, crises de choro, depressão e sintomas correlatos à síndrome de estresse pós-traumático; (c) *cognitivas*: dificuldade para concentrar-se e bloqueio mental; (d) *sociais*: danos às esferas conjugal e familiar e isolamento social.

Já no tocante às *repercussões para o contexto de produção* identificaram-se: redução da produtividade, deterioração do ambiente de trabalho e alta probabilidade de perder alguns de seus trabalhadores, que, diga-se de passagem, em contraste com a imagem que os assediadores pareciam querer firmar, eram avaliados pelos demais colegas como donos de notável competência profissional.

As repercussões nefastas enumeradas nos parágrafos anteriores sugerem, a nosso ver, a premente necessidade de se adotarem medidas que viabilizem o combate às situações de assédio moral no trabalho que parecem tê-las desencadeado. A primeira delas foi por nós implementada ao fim de cada uma entrevista: esclarecimento do conceito de *assédio moral no trabalho* para suscitar a tomada de consciência, tanto dos assediados quanto das testemunhas, da realidade adversa jacente nas situações decorridas. Quanto a algumas outras medidas, que se voltam mais para a prevenção do que para o combate propriamente dito[1], nós as formulamos com os participantes da pesquisa na forma de *recomendações* para a instituição:

- Disseminação da temática, por diferentes meios (como informativos impressos/eletrônicos e palestras), como forma de alertar o maior número possível de trabalhadores da instituição acerca da materialidade e necessidade de combate e prevenção do assédio moral no trabalho.
- Incentivo, oficializado pela alta hierarquia da instituição e destinado a todos os trabalhadores que vierem a se deparar com situações que configurem ou comportem potencialidade para se tornar assédio moral no trabalho, a solidarizar-se com os assediados e agir de forma a impedir a continuidade das práticas adversas, transparecendo claramente para o(a) perpetrador(a) que desaprovam tais atitudes e denunciando (sob garantia de sigilo e proteção) aos órgãos competentes as ocorrências que presenciarem.
- Investigações minuciosas, aportadas metodologicamente pela pesquisa participante, operacionalizadas a partir de quaisquer denúncias acerca da ocorrência de práticas "suspeitas".

1 Nenhum dos participantes optou por medidas "abruptas", que, talvez, nas situações em curso, fossem mesmo as mais adequadas, tais como a denúncia a gestores de nível hierárquico mais elevado ou a defesa legal, com a compreensível justificativa de que medidas como essas poderiam colocar seus empregos em risco.

- Implementação de políticas para a redução de fatores que possam estar contribuindo para a manifestação do assédio moral no trabalho, tais como: a adequação do quadro de pessoal de divisões em que esteja evidenciada a sobrecarga de trabalho; previsão documental e aplicação efetiva de punições a quaisquer práticas violentas, englobando desde sanções disciplinares até a demissão.
- Criação e oficialização de um espaço de discussão, mediado preferencialmente por profissionais contratados especialmente para tal fim.
- Formação do maior número possível de trabalhadores na prevenção de riscos trabalhistas, com ênfases na dinâmica que caracteriza o assédio moral no trabalho e nas habilidades necessárias ao relacionamento interpessoal.
- Combate, com previsão e aplicação efetiva de punições, de práticas de gestão autoritárias e pautadas na ameaça à exclusão e precariedade.
- Maior abertura da instituição para a atuação do sindicato e, concomitantemente, maior engajamento deste no combate e na prevenção das práticas que caracterizam assédio moral no trabalho.
- Realização de uma pesquisa ampla, englobando todas as divisões, com o intuito de sinalizar os possíveis focos de manifestação do fenômeno e, dessa forma, partir para uma pesquisa mais aprofundada em cada uma das áreas nas quais se evidenciem indícios.

Como mais uma explicitação da importante coautoria dos participantes, enfatizemos que o estudo, ao utilizar-se da pesquisa participante como abordagem metodológica para tratar do objeto assédio moral no trabalho, acabou evidenciando alguns dos benefícios que podem advir de tal uso, com especial destaque para a certeza que possibilitou acerca da autenticidade das situações identificadas de assédio moral no trabalho. O referido benefício, em nossa leitura, não somente respondeu ao objetivo secundário do estudo, como também colocou em evidência a *principal contribuição científico-acadêmica* da pesquisa: testar empiricamente a proficiência da pesquisa participante em estudos que tratem do assédio moral no trabalho.

Ademais, destaquemos que, do ponto de vista *institucional*, a principal contribuição do estudo consiste justamente em desvelar práticas e repercussões adversas correlatas ao fenômeno assédio moral no trabalho, as quais, conforme procuramos abordar em diferentes momentos, não prejudicam somente os assediados, mas também são consideravelmente perniciosas para qualquer contexto de produção e, portanto, demandam a implementação emergencial de medidas de combate e prevenção. Já do ponto de vista *social*, este estudo, com seu caráter denunciativo, acaba por somar-se a outros que têm demonstrado a gravidade inerente ao adverso fenômeno de que estamos tratando e, dessa maneira, coloca em evidência a necessidade de políticas públicas que visem combatê-lo.

Findada a breve explicitação de algumas possíveis contribuições da pesquisa, há que se reconhecer que ela comportou, naturalmente, *limites*, entre os quais nos pareceu evidenciar-se mais contundentemente o seguinte:

- Embora a participação efetiva do observador como membro autêntico do contexto de produção certamente tenha representado um dos aspectos positivos do estudo, simultaneamente pode ter gerado alguns limites: na condição de trabalhador, o observador precisou se ocupar de outros afazeres, ocupação que, indubitavelmente, desviou, em alguns momentos, o foco de atenção do problema da pesquisa; determinadas situações não puderam ser registradas logo após a ocorrência, mas somente minutos ou mesmo horas depois, o que provavelmente acarretou a perda de detalhes em razão das naturais limitações da memória humana.

- Outro dos principais limites relacionados ao emprego da observação participante se encontra na possibilidade, diante da fragmentação da divisão estudada em dois setores e três áreas (mesmo que em um espaço físico relativamente pequeno e com divisórias transparentes), de o observador não "[...] estar no lugar certo na hora certa, tanto para participar de acontecimentos importantes quanto para observá-los" (Yin, 1984/2005, p. 123).
- A despeito de o emprego da observação participante tê-la minimizado, há que se considerar a possibilidade, em razão da natureza delicada da temática abordada, de os entrevistados terem omitido ou mesmo distorcido algumas informações.
- No tocante ao tratamento dos dados, cabe apontar como limite a não realização de análises complementares do mesmo *corpus* textual por outros pesquisadores.

Reflexões acerca dos limites do trabalho levaram-nos, ainda, a conjeturar quanto a alguns pontos que mereciam aprofundamento e a estabelecer uma breve *agenda para pesquisas futuras*:

- Condução de estudos que, aportados teórica e metodologicamente pela Psicodinâmica do Trabalho, visem desvelar estratégias de mediação (defensivas e de mobilização subjetiva) utilizadas tanto pelas vítimas quanto pelas testemunhas de assédio moral no trabalho.
- Realização de pesquisas aplicadas que, incluindo os assediadores como sujeitos, prevejam evidenciar a eles que suas atitudes para com os assediados foram identificadas como assédio moral no trabalho, bem como a gravidade de tais práticas para a saúde dos vitimados, para o contexto de trabalho e para sua própria imagem, para, enfim, tentar promover a mudança de postura.
- Aprofundamento das relações entre os traços histórico-culturais, do ponto de vista organizacional, e a manifestação do assédio moral no trabalho.

Por fim, concluíremos este trabalho registrando nossa expectativa de que ele possa somar-se a outros estudos já realizados, colocando em evidência a autenticidade de manifestação do assédio moral no trabalho e, assim, contribuindo para o combate e a prevenção desse processo desumano que tende a conduzir trabalhadores à condição de "[...] peregrinos de consultórios, em busca de alívio para a 'dor de existir'" (Barreto, 2003, p. 38).

ADDENDUM

"CORTANDO O MAL PELA RAIZ": ERRADICAÇÃO DOS ELEMENTOS PERMISSÍVEIS À MANIFESTAÇÃO DO ASSÉDIO MORAL NO TRABALHO

No transcorrer de alguns poucos anos desde a publicação da 1ª edição deste livro, muitas reflexões acerca do assédio moral no trabalho surgiram com maior recorrência em todo o globo (ver, entre outros, Alcántara e Flores, 2008; Bourbonnais, Jauvin, Dussault e Vézina, 2007; Campos, 2012; Chamoux et al., 2008; Crawshaw, 2009; Freitas, Heloani e Barreto, 2008; Gonzalez-Trijeque e Gómez, 2009; Hansena, Hogha e Perssona, 2011; Heloani, 2008; Hulya, 2009; Lac, Dutheil, Brousse, Triboulet-Kelly e Chamoux, 2012; Lavigne e Bourbonnais, 2010; Macintosh, Wuest, Gray e Aldous, 2010; Martin e LaVan, 2010; Martiningo-Filho e Siqueira, 2008; Mathisen, Einarsen e Mykletun, 2011; Nolfe, Petrella, Zontini, Uttieri e Nolfe, 2010; Nolfe, Triassi, Cappuccio, Carbone e Nolfe, 2012; Ortega, Christensen, Hogh, Rugulies e Borg, 2011; Ovejero, Yubero e Moral, 2011; Rodríguez-Carballeira, Escartín, Visauta, Porrúa e Martín-Peña, 2010; Rodriguez -Munoz, Notelaers e Moreno-Jimenez, 2011; Roscigno, Lopez e Hodson, 2009; Soljan, Josipovic-Jelic e Kis, 2008; Sperry, 2009a, 2009b; Tuckey, Chrisopoulos e Dollard, 2012; Vickers, 2010; Vie, Glasø e Einarsen, 2012). Tais reflexões, motivadas, sobretudo, pelas devastadoras consequências que a manifestação do fenômeno tem produzido (Barreto, Netto e Pereira, 2011; Bourbonnais et al., 2007; Chamoux et al., 2008; Dejours e Bègue, 2009/2010; Hansena et al., 2011; Hulya, 2009; Lac et al., 2012; Lavigne e Bourbonnais, 2010; Nolfe et al., 2010; Ortega et al., 2011; Rodriguez-Munoz et al., 2011; Tuckey et al., 2012; Vie et al., 2012).[1], conduziram alguns dirigentes e gestores, ainda que em número reduzido, à conscientização da premente necessidade de se adotarem medidas capazes de prevenir e combater sua ocorrência. Entretanto, a crescente "epidemia" que caracteriza ese fenômeno, que tem se alastrado vultuosamente por contextos de produção[2] diversos (Alcántara e Flores, 2008; Barreto, 2005; Caixeta, 2005; Campos, 2012, Chappell e DiMartino, 1999, 1998/2000; Einarsen, 2005; Fenae, 2006; Gonzalez-Trijeque e Gómez, 2009; Guedes, 2003; Hansena et al., 2011; Hoel, Sparks e Cooper, 2001; Hulya, 2009; Kingma, 2001; Martin e LaVan, 2010; Ortega et al., 2011; Piñuel y Zabala, 2001/2003; Soljan et al., 2008; Sperry, 2009b; Williams, 2006) e permanecido incrustado qual endoparasita que resiste tenazmente mesmo naqueles cujos

1 Além das repercussões diversas que havíamos relacionado por ocasião da 1ª edição desta obra, muitos novos estudos focados nelas foram publicados de forma a corroborar e complementar aqueles.

2 Ver o conceito para *contexto de produção*, referente à simplificação da expressão *contexto de produção de bens e serviços* (Ferreira e Mendes, 2003), no Capítulo 3. Lembramos que, conforme buscamos esclarecer no corpo do livro, empregamos a expressão em questão para fazer referência ao que é denominado, mais corriqueiramente, *organização*. Porém, nós o adotaremos justamente em razão dessa predominância, em alguns trechos desse capítulo, com o intuito de se evitar confusões conceituais que poderiam advir do não emprego deste termo mais habitual.

responsáveis têm buscado implementar medidas para combatê-lo, acabou por nos suscitar duas questões interligadas: (1) *Por qual razão o assédio moral no trabalho, mesmo após ser desvelado e combatido em determinado contexto de produção, continua a se manifestar insistentemente?*; (2) *Uma vez compreendida essa impertinente obstinação, que medidas poderiam ser implementadas como tentativas, no âmbito do contexto de produção, de extirpar em definitivo o fastidioso fenômeno?* Este capítulo objetiva apresentar subsídios que possam servir de despretensiosas tentativas de responder a essas questões.

Cultura Societária e Cultura (Sócio-)Organizacional[3]: Fontes Originárias do Assédio Moral no Trabalho

Ao sustentarmos que elementos permeados pela violência, como a desumanidade, a intolerância, a injustiça, a imposição e o abuso de poder, configuram-se como alguns dos alicerces que edificaram nossa lógica socioeconômica (Beaud, 1999; Delpla, 1995/2000; Durand, 1995/2000; Magdoff, 1978/1979; Marx, 1890/2003; Salinas, 1994/1997) e, por conseguinte, impregnaram muitas das culturas (sócio-)organizacionais[4] atuais (Capítulo 1), acabamos por chegar à conclusão lógica de que, se as práticas de assédio moral (e de outras modalidades de violência) no trabalho encontram espaço para se manifestar em determinado contexto de produção, tal fato decorre da existência de elementos permissíveis, inerentes à cultura desse contexto, à manifestação do fenômeno (Capítulo 5). Para melhor caracterizar tal ilação, vamos, a seguir, discorrer bre-

3 A justificativa para a proposição do conceito de *cultura* sócio-organizacional, bem como sua exposição pormenorizada, são apresentadas a seguir, no subtópico intitulado "Cultura (Sócio-)Organizacional".

4 Idem.

vemente sobre *cultura*, tanto em seu sentido macro (societária) quanto em sentido micro (mais restrito), quando do emprego em contextos organizacionais. Cabe ressaltar, porém, que tal explanação não se propõe a revisar amplamente a vasta literatura acerca de *cultura*, pois tal empreitada fugiria ao escopo deste capítulo.

Cultura Societária

"O homem é essencialmente um ser de cultura", salienta Cuche (2002, p. 9). Corroborando tal assertiva, tanto Lakatos (1985, p. 135) quanto Marconi e Presotto (2006, p. 21) afirmam que "não há indivíduo humano desprovido de cultura, exceto o recém-nascido e o *homo ferus* – um porque ainda não sofreu o processo de endoculturação, o outro porque foi privado do convívio humano". Mas, afinal, o que se pode compreender por *cultura*? A resposta a tal questão pode variar consideravelmente, dependendo do referencial teórico a que se recorra, já que não há consenso sobre o significado exato do termo *cultura* (Herrera, 1977; Lakatos, 1985; Aktouf, 1994; Laraia, 2004; Marconi e Presotto, 2006; Santos, 1994). Nos parágrafos seguintes, vamos explanar pontualmente o significado etimológico e o desenvolvimento do verbete *cultura* para, depois, expor exemplares de seu complexo sentido e emprego no contexto das Ciências Humanas e Sociais.

Em sua acepção etimológica, o verbete *cultura*, oriundo do latim *cultura*, refere-se ao "ato, efeito ou modo de cultivar" (Cunha, 1982/1986, p. 233). Ao ser empregado no francês, especialmente entre os séculos XIII e XVIII, o termo *culture* foi submetido a ampliações, sendo empregado, com variações metonímicas, ora com o sentido de "estado do espírito cultivado pela instrução", ora como "ação de instruir" (Cuche,

2002). Por empréstimo linguístico, o verbete francês chegou à Alemanha no século XVIII como *Kultur*, contribuindo consideravelmente para seu desenvolvimento a fim de, então, já no século XIX, o termo francês passar a ser empregado numa acepção coletiva, não se restringindo mais ao desenvolvimento intelectual do indivíduo (Cuche, 2002). A partir desse momento, encontraram-se aplicações do termo para fazer referência ao conjunto de caracteres de determinada comunidade [ou sociedade] (cultura francesa, cultura brasileira etc.), não obstante de maneira ainda não sistematizada (Cuche, 2002). Foi somente com o interesse crescente das Ciências Humanas e Sociais pela cultura, especialmente de dois ramos da Antropologia Cultural – Etnografia e Etnologia –, que se consolidou uma efetiva sistematização e certa unanimidade acerca de alguns elementos vinculados ao conceito, que acabaram norteando sua compreensão, não obstante as diferentes "escolas" não tenham chegado a um entendimento definitivo quanto à utilização mais adequada de *cultura* em sua acepção universalista ou particular.

No contexto etnológico, o primeiro a propor uma definição para o verbete *cultura* foi o antropólogo britânico Edward Burnett Tylor, em 1871, para fazer referência aos "[...] conhecimentos, crenças, artes, morais, leis, costumes e quaisquer outras capacidades e hábitos adquiridos pelo homem como um membro da sociedade" (Tylor, 1874, p. 1). Não obstante a proposição de inúmeras definições posteriores[5] e consequente falta de consenso acerca da acepção do referido verbete, conforme já pontuado, a partir desse "marco conceitual" muitos estudiosos de diferentes áreas do conhecimento, especialmente

5 Kroeber e Kluckhohn (1952), por exemplo, citam quase duas centenas de definições para o termo *cultura*.

da Antropologia Cultural, da Sociologia e da Psicologia Social, passaram a aceitar que a cultura é aprendida por meio de um processo de construção sócio-histórico, no sentido de que os indivíduos, pelo simples fato de pertencerem a determinado agrupamento social, passam necessariamente por um processo de *endoculturação* (também denominado de *enculturação* ou de *socialização*).

O conceito de Tylor, além de lançar as bases descritivas e objetivas para as discussões acerca de cultura, acaba por romper com o sentido restritivo e individualista do termo, comportando implicitamente que a cultura expressa a totalidade da vida social do homem, bem como que ela é adquirida (consciente e/ou inconscientemente), não dependendo da hereditariedade biológica (Cuche, 2002), tal como alguns evolucionistas ou neoevolucionistas, todos vinculados às correntes darwinistas, vinham defendendo. Em corroboração a tal interpretação, Laraia (2004, p. 16) sustenta que "[...] as diferenças de comportamento entre os homens não podem ser explicadas através das diversidades somatológicas e mesológicas" e, portanto, que "os antropólogos estão totalmente convencidos de que as diferenças genéticas não são determinantes das diferenças culturais" (p. 17).

Se Tylor foi o primeiro propositor de uma definição científica de *cultura*, que acabou por consagrá-lo como o fundador da Etnologia como ciência autônoma, Franz Boas, ao ser o primeiro a realizar observações diretas e prolongadas de diferentes culturas, recebe o título de "inventor" da Etnografia (Cuche, 2002). Diferentemente de Tylor, Boas estabelece como objeto de estudo prioritário *as culturas*, e não *a cultura*[6]

6 Ver, por exemplo, Boas (1938, 1940).

(Boas, 1938/1940; Stocking-Júnior, 1966), mas sem se abster de propor uma definição para o termo no singular:

> [...] totalidade das reações e atividades mentais e físicas que caracterizam o comportamento dos indivíduos que compõem um grupo social, coletiva e individualmente, em relação ao seu ambiente natural, a outros grupos, a membros do mesmo grupo e de cada indivíduo em relação a si mesmo. Também inclui os produtos destas atividades e sua função na vida dos grupos. [...] (Boas, 1964, p. 167)

Boas (1940) sustenta ainda que cada cultura é única, representando uma totalidade singular e sendo dotada de um "estilo" único que se exprime pela língua, crença, costumes e arte.

O trabalho etnográfico do renomado antropólogo Bronislaw Malinowski, de certa forma, acaba por reforçar a posição de Boas exposta no parágrafo anterior, pois é justamente por meio da *observação participante*, instrumento metodológico que, conforme mencionamos no Capítulo 7, foi por ele instituído ou, ao menos, por ele estabelecido cientificamente como norma profissional, que ele proporá o estudo das culturas – que não poderiam ser analisadas do "exterior" e menos ainda à distância, mas sim por meio de uma pesquisa intensiva e de longa duração, por meio da qual o pesquisador deve se empenhar em penetrar, necessariamente por meio do aprendizado da língua vernacular (caso não a conheça) e da observação compartilhada dos fatos da vida cotidiana, na "mentalidade cultural" de determinada população[7]. Apoiado em sua vasta experiência

[7] Ver o resultado do emprego de tal instrumento metodológico no estudo de uma cultura específica em, por exemplo, Malinowski (1922/1976).

em campo, sempre aportada metodologicamente pela observação participante, Malinowski (1962, p. 43) propõe como definição de cultura "[...] o todo global consistente de implementos e bens de consumo, de cartas constitucionais para os vários agrupamentos sociais, de ideias e ofícios humanos, de crenças e costumes".

Lowie (1937, p. 3), outro antropólogo a trazer substanciais contribuições acerca de cultura, define o termo como

> [...] a soma total que um indivíduo adquire de sua sociedade – suas crenças, costumes, normas artísticas, hábitos alimentares e ofícios que não vêm a ele por sua própria atividade criativa, mas como um legado do passado transmitido pela educação formal ou informal.

Kroeber (1948, p. 8), por sua vez, entende *cultura* como "[...] a massa aprendida e transmitida de reações motoras, hábitos, técnicas, ideias e valores – e o comportamento a que induzem". Acrescenta ainda que a cultura não somente engloba os aspectos biológicos ou orgânicos e psicológicos do homem, mas os ultrapassa, enfatizando, assim, que a "[...] cultura é algo a mais que a soma das qualidades e ações psicossomáticas" (Kroeber, 1948, p. 8-9).

Ainda referindo-se às contribuições do antropólogo Kroeber, dessa vez com seu parceiro Kluckhohn, a cultura também é abordada conceitualmente como uma "abstração do comportamento" (Kroeber, 1948, p. 8-9), adoção conceitual esta com a qual Beals e Hoijer (1959) corroboram.

Hoebel (1972, p. 208), entendendo também o comportamento como objeto primordial da *cultura*, sustenta que a mesma refere-se "[...] à soma total, integrada, das características do comportamento aprendido que são manifestas nos membros de uma sociedade e compartilhadas por todas". Murdock (1972, p. 208), em consonância com tal sustentação, afirma que "a cultura é produto da aprendizagem [...]", complementando que

> A cultura é assimilada através de um mecanismo precisamente igual ao relacionado com todas as formações de hábito. [...]. As ações levam ao êxito ou ao malogro. Ante o malogro, mormente quando acompanhado de dor ou castigo, uma ação tende a ser substituída por outro comportamento e a probablidade de sua repetição, em condições semelhantes, diminui. Por outro lado, o êxito aumenta a tendência de ocorrerem as mesmas respostas quando o impulso é reiniciado em situações semelhantes. Com a repetição de êxitos, as respostas se estabelecem como hábitos e se adaptam progressivamente às situações nas quais sejam mais apropriadas. (Murdock, 1972, p. 292-293)

Já White (2009), distanciando *cultura* e *comportamento*, entende que todas as definições são arbitrárias, não obstante reconheça suas valias. Com tal posicionamento, restringe-se a sustentar que a cultura é realizada por meio da simbologização e, assim, que "[...] não há homem sem cultura nem cultura sem homem" (White, 2009, p. 23).

Um mais recente e bastante difundido conceito de *cultura* foi proposto por Geertz (1973/1989, p. 4):

> O conceito de cultura que eu defendo, [...], é essencialmente semiótico. Acreditando, como Max Weber, que o homem é um animal amarrado a teias de significados que ele mesmo

> teceu, assumo a cultura como sendo essas teias e a sua análise; portanto, não como uma ciência experimental em busca de leis, mas como uma ciência interpretativa, à procura do significado [...].

Podem ser encontrados, ainda, conceitos de cultura bastante suscintos, como um dos que sugeriu Ralph Linton: "[...] maneira de viver de uma sociedade" (Linton, 1972, p. 98), e o formulado por Herskovits (1948, p. 57): "[...] a parte do ambiente feita pelo homem".

Para encerrar essa exposição conceitual acerca de *cultura*, transcrevemos o intento de Hoebel e Frost (1976, p. 4), por meio da definição que segue, de reunir os componentes essenciais de cultura em consonância com o uso que tem sido feito pela maior parte dos antropólogos:

> Cultura é o sistema integrado de padrões de comportamento aprendidos, os quais são característicos dos membros de uma sociedade e não o resultado de herança biológica. A cultura não é geneticamente predeterminada; é não instintiva. É o resultado da invenção social e é transmitida e aprendida somente através da comunicação e da aprendizagem.

Diversas outras importantes contribuições, para além das proposições conceituais, foram dadas por todos os autores citados, bem como por outros eminentes antropólogos, como: Edward Sapir, com seus estudos das relações entre linguagem e cultura, essenciais para a fundação da etnolinguística (Sapir, 1921); Margaret Mead, que volta seus esforços para a compreensão do processo de transmissão cultural ou, mais especificamente, para os fenômenos de inscrição cultural na personalidade dos indivíduos de determinada cultura (Mead, 1930); Ruth Benedict, com seu empenho em caracterizar as culturas diversas pelos seus *patterns* (formas ou traços culturais)[8]: "Uma discussão de cultura exige em primeiro lugar que se baseie numa larga seleção de formas culturais possíveis" (Benedict, 1955/1972, p. 29); e, ainda, pela socióloga russa Mirra Komarovsky, que, em parceria com S. Sargent, adentra o conceito de *subcultura* para fazer referência às variações culturais consistentes dentro de uma mesma cultura (Komarovsky e Sargent, 1949), conceito este que vem a ser complementado pelo entendimento do sociólogo Dick Hebdige de que as *subculturas* são formadas por grupos de pessoas que, pertencentes a um contexto cultural maior, se unem e desenvolvem um relativamente independente senso de identidade por se sentirem negligenciadas pelos padrões vigentes (Hebdige, 1979), bem como lançou as bases para que J. Milton Yinger trabalhasse com o conceito de *contracultura* (Yinger, 1960).

Poderia ser exposta, ainda, uma série de contribuições antropológicas, como as de Claude Lévi-Strauss, Lewis Henry Morgan, Darcy Ribeiro, Maurice Leenhardt, Roger Keesing, Lucien Lévy-Bruhl, Marcel Mauss e Robert Redfield, fora algumas importantes contribuições da Psicologia (Berger e Luckman, 2008; Goffman, 1964/2008; Freud, 1927/2010a, 1930/2010b), da Sociologia (Komarovsky e Sargent, 1949; Hebdige, 1979; Yinger, 1960; Elias, 1994a/1994b), entre muitas outras. Poderíamos também adentrar mais especificamente nas teorias da cultura, como *evolucionismo cultural*, *difusionismo*, *funcionalismo*, *configuracionismo* e *estruturalismo*. Entretanto, para os fins deste capítulo, interessa-nos

[8] Ver, por exemplo, Benedict (1955, 1972).

ater-nos ao conjunto das proposições conceituais expostas, o qual, por si só, confirma a complexidade do verbete *cultura*, bem como sugere seus elementos componentes, conforme classificados por Lakatos (1985) e Marconi e Presotto (2006): *conhecimentos*, *crenças*, *valores*, *normas* e *símbolos*.

Cultura (Sócio-)Organizacional

Embora o conceito de *cultura* tenha começado a ser aplicado no contexto organizacional no final da década de 1950, somente a partir da década de 1980 o interesse pelo estudo da *cultura organizacional* passou a se intensificar consideravelmente (Silva e Zanelli, 2007; Ferreira e Assmar, 2008). Desde a década de 1980, portanto, diversos estudiosos, especialmente da Administração e da Psicologia Organizacional, têm adotado a *cultura organizacional* como objeto de estudo e, assim, contribuído para a composição de uma vasta literatura acerca do mesmo (Hofstede, 1980; Wilkins e Ouchi, 1983; Denison, 1984; Allaire e Firsirotu, 1984; Frost, Moore, Louis, Lundberg e Martin, 1985; Barney, 1986; Weick, 1987; Ott, 1989; Schein, 1990/1995/2004; O'Reilly, Chatman e Caldwell, 1991; Powell, 1992; Hatch, 1993; Denison e Mishra, 1995; Hatch e Schultz, 1997; Randall e Coakley, 1998; Cameron e Quinn, 2006; Morgan, 2006).

Analisando diversos trabalhos acerca de *cultura organizacional* (ou *cultura de empresa*), evidencia-se que, não obstante suas particularidades e contribuições, em geral "pegam emprestado" algumas das concepções antropológicas acerca de *cultura*, buscando aplicá-las ao contexto organizacional, muitas vezes sem respeitar a complexidade inerente ao fenômeno.

Essas adoções "apressadas" têm sido alvo de algumas críticas. Cuche (2002, p. 212), por exemplo, sustenta que "[...] a cultura de empresa não é definitivamente uma noção analítica, mas sim uma manipulação ideológica do conceito etnológico de cultura destinada a legitimar a organização do trabalho no interior de cada empresa".

Embora não contestemos que, em algumas situações, tal utilização "oportunista" possa ser de fato empregada, a afirmativa do autor, por seu caráter generalista, pode não condizer com todas as adoções do conceito. Por tal razão, somos mais afeitos à crítica de Dupuis (1996), ao sustentar que o conceito de *cultura organizacional*, muitas vezes, por seu "uso limitado", aponta para uma visão superficial acerca da contribuição que a antropologia pode oferecer ao estudo das organizações e, em especial, com a sólida crítica que Aktouf (1994) expôs sobre os "abusos conceituais" em relação ao verbete *cultura*, quando empregado na esfera organizacional, que, por sua vez, levou Freitas (1997) a apontar a frequente "apropriação indébita" que ocasiona a redução de alguns conceitos tomados de empréstimo da etnologia e da antropologia cultural. De fato, esse complexo conceito tem sofrido reducionismos ao ser empregado no contexto laboral, como *cultura de empresa*, *cultura da organização* ou *cultura organizacional*. Para atestar tal sustentação, bastaria recorrer ao desdobramento de uma única parte inerente ao conceito de cultura – o *mito* –, uma vez que, conforme muito bem o demonstraram diversos trabalhos (Tylor, 1881; Boas, 1940; Lévi-Strauss, 1978; Jung, 1985, 1986a, 1986b; Abbagnano, 2007; Henderson, s.d.; Neumann, s.d.), tal fenômeno não viabiliza simplificações demasiadas, ou mesmo adoções equivocadas, como tem sido feito por alguns que o empregam no âmbito da cultura organizacional. O mesmo pode ser dito, ainda, em relação ao usual emprego – conceitualmente equivocado e/ou inadequado – de heróis, ritos e símbolos para fazer referência à cultura de determinada organização. Aktouf (1994, p. 47) faz um desfecho a tal crítica ao afirmar que

> [...] a cultura é algo muito vasto, muito importante, inscrita muito profundamente nas estruturas sociais, na história, no inconsciente, na experiência vivida e no vir a ser coletivo humano, para ser tratada, de maneira tão trivial, como uma variável dependente cujos fatores e componentes podem ser isolados, medidos, tratados e construídos [...].

Entretanto, se considerarmos que a cultura é um processo de construção sócio-histórica vinculado a determinado agrupamento social (como uma das filiais de um contexto de produção qualquer) que, por sua vez, está inserido noutro agrupamento social maior (como uma das comunidades regionais de determinado país) que, igualmente, está inserido em outro agrupamento social ainda maior (como a totalidade de cidadãos de determinado país), somos impulsionados a reconhecer a existência e encarar a *cultura sócio-organizacional* como um complexo processo, em contínuo desenvolvimento e transformação, composto por um conjunto híbrido de conhecimentos, crenças, valores, normas, símbolos, costumes e quaisquer outros elementos que suscitam os modos de pensar, sentir e agir vinculados a cada um dos integrantes da organização que, somados, acabam por definir a mutável tônica cultural vigente.

Com essa proposta conceitual, não pretendemos esgotar esse complexo conceito, mas sim reconhecer que ele é passível de ser aplicado a um agrupamento social reduzido, como uma empresa, por menor que ela seja, desde que não se ignore o fato de que cada indivíduo ingressa nela repleto de "elementos culturais" adquiridos em outros contextos sociais e, como tal, pode vir a influenciar, em maior ou menor grau, a continuamente mutável "tônica cultural" vigente no contexto de produção, mas, simultaneamente, ser por ela influenciado, a ponto de poder ter muitos de seus valores gradativamente modificados. Com isso, talvez possamos, na falta de uma expressão que melhor a traduza, denominar tal natureza de cultura de *sócio-organizacional* (e não simplesmente *organizacional*), para explicitarmos que ela se inscreve num contexto cultural maior, no sentido de que não se constrói isoladamente, mas, antes, forma-se e transforma-se a partir dos diversos insumos culturais que os indivíduos que passam a compô-la comportam, bem como recebe contínuas influências da cultura societária dominante na qual se edificou.

Por qual razão o assédio moral no trabalho, mesmo após ser desvelado e combatido em determinado contexto de produção, continua a se manifestar insistentemente?

Podemos agora, com base em tudo o que expusemos acerca de *cultura*, encaminhar-nos para nossa proposta de resposta à primeira das duas questões que suscitaram este capítulo, transcrita no subtítulo acima: ora, se a cultura se compõe, como sustentamos, de um conjunto híbrido de *conhecimentos, crenças, valores, normas, símbolos, costumes e quaisquer outros elementos que suscitam os modos de pensar, sentir e agir* do conjunto de indivíduos de determinado contexto social, infere-se daí que se encontra como que "enraizada" na *egrégora psíquica*, por assim dizer, da coletividade em questão. Assim, a cultura se situa em posição mais ou menos inconsciente e, portanto, por mais que se atue nos efeitos decorrentes da conduta dos indivíduos que a ela estão intimamente vinculados, não se atinge sua causa originária.

No caso do assédio moral no trabalho, entendemos que a simples e exclusiva implementação de medidas combativas pontuais não sana o problema, pois não atua em sua origem. Cabe procurar atuar num nível mais profundo por meio de medidas que, de alguma forma, no conjunto, possam contribuir para estimular gradativamente a mudança cultural no que se refere aos elementos permissíveis à violência no trabalho. Não estamos pretendendo aqui contrariar a sustentação de Berger e Luckmann (2008, p. 216) de que "[...] a socialização totalmente bem-sucedida é impossível", já que também corroboramos a assertiva de que "[...] nenhuma pessoa é capaz de participar de todos os elementos de sua cultura" (Laraia, 2004, p. 80). Estamos, antes, partindo da premissa de que se há, na cultura sócio-organizacional, elementos impulsionadores da violência, como, por exemplo, o emprego mais ou menos consciente de uma gestão extremamente autoritária e ditatorial, cabe seguir no caminho contrário, estimulando reiteradamente uma gestão de fato participativa, pautada no profundo respeito e valorização à diversidade e dignidade dos trabalhadores, em suma, alicerçada na *fraternidade*[9]. Acreditamos que somente assim se poderá atingir algum êxito na proposta em questão. E é justamente a partir de tal sustentação que vamos, no tópico a seguir, expor a resposta que visualizamos para a segunda questão geradora deste capítulo.

Proposta de medidas em vista da erradicação dos elementos permissíveis à manifestação do assédio moral no trabalho

Uma vez estabelecida a resposta para a primeira questão proposta, podemos agora, em resposta à segunda questão

[9] Do latim *fraternitate*, implicando em "Solidariedade [...], Relações harmoniosas entre pessoas da mesma profissão, ocupação, classe etc." (Michaelis, 1962/1998).

colocada (*Uma vez compreendida a impertinente obstinação das ocorrências do assédio moral no trabalho, que medidas poderiam ser implementadas como tentativa de, no âmbito do contexto de produção, extirpar em definitivo o fastidioso fenômeno?*), apresentar algumas medidas possíveis que pretendemos não deixar limitar-se ao caráter combativo, mas sim contribuir efetivamente para enxertar na tônica cultural da organização valores que enfraqueçam, ou mesmo inviabilizem, a ocorrência do assédio moral e outras manifestações de violência no trabalho.

Tendo como direcionador o intuito pracitado, neste tópico não nos limitaremos a teorizações que, sem a práxis, se tornariam frívolas, sem nenhuma contribuição concreta. Vamos antes expor algumas medidas que, após visualizarmos com base na premissa de que o assédio moral no trabalho só se manifesta por encontrar elementos permissíveis na cultura sócio-organizacional, já implementamos ou estamos implementando em alguns contextos de produção, com a essencial participação direta de alguns de seus membros. E, considerando os retornos predominantemente positivos no que tange seu objetivo último, entendemos ser pertinente expô-las.

Com o intuito de esclarecer ao leitor o processo de elaboração das medidas que serão expostas, cabe registrar que, desde a publicação da 1ª edição desta obra, continuamos a nos dedicar a estudos teóricos, pesquisas empíricas e disseminação da temática em diversos eventos promovidos em diferentes regiões do Brasil. Tal envolvimento nos tem dado a possibilidade de permutar constantemente valiosas impressões com pesquisadores e profissionais de diferentes áreas, em especial com trabalhadores vitimados pelo assédio moral no contexto de produção. Entre os subprodutos desse inestimável intercâmbio, ressaltamos as reflexões a fim de avançar no estabelecimento de medidas para além das já propostas por ocasião da 1ª edição deste livro (vide capítulo "Conclusões").

Por fim, devemos alertar que, por uma questão didática, com o intuito de fazer com que a exposição assuma maior fluidez, apresentaremos as referidas medidas como se tivessem sido todas implementadas em um único contexto de produção, cabendo ao leitor ter em mente que, no caso de algumas delas, nós as implementamos ou estamos implementando em mais de um contexto.

Como primeira medida, procurou-se levantar, por meio de informações provenientes de fontes internas (trabalhadores) e externas (ex-trabalhadores) ao contexto de produção, casos prováveis ou concretos de assédio moral no trabalho. Tal medida, no plano ideal, teria tido início por meio de uma pesquisa específica que abrangeria todos os departamentos do contexto. Entretanto, como num primeiro momento não se havia obtido consentimento para a realização dessa pesquisa global, os dados foram levantados principalmente mediante relatos espontâneos ou provenientes de trabalhadores e ex-trabalhadores que foram procurados e concordaram, com a devida garantia de sigilo, em relatar o que tinham testemunhado ou sofrido. Além disso, foram levantados casos registrados nos seguintes órgãos do contexto de produção: Departamento Pessoal, Departamento Jurídico, Comissão de Ética e Comissão Interna de Prevenção de Acidentes de Trabalho (Cipa). Como já se supunha, em razão de uma pesquisa acerca do fenômeno que estava em curso no referido contexto, alguns casos concretos e outros potenciais de assédio moral no trabalho foram identificados.

Como medida sequencial, já que a anterior, ao desvelar concreta ou potencialmente situações de assédio moral em curso ou já ocorridas, demonstrou a permissibilidade cultural interna em relação a tal prática de violência no trabalho, urgiu-se a ideia de expor aos dirigentes do contexto de produção a necessidade emergencial de impedir que práticas perniciosas, como as vinculadas ao assédio moral no trabalho, continuassem a encontrar espaço para manifestação em seus ambientes internos. Tal atitude não decorreu da corroboração com o entendimento de alguns estudiosos, como Barnard (1938), Selznick (1957) e Follett (1984, citado por Aktouf, 1994) de que a cultura sócio-organizacional emana exclusivamente dos valores de seus pioneiros, tampouco prioritariamente de seus dirigentes. Decorreu, sim, do entendimento de que, para obter êxito com maior facilidade, a "influenciação cultural" demanda o apoio daqueles que dirigem o contexto de produção, entendimento este que é corroborado por Silva e Zanelli (2007). Para tanto, iniciou-se com uma exposição a fim de conceituar e caracterizar claramente o assédio moral no trabalho, enfatizando-se que ele não se refere a um problema de cunho individual, mas sim organizacional. Apresentaram-se, então, preservando o devido sigilo em relação aos nomes dos envolvidos, os casos desvelados que surtiram seus inevitáveis efeitos na saúde dos assediados e, consequentemente, na "saúde institucional" – um havia, inclusive, ultrapassado os prejuízos decorrentes do absenteísmo, da rotatividade, do clima interno desfavorável e da perda de excelentes trabalhadores – que pediram demissão voluntariamente –, impactando na imagem e na economia do contexto de produção por meio de um processo judicial.

Em seguida, sustentou-se aos dirigentes a incoerência de qualquer um de nós, seres humanos que somos e naquele contexto de produção, na condição de gestores que têm alçada hierárquica para interferir no curso de ocorrências diversas, admitir a manifestação de práticas desumanas que ferem diretamente a integridade e a dignidade humana dos atingidos e, uma vez transcorrendo no interior do contexto de produção, nos projetam automaticamente para a condição de "cúmplices", em caso de omissão.

Paralelamente à exposição de casos concretos e internos, apresentou-se aos dirigentes casos externos, de forma a fortalecer ainda mais a sustentação em pauta, ressaltando (1) o descrédito para as imagens sociais dos contextos de produção, cujos nomes são negativamente expostos publicamente e os "números" vinculados a prejuízos financeiros decorrentes de processos judiciais e, especialmente, (2) o descumprimento à Lei, a começar pelo desacato inconstitucional aos direitos humanos – trazendo a relevo parte dos artigos 1º (item III), 3º (item IV) e 5º (itens VIII, X, XLI e XLII) da Constituição Federal (1990); seguido pelo desrespeito a artigos do Código Penal, como 122, 136, 139, 140, 147 e 149 (Código Penal, 1940), ao artigo 186 do Código Civil (2001); e, ainda, a não observância aos artigos 2º e 483º da Consolidação das Leis Trabalhistas (1943) – por organizações celetistas – e aos artigos 116 (itens XI e XII) e 117 (itens IX e XVII) da Lei n. 8.112/90 (1991) – por organizações compostas por servidores públicos civis da União, por autarquias e por fundações públicas federais.

Procurou-se, ainda, sustentar para os dirigentes a importância de "semear" na cultura sócio-organizacional valores que, quando predominantemente assimilados, possam contribuir para inviabilizar a ocorrência do assédio moral e de outras formas de violência no trabalho. Para tanto, a sugestão foi a de não somente apregoar pelos diferentes canais de comunicação interna a necessidade de estabelecer *interações fraternais*, pautadas no profundo respeito pela dignidade humana e o consequente repúdio a quaisquer formas de violência, mas, principalmente, começar por nós, mediante o exemplo prático, a incutir naqueles que nos estão próximos a sinceridade e a desejabilidade de lutar para promover e manter tal qualidade de interações socioprofissionais[10]. Esse cuidado essencial pauta-se na ciência de que declarações desconectadas da prática jamais viabilizarão que os valores idealizados se sobreponham ao campo discursivo.

No tocante ao uso dos diferentes canais de comunicação internos, a programação da medida demandou a participação do Departamento de Comunicação Social do contexto de produção, cuja chefia, por sua vez, teve a oportunidade de avaliar o quão favorável seria tal divulgação massificante, tanto para o clima interno quanto para a imagem organizacional.

A ação envolveu também a participação da Cipa no contexto de produção, que, por sua vez, foi incumbida de, por meio de seus informativos mensais, quadro de avisos e palestras, divulgar repetidamente a materialidade e gravidade do assédio moral no trabalho, estimulando todos não somente a procurarem a comissão no caso de testemunharem ou sentir-se atingidos pela violência no trabalho, mas também a participar ativamente do repúdio por meio de interações pautadas na *fraternidade*.

Por fim, a ação demandou do técnico de segurança do trabalho do contexto de produção em questão a inclusão da temática em seus treinamentos acerca de segurança no trabalho, que passaram a ser realizados não somente uma vez ao ano para os membros recém-ingressados na Cipa, mas também periodicamente para todos os trabalhadores antigos e recém-contratados.

De maneira a coibir o cultivo de valores coligados à violência no trabalho, propôs-se (1) a inclusão, nos normativos

[10] Ver o sentido que empregamos para *interações socioprofissionais* no Capítulo 3.

internos, de sanções disciplinares contra assediadores/violentadores, incluindo o desligamento nos casos mais graves, bem como a rigorosa observância à aplicação efetiva de tais sanções e, ainda, (2) a previsão, no plano de cargos e salários, de advertências formais e sanções contra assediadores/violentadores que ocasionem o retardamento da ascensão de graus salariais e o impedimento a promoções.

Como medida decorrente da segunda exposta – *sustentação aos dirigentes do contexto de produção quanto a necessidade emergencial de impedir que práticas perniciosas, como as vinculadas ao assédio moral no trabalho, continuem a encontrar espaço para manifestação em seus ambientes internos*, instituída espontaneamente pela direção do contexto de produção em questão, criou-se, vinculada ao Serviço Especializado em Engenharia de Segurança e Medicina do Trabalho (SESMET), uma comissão voltada para o apoio a todos os integrantes do contexto de produção em questão, no tocante à segurança e medicina do trabalho – ou, mais adequadamente, *saúde do trabalhador* (Mendes e Dias, 1991). Por meio dessa comissão, estabeleceu-se publicamente a preocupação prioritária com a promoção e manutenção da qualidade de vida no trabalho sob o enfoque preventivo, proposto por Mendes e Ferreira (2004) e pormenorizado por Ferreira (2011/2012)[11].

[11] A abordagem da qualidade de vida no trabalho (QVT) preventiva, proposta por Mendes e Ferreira (2004) e pormenorizada por Ferreira (2011/2012), em contraposição à abordagem mais difundida e empregada que os autores denominam de *QVT assistencialista*, estabelece como pressupostos: o contexto de produção, e não o sujeito, como variável de ajuste; indissociabilidade entre produtividade e bem-estar; o processo saúde-doença está intimamente articulado ao processo de trabalho; sinergia organizacional; atuação nas causas (que são encontradas nas três dimensões inerentes aos contextos de produção – interações socioprofissionais, organização e condições de trabalho) e não nos efeitos (como doenças ocupacionais, por exemplo).

Para lograr êxito na proposta em questão – promoção e manutenção da qualidade de vida no trabalho preventiva –, entre outras ações, optou-se por oferecer, por intermédio da comissão citada, um espaço específico para atendimento psicológico, sob responsabilidade de um profissional habilitado para identificar e lidar com situações críticas diversas, tais como as relacionadas à violência no trabalho. Entre outros objetivos, a disponibilização do atendimento em questão visou constituir um espaço aberto no qual qualquer membro do contexto de produção possa se manifestar livremente, sob um clima de absoluto respeito, confiabilidade e sigilo, ou mesmo num "espaço de discussão", em nível coletivo (Dejours, 1998/2001/2003; Mendes, 2007), no qual

> [...] podem ser formuladas livremente e sobretudo publicamente as opiniões eventualmente contraditórias, em vista de proceder a arbitragens e de tomar decisões sobre as questões que interessam o futuro do serviço, do departamento, da empresa ou da instituição e que, portanto, também dizem respeito ao futuro concreto de todos os membros que os constituem. (Dejours, 2003, p. 57)

À medida que denúncias vinculadas ao assédio moral no trabalho ou outras manifestações de violência no trabalho são registradas e confirmadas, o profissional responsável pelo atendimento em questão não se limita a dar apoio psicoterapêutico inicial e eventual encaminhamento para profissional externo, a fim de minimizar o sofrimento que, muito provavelmente, estará sendo vivenciado pelo violentado, mas, principalmente, e desde que aquele que se manifesta voluntariamente autorize – seja uma testemunha ou o próprio violentado], repassar o caso para uma instância superior, que, após investigação minuciosa, adotará, se for o caso, medidas disciplinares contra o algoz. Uma vez adotadas, tais medidas disciplinares são publicadas internamente – para demonstrar a todos que tais práticas violentas não podem ser toleradas, bem como para inibir a reincidência por parte do responsável. Entretanto, considerando o natural sigilo habitualmente solicitado por aqueles que são violentados, especialmente quando a violência parte de um superior hierárquico, procura-se intensificar as medidas combativas, tanto em nível macro quanto, estrategicamente, em nível micro – no contexto de trabalho no qual está ocorrendo a prática perniciosa.

Ainda por meio do profissional responsável pelo atendimento psicológico, estipulou-se como rotina a realização de contatos com cada um dos empregados que vierem a ser demitidos ou a pedir o desligamento voluntariamente, sempre antes da concretização da rescisão, procurando levantar o(s) motivo(s) que os conduziram àquela situação de desligamento (voluntário ou não), bem como a avaliação e o nível de satisfação geral destes em relação ao contexto de produção. Nas situações em que se venha a identificar o assédio moral no trabalho ou outra modalidade de violência no trabalho como fator causal, tentar-se-á, no caso da confirmação efetiva do relatado, reverter a situação por meio de uma resoluta intervenção acompanhada de sanção disciplinar (a ser prevista nos normativos internos, conforme mencionado anteriormente) que, dependendo da gravidade, leve o assediador (ou violentador), e não o assediado (ou violentado), ao desligamento do contexto de produção.

Não obstante as medidas viabilizadas pelo serviço de atendimento psicológico supracitadas situem-se, em sua contextura externa, na esfera combativa, considerando o efeito que trazem a curto e médio prazos, também se configuram como medidas que intentam contribuir para a manutenção de uma tônica cultural contrária às práticas violentas. Justificamos tal sustentação pelo seu efeito psicológico nos membros que venham a testemunhar a violência ou a ser violentados, que tendem a se sentir amparados e, portanto, tencionam procurar o atendimento de imediato em caso de necessidade, bem como pelo seu efeito educativo sobre potenciais violentadores, que estarão conscientes de que tais práticas não são toleradas na cultura interna e, portanto, se desveladas, serão motivo de exposição e sanções disciplinares.

Outra medida em implementação refere-se ao estímulo a maior atuação da Comissão de Ética no contexto de produção. Tal comissão, conforme percebido e reconhecido por alguns de seus membros, e como habitualmente se dá em organizações diversas, não tem sido atuante, tampouco previa explicitamente a proibição de práticas de assédio moral no trabalho ou quaisquer outras modalidades de violência no trabalho. O acordo estabelece que essa comissão passará não somente a coibir formalmente a manifestação do assédio moral no trabalho (a começar pela inclusão de tal coibição no código de conduta, que debe ser disponibilizado digitalmente e entregue impresso para cada trabalhador, além de ser pronunciado reiteradamente), mas também a agir concretamente contra a manifestação do fenômeno – por meio, por exemplo, de palestras, informativos e participação efetiva na avaliação periódica e julgamentos que porventura se façam necessários.

Foi adotada como medida, ainda, a exposição, em todas as reuniões voltadas para a recepção, orientação e ambientação de novos membros, pelo responsável pelo Sesmet, bem como por um membro da Comissão de Ética, das normas de relacionamento e dos valores visualizados como ideais, enfatizando o desejo de que todos se engajem na edificação e manutenção dos mesmos, além de apresentação de um dos objetivos primordiais traçado para aquele contexto de produção – *promoção e manutenção do mais alto patamar possível de qualidade de vida no trabalho*, na vertente preventiva, estimulando-os a procurar-nos em caso de se deparar com quaisquer "desvios" em relação às normas de relacionamento e aos valores colocados que não possam ser sanados pelo diálogo fraterno, jamais permitindo o prolongamento de situações interacionais inadequadas.

Complementarmente, mais uma medida foi implementada pelo Departamento Pessoal do contexto de produção em questão, particularmente na área responsável pelo recrutamento e seleção de pessoas: acompanhar, por meio de visitas *in loco* periódicas, o estágio probatório de cada um dos novos membros, de forma a identificar, prematuramente, quaisquer desvios em relação aos valores e normas de relacionamento estabelecidos, sejam tais desvios ocasionados contra, sejam pelos novos membros.

Outra medida em implementação, cuja operacionalização demandou o engajamento do departamento responsável pela tecnologia de informação do contexto de produção em questão, foi a criação de um sistema, a ser amplamente divulgado, que permitirá a manifestação de cada trabalhador interessado em ser transferido para outra área de trabalho interna, a ser dirigida automática e exclusivamente para o Departamento Pessoal. Com isso, os responsáveis pelo Departamento Pessoal não somente terão a possibilidade de propiciar movimentações para, dentro do possível, dar a cada trabalhador a oportunidade de assumir outras atividades com as quais se identifique e que possam realizá-lo profissionalmente, em maior ou menor grau, como também poderão, direta ou indiretamente, tomar conhecimento de situações de assédio moral no trabalho que estejam impelindo determinado trabalhador à exclusão. Sendo este o caso, evidentemente as medidas cabíveis serão adotadas sem expor o trabalhador que tiver se manifestado, no sentido de confirmar ou não a ocorrência do fenômeno e, em caso afirmativo, atuar de maneira direcionada contra sua continuidade.

À guisa de conclusão

Conforme enfatizamos logo de início, as ideias expostas ao longo do capítulo são despretensiosas, no sentido de serem apenas tentativas de aproximação da possibilidade de erradicar dos contextos de trabalho esse mal que é o assédio moral no trabalho. Entretanto, cabe considerar que, por mais que obtenham algum êxito, elas terão grande dificuldade de perpetuação se não forem implementadas o quanto antes políticas públicas (especialmente no âmbito da Educação) que visem extirpar de maneira efetiva os mesmos elementos permissíveis à violência da cultura societária, que, por sua vez, "fornece" os trabalhadores (em qualquer nível hierárquico) que virão a compor as culturas sócio-organizacionais que integram a cultura societária maior. Esperamos, com isso, que, se tais medidas lograrem algum êxito, as culturas sócio-organizacionais em questão não representem contraculturas do contexto cultural maior em que estão inseridas, mas sim que encontrem plena consonância com este, que já estaria positivamente modificado.

Além disso, não podemos cometer a negligência de deixar de registrar que, conforme sugerem a literatura acerca de *cultura* e os fatos oriundos da observação cotidiana do comportamento grupal *versus* individual em contextos diversos, a conduta do indivíduo decorre do somatório (1) da influencia dos elementos dinâmicos inerentes ao contexto cultural no qual ele está atuando em certo momento e (2) da predisposição oriunda de seus traços culturais originários. Portanto, indivíduos diversos terão, diante de suas necessidades de atuar em determinado contexto, atitudes diversas, sejam estas aproximadas ou completamente distoantes umas das outras. Não somos, assim, partidários da tese de que a violência circunscreve-se especificamente à psique do indivíduo, tampouco que se restringe, por meio de uma regra de conduta invariavelmente seguida por todos que a ele se integrarem, a determinado contexto cultural. Entendemos, sim, que, não obstante o contexto possa induzir o indivíduo à adoção de certos comportamentos, este, por sua vez, dependendo de sua disposição íntima, relacionada a seus traços de personalidade, desenvolvidos em mais de um contexto cultural pregresso, pode não aderir a tal influenciação.

Em complemento a tais ideias, lembremos que a organização (ou contexto de produção) não diz respeito a um "ente abstrato", tampouco se restringe a sua dimensão estrutural ou, ainda, ao conjunto de concepções ditadas pelos dirigentes. Na verdade, cada um dos integrantes que compõem determinada organização representa parte dela, influenciando-a em maior ou menor grau (dependendo do grau de autonomia que as normas internas viabilizem). Portanto, se somos individualmente parcelas da organização e, no conjunto, a organização propriamente dita, não devemos nos omitir de agir em prol da construção de uma cultura sócio-organizacional adequada, embebida por elementos fraternais, aguardando passivamente que as outras pequenas parcelas que estão na condição de dirigentes estabeleçam tudo. Cabe a cada um, individualmente, se conscientizar da necessidade de envolver-se ativamente em tal processo de construção, partindo de uma simples regra: tratar a todos da mesma maneira respeitosa, afetuosa e solidária pela qual gostaria de ser tratado.

Encerramos este capítulo plenamente cientes das limitações e da pequeníssima contribuição que comporta, mas, simultaneamente, esperançosos de que ele possa auxiliar na pontecialização da já presente, mas ainda não predominante, força antitética à *cultura da violência*.

Referências

Abajo-Olivares, F. J. (2004). *Mobbing: acoso psicológico en el ámbito laboral*. Buenos Aires: Depalma.

Abbagnano, N. (2007). *Dicionário de filosofia*. (5a ed.). São Paulo: Martins Fontes.

Aguiar, A. L. S. (2003). *Assédio moral nas organizações: estudo de caso dos empregados demitidos e em litígio judicial trabalhista no estado da Bahia*. Dissertação de mestrado, Universidade Salvador – UNIFACS, Salvador, BA, Brasil.

Aktouf, O. (1994). O simbolismo e a cultura de empresa: dos abusos conceituais às lições empíricas. In J. F. Chanlat (Coord.). *O indivíduo na organização: dimensões esquecidas* (Vol. 2, pp. 36-79). São Paulo: Atlas.

Alcántara, S. M., & Flores, M. A. C. C. (2008, julio/diciembre). El acoso psicologico en el trabajo. *Psicología y Salud, 18*(2), pp. 255-265.

Allaire, Y., & Firsirotu, M. E. (1984, january). Theories of organizational culture. *Organization Studies, 5*(3), pp. 193-226.

Aragão, J. P. (2004). *Exigências cognitivas e estratégias de mediação em auditoria-fiscal da previdência social no Distrito Federal: errar é preocupante, refiscalizar é pior.* Dissertação de mestrado, Universidade de Brasília, Brasília, DF, Brasil.

Arendt, H. (1972). *Crises da república.* (2a ed.). (J. Volkmann, Trad.). (Coleções Debates). São Paulo: Perspectiva. (Obra original publicada em 1969).

Argyle, M. (1976). *A interação social: relações interpessoais e comportamento social* (M. B. M. L. Nunes, Trad.). Rio de Janeiro: Zahar. (Obra original publicada em 1969).

Arnold, K. (2000, May). Group mobbing behaviour and nest defence in a cooperatively breeding Australian bird. *Ethology, 106* (5), pp. 385-393.

Aronson, E., Wilson, T. D., & Akert, R. M. (2002). *Psicologia social* (3a. ed.). Rio de Janeiro: Livros Técnicos e Científicos. (Obra original publicada em 1999).

Baldry, A. C. (2003). Bullying in schools and exposure to domestic violence. *Child Abuse & Neglect, 27*, pp. 713-732.

Baldry, A. C., & Farrington, D. P. (1999). Types of bullying among Italian school children. *Journal of Adolescence,* 22, pp. 423-426.

Ball, H. C. (1996). Management of bullying and bullying in management. *Accident and Emergency Nursing,* 4, 114-118.

Bardin, L. (2004). *Análise de conteúdo* (3a ed.). (L. A. Reto & A. Pinheiro, Trad.). Lisboa: Edições 70. (Obra original publicada em 1977).

Barney, J. B. (1986). Organizational culture: can it be a source of sustained competitive advantage? *Academy of Management Review, 11*, 656-665.

Barreto, M. M. S. (2003). *Violência, saúde e trabalho: uma jornada de humilhação* (Coleção Hipótese). São Paulo: EDUC.

Barreto, M. M. S. (2005, 13 de julho). Assédio moral: o lado sombrio do trabalho. *Veja*, pp. 104-108.

Barreto, M. M. S., Netto, N. B., & Pereira, L. B. (2011). *Do assédio moral à morte de si: significados sociais do suicídio no trabalho*. São Paulo: Matsunaga.

Batista, A. S. (2003). Os excluídos sociais: regulação e desregulação. In M. C. Ferreira & S. D. Rosso (Orgs.). *A regulação social do trabalho* (pp. 193-206). Brasília: Paralelo 15.

Bauer, M. W. (2003). Análise de conteúdo clássica: uma revisão. In M. W. Bauer & G. Gaskell (Org.). *Pesquisa qualitativa com texto, imagem e som: um manual prático* (2a ed.). (P. A. Guareschi, Trad.). (pp. 189-217). Petrópolis: Vozes. (Obra original publicada em 2000).

Bauman, Z. (1998). *O mal-estar da pós-modernidade* (M. Gama & C. M. Gama, Trad.). Rio de Janeiro: Zahar. (Obra original publicada em 1997).

Bauman, Z. (2005). *Vidas desperdiçadas* (C. A. Medeiros, Trad.). Rio de Janeiro: Zahar. (Obra original publicada em 2004).

Beals, R. L., & Hoijer, H. (1959). *An introduction to anthropology* (2a ed.). New York: Macmillan.

Beaud, M. (1999). *História do capitalismo: de 1500 aos nossos dias* (4a ed., 1a reimp.). (M. E. G. G. Pereira, Trad). São Paulo: Brasiliense. (Obra original publicada em 1987).

Benedict, R. (1955). *Padrões de cultura*. Lisboa: Livros do Brasil.

Benedict, R. (1972). O desenvolvimento da cultura. In H. L. Shapiro (Org.). *Homem, cultura e sociedade* (pp. 223-237). Rio de Janeiro: Editora Fundo de Cultura.

Berger, P. L., & Luckmann, T. (2008). *A construção social da realidade* (29a ed.). Petrópolis: Vozes.

Boas, F. (1938). *The mind of primitive man*. New York: The Macmillan Company.

Boas, F. (1940). *Race, language and culture*. New York: The Macmillan Company.

Boas, F. (1964). *Cuestiones fundamentales de antropología cultural*. Buenos Aires: Ediciones Solar/ Librería Hachette.

Boff, L. (2000). O ecodídio e o biocídio. In E. Sader (Org.). *Sete Pecados do Capital* (1a ed.). Rio de Janeiro: Record.

Borda, O. F. (1988). Aspectos teóricos da pesquisa participante: considerações sobre o significado do papel da ciência na participação popular. In C. R. Brandão (Org.). *Pesquisa Participante* (7a ed.). (H. F. Costa, Trad.). (pp. 42-62). São Paulo: Brasiliense. (Obra original publicada em 1981).

Bourbonnais, R., Jauvin, N., Dussault, J., & Vézina, M. (2007). Psychosocial work environment, interpersonal violence at work and mental health among correctional officers. *International Journal of Law and Psychiatry, 30*, pp. 355-368.

Brandão, C. R. (1987). A participação da pesquisa no trabalho popular. In C. R. Brandão (Org.). *Repensando a pesquisa participante* (3a ed.). (pp. 221-252). São Paulo: Brasiliense. (Obra original publicada em 1982).

Brandão, C. R. (1987). Pesquisar-participar. In C. R. Brandão (Org.). *Repensando a pesquisa participante* (3a ed.). (pp. 7-14). São Paulo: Brasiliense. (Obra original publicada em 1984).

Brandão, C. R. (1988). Pesquisa-participar. In C. R. Brandão (Org.). *Pesquisa Participante* (7a ed.). (pp. 9-16). São Paulo: Brasiliense. (Obra original publicada em 1981).

Bucka, D., & Kleiner, B. H. (2001). Whistleblowing in the aerospace and defence industries. *Managerial Law, 43*(1/2), pp. 50-56.

Bueno, F. S. (1963). *Grande dicionário etimológico-prosódico da língua portuguesa.* São Paulo: Saraiva.

Caixeta, S. V. (2005, 18 de julho). Assédio moral. *Correio Braziliense*, Direito & Justiça, p. 2.

Caliciotti, A. (1983). *Revolução, violência e ética.* São Paulo: Loyola.

Cameron, K. S., & Quinn, R. E. (2006). *Diagnosing and changing organizational culture: based on the competing values framework.* (The Jossey-Bass Business & Management Series). (Ed. rev.). San Francisco: Jossey-Bass.

Campos, I. C. M. (2012). Moral harassment at work model and inability. Work: A Journal of Prevention. *Assessment and Rehabilitation*, *41*, pp. 2060-2067.

Chamoux, A. et al. (2008). Dehydroepiandrosterone sulfate (DHEAS) and moral harassment at work. *Fundamental & clinical pharmacology*, 22, p. 12.

Champion, K., Vernberg, E., & Shipman, K. (2003). Nonbullying victims of bullies: aggression, social skills, and friendship characteristics. *Applied Developmental Psychology*, *24*, pp. 535–551.

Chappel, D. (1998). *Violence in the transportworkplace*. New Delhi: International Transport Workers Federation.

Chappel, D., & Di-Martino, V. (1999, April). Violence at work. *Asian-Pacific Newsletter on Occupational Health and Safety*, 6 (1), p. 1-7.

Chappel, D., & Di-Martino, V. (2000). *Violence at work* (2a ed.). Geneva: International Labour Office. (Obra original publicada em 1998).

Charon, J. M. (2002). *Sociologia* (5a ed. rev.). (L. T. Motta, Trad.). São Paulo: Saraiva. (Obra original publicada em 1996).

Clifford, J. (1998). *A experiência etnográfica: antropologia e literatura no século* XX. Rio de Janeiro: Editora UFRJ.

Código Civil. (2001). (6a ed.). São Paulo: Editora Revista dos Tribunais.

Código Penal. (1940). Recuperado em 6 março, 2009, de http://www.planalto.gov.br/CCIVIL/Decreto-Lei/Del2848compilado.htm.

Comblin, J. (2000). *O neoliberalismo: ideologia dominante na virada do século* (Desafios da Cultura, Série VI). Petrópolis: Vozes.

Consolidação das Leis Trabalhistas. (1943). Recuperado em 20 agosto, 2010, de https://www.planalto.gov.br/ccivil_03/decreto-lei/Del5452.htm.

Constituição da República Federativa do Brasil de 1988. (Série Legislação Brasileira). (4a ed.). (1990). São Paulo: Saraiva.

Coolidge, F. L., DenBoer, J. W., Segal, D. L. (2004). Personality and neuropsychological correlates of bullying behavior. *Personality and Individual Diferences, 36*, 1559-1569.

Costa, F. B. (2004). *Homens invisíveis: relatos de uma humilhação social.* São Paulo: Globo.

Cowie, H., Naylor, P., Rivers, I., Smith, P. K., & Pereira, B. (2002). Measuring workplace bullying.*Agression and Violent Behavior, 7*, pp. 33-51.

Craig, W. M. (1998). The relationship among bullying, victimization, depression, anxiety, and aggression in elementary school children. *Personality and Individual Diferences, 24* (1), pp. 123-130.

Crawshaw, L. (2009). Workplace bullying? Mobbing? Harassment? Distraction by thousand definitions. *Consulting Psychology Journal: Practice & Research*, 6(3), pp. 263-267.

Cuche, D. (2002). *A noção de cultura nas ciências sociais* (2a ed.). Bauru: EDUSC.

Cunha, A. G. (1986). *Dicionário etimológico Nova Fronteira da língua portuguesa* (2a ed. rev. e ampl.). Rio de Janeiro: Nova Fronteira. (Obra original publicada em 1982).

Darwin, C. R. (1961). *A origem das espécies.* Porto: Lello. (Obra original publicada em 1859).

Dejours, C., & Abdoucheli, E. (1994). Desejo ou motivação? A interrogação psicanalítica sobre o trabalho. In M. I. S. Betiol (Coord.). *Psicodinâmica do trabalho: contribuições da escola dejouriana à análise da relação prazer, sofrimento e trabalho.* (F. C. P. Motta, Trad.). (pp. 33-43). São Paulo: Atlas. (Obra original publicada em 1982).

Dejours, C & Abdoucheli, E. (1994). Itinerário teórico em psicopatologia do trabalho. In M. I. S. Betiol (Coord.). *Psicodinâmica do trabalho: contribuições da escola dejouriana à análise da relação prazer, sofrimento e trabalho* (D. M. R. Glina, Trad.). (pp. 119-145). São Paulo: Atlas. (Obra original publicada em 1990).

Dejours, C., & Bègue, F. (2010). *Suicídio e trabalho: o que fazer?* Brasília: Paralelo 15. (Obra original publicada em 2009).

Dejours, C. (1992). *A loucura do trabalho: estudo de psicopatologia do trabalho* (5a ed., 7a reimp.). (A. S. Paraguay & L. L. Ferreira, Trad.). São Paulo: Cortez/ Oboré. (Obra original publicada em 1980).

Dejours, C. (1998). Cómo formular una problemática de la salud en ergonomia y en medicina del trabajo. In D. Dessors & M. P. Guiho-Bailly (Comps.). *Organización del trabajo y salud: de la psicopatologia a la psicodinámica del trabajo* (I. Brousse, Trad.). (pp. 139-161) Buenos Aires: Lumen. (Obra original publicada em 1993).

Dejours, C. (2001). *A banalização da injustiça social* (4a ed.). (L. A. Monjardim, Trad.). Rio de Janeiro: Fundação Getúlio Vargas. (Obra original publicada em 1998).

Dejours, C. (2003). *O fator humano.* (4a ed.). Rio de Janeiro: FGV.

Dejours, C. (2004). Análise psicodinâmica das situações de trabalho e sociologia da linguagem. In S. Lancman & L. I. Snelwar (Orgs.). *Christophe Dejours: da psicopatologia à psicodinâmica do trabalho* (F. Soudant, Trad.). (pp. 197-241). Rio de Janeiro: Fiocruz; Brasília: Paralelo 15. (Obra original publicada em 1995).

Dejours, C. (2004). Epistemologia concreta e ergonomia. In F. Daniellou (Coord.). *A ergonomia em busca de seus princípios: debates epistemológicos* (B. Cunha, Trad.). (pp. 199-216). São Paulo: Edgard Blucher. (Obra original publicada em 1996).

Dejours, C. (2004). Sofrimento e prazer no trabalho: a abordagem pela psicopatologia do trabalho. In S. Lancman & L. I. Snelwar (Orgs.). *Christophe dejours: da psicopatologia à psicodinâmica do trabalho* (F. Soudant, Trad.). (pp. 141-163). Rio de Janeiro: Fiocruz; Brasília: Paralelo 15. (Obra original publicada em 1988).

Dejours, C. (2004a). Addendum: da psicopatologia à psicodinâmica do trabalho. In S. Lancman & L. I. Snelwar (Orgs.). *Christophe Dejours: da psicopatologia à psicodinâmica do trabalho.* (F. Soudant, Trad.). (pp. 47-104). Rio de Janeiro: Fiocruz; Brasília: Paralelo 15. (Obra original publicada em 1993).

Dejours, C. (2004b). Para uma clínica de mediação entre psicanálise e política: A psicodinâmica do trabalho. In S. Lancman & L. I. Snelwar (Org.). *Christophe Dejours: da psicopatologia à psicodinâmica do trabalho* (F. Soudant, Trad.). (pp. 165-194). Rio de Janeiro: Fiocruz; Brasília: Paralelo 15. (Obra original publicada em 1993).

Dejours, C., & Jayet, C. (1994). Psicopatologia do trabalho e organização real do trabalho em uma indústria de processo: metodologia aplicada a um caso. In M. I. S. Betiol (Coord.).

Psicodinâmica do trabalho: contribuições da escola dejouriana à análise da relação prazer, sofrimento e trabalho (M. I. S. Betiol, Trad.). (pp. 67-118). São Paulo: Atlas. (Obra original publicada em 1991).

Dejours, C., & Molinier, P. (2004). O trabalho como enigma. In S. Lancman & L. I. Snelwar (Orgs.). *Christophe Dejours: da psicopatologia à psicodinâmica do trabalho.* (F. Soudant, Trad.). (pp. 127-140). Rio de Janeiro: Fiocruz; Brasília: Paralelo 15. (Obra original publicada em 1994).

Dejours, C., Dessors, D., & Molinier, P. (1998). Para comprender la resitencia al cambio. In D. Dessors & M. P. Guiho-Bailly (Comps.). *Organización del trabajo y salud: de la psicopatologia a la psicodinámica del trabajo* (I. Brousse, Trad.). (pp. 193-212). Buenos Aires: Lumen.

Delpla, F. (2000). A segunda guerra mundial. In G. Perrault (Org.). *O livro negro do capitalismo.* (3a ed). (A. M. Duarte, E. Gonçalves, J. Caspurro & L. Figueiredo, Trad.). (pp. 97-124). Rio de Janeiro: Record. (Obra original publicada em 1995).

Demo, P. (1982). *Pesquisa participante: mito e realidade.* Brasília: Inep.

Denison, D. R. (1984). Bringing corporate culture to the bottom line. *Organizational Dynamics, 13*(2), pp. 4-22.

Denison, D. R., & Mishra, A. K. (1995, March/April). Toward a theory of organizational culture and effectiveness. *Organization Science,* 6(2), pp. 204-223.

Deppe, C., Holt, D., Tewksbury, J., Broberg, L., Petersen, J., & Wood, K. (2003, July). Effect of northern pygmy-owl (glaucidium gnoma) eyespots on avian mobbing. *Auk, 120*(3), pp. 765-771.

Desrochers, A., Belisle, M., & Bourque, J. (2002, November). Do mobbing calls affect the perception of predation risk by forest birds? *Animal Behaviour, 64*(5), pp. 709-714.

Di-Martino, V. (2002). Violence at the workplace: the global response. *African Newsletter on Occupational Health and Safety, 12* (1), pp. 4-7.

Di-Martino, V., Hoel, H., & Cooper, C. L. (2003). *Preventing violence and harassment in the workplace.* Ireland: European Foundation for the Improvement of Living and Working Conditions.

Dobb, M. (1987). *A evolução do capitalismo.* (9a ed.). (M. R. Braga, Trad.). Rio de Janeiro: Livros Técnicos e Científicos. (Obra original publicada em 1963).

Dupuis, J. P. (1996). Antropologia, cultura e organização: proposta de um modelo construtivista. In J. F. Chanlat (Coord.). *O indivíduo na organização: dimensões esquecidas* (Vol. 3, pp. 231-251). São Paulo: Atlas.

Durand, P. (2000). Sobre a origem das guerras e uma forma radical do capitalismo. In G. Perrault (Org). *O livro negro do capitalismo* (3a ed.). (A. M. Duarte, E. Gonçalves, J. Caspurro & L. Figueiredo, Trad.). (pp. 125-130). Rio de Janeiro: Record. (Obra original publicada em 1995).

Einarsen, S. (2000). Harassment and bullying at work: a review of the scandinavian approach. *Agression and Violent Behavior, 5*(4), pp. 379-401.

Einarsen, S. (2005). The nature, causes and consequences of bullying at work: the norwegian experience. *Pistes*, 7(3), pp. 1-14.

Elias, N. (1994a). *A sociedade dos indivíduos*. Rio de Janeiro: Zahar.

Elias, N. (1994b). *O processo civilizador*. Rio de Janeiro: Zahar.

Fenae (2006, maio/junho). Assédio moral: prejuízo à saúde física e psicológica dos trabalhadores. *Fenae Agora*, p. 29.

Ferreira, A. B. H. (1988). *Minidicionário Aurélio* (2a ed. rev. e ampl.). Rio de Janeiro: Nova Fronteira. (Obra original publicada em 1977).

Ferreira, A. B. H. (1999). *Novo Aurélio século XXI: o dicionário da língua portuguesa* (3a ed. rev. e ampl.). Rio de Janeiro: Nova Fronteira. (Obra original publicada em 1986).

Ferreira, M. C. (2003). O sujeito forja o ambiente, o ambiente "forja" o sujeito: mediação indivíduo-ambiente em ergonomia da atividade. In M. C. Ferreira & S. D. Rosso (Orgs.). *A regulação social do trabalho* (pp. 21-46). Brasília: Paralelo 15.

Ferreira, M. C. (2011). Qualidade de vida no trabalho. In A. D. Cattani & L. Holzmann (Orgs.). *Dicionário de trabalho e tecnologia* (2a ed.). (pp. 219-222). Porto Alegre: Zouk.

Ferreira, M. C. (2012). *Qualidade de vida no trabalho*: uma abordagem centrada no olhar dos trabalhadores. (2a ed. rev. ampl.). Brasília: Paralelo 15.

Ferreira, M. C., & Assmar, E. M. L. (2008). Cultura organizacional. In M. M. M. Siqueira *et at*. (Orgs.). *Medidas do comportamento organizacional: ferramentas de diagnóstico e gestão.* (pp. 125-138). Porto Alegre: Artemed.

Ferreira, M. C., & Mendes, A. M. (2003). *Trabalho e riscos de adoecimento: o caso dos auditores fiscais da previdência social brasileira.* Brasília: Edições Ler, Pensar, Agir.

Ferreira, M. C. (2004). Bem-estar: equilíbrio entre a cultura do trabalho prescrito e a cultura do trabalho real. In A. Tamayo (Org.). *Cultura e Saúde nas Organizações* (pp. 181-207). São Paulo: Artmed.

Fichtel, C., & Hammerschmidt, K. (2003, May). Responses of squirrel monkeys to their experimentally modified mobbing calls. *Journal-of-the-Acoustical-Society-of-America, 113*(5), pp. 2927-2932.

Ficken, M. S., & Popp, J. (1996, April). A comparative analysis of passerine mobbing calls. *Auk, 113*(2), pp. 370-380.

Fléchard, J. (2000). A grande guerra: 11.500 mortos e 13.000 feridos por dia ao longo de três anos e meio. In G. Perrault (Org.). *O livro negro do capitalismo* (3a ed.). (A. M. Duarte, E. Gonçalves, J. Caspurro & L. Figueiredo, Trad.). (pp. 67-90). Rio de Janeiro: Record. (Obra original publicada em 1995).

Fontainea, R., & Réveillère, C. (2004). Le bullying (ou victimisation) en milieu scolaire: description, retentissements vulnérabilisants et psychopathologiques: bullying at school: description, vulnerability and psychopathological repercussions. *Annales Médico Psychologiques, 162*, pp. 588-594.

Forsman, J. T., & Monkkonen, M. (2001, December). Responses by breeding birds to heterospecific song and mobbing call playbacks under varying predation risk. *Animal Behaviour, 62*(6), pp. 1067-1073.

Fox, S., & Stallworth, L. E. (2005). Racial/ethnic bullying: exploring links between bullying and racism in the US workplace. *Journal of Vocational Behavior, 66*, pp. 438-456.

Francis, A. M., Hailman, J. P., & Woolfenden, G. E. (1989, November). Mobbing by Florida scrub jays: Behaviour, sexual asymmetry, role of helpers and ontogeny. *Animal Behaviour, 38*(5), pp. 795-816.

Franco, M. L. P. B. (2003). *Análise de conteúdo* (Série Pesquisa em Educação). Brasília: Plano.

Frankenberg, E. (1981). The adaptive significance of avian mobbing: "Alerting others" and "perception advertisement" in blackbirds facing an owl. *Zeitschrift-fur-Tierpsychologie, 55*(2), pp. 97-118.

Freire, P. (1988). Criando métodos de pesquisa alternativa: aprendendo a fazê-la melhor através da ação. In C. R. Brandão (Org.). *Pesquisa Participante* (7a ed.). (W. A. Silva & P. Sarti, Trad.). (pp. 34-41). São Paulo: Brasiliense. (Obra original publicada em 1971).

Freire, P. (2005). *Pedagogia do oprimido.* (44a ed.). Rio de Janeiro: Paz e Terra.

Freitas, A. B. (1997). Traços para uma análise organizacional. In F. C. P. Motta & M. P. Caldas (Coords.). *Cultura organizacional e cultura brasileira.* (pp. 38-54). São Paulo: Atlas.

Freitas, M. E., Heloani, R., Barreto, M. (2008). *Assédio moral no trabalho.* (Coleção Debates em Administração). São Paulo: Cengage Learning.

Freud, A. (1968). *O ego e os mecanismos de defesa* (A. Cabral, Trad.). Rio de Janeiro: Biblioteca Universal Popular. (Obra original publicada em 1946).

Freud, S. (2010a). *O futuro de uma ilusão* Vol. 849. (Coleção L&PM Pocket). Porto Alegre: L&PM. (Obra original publicada em 1927).

Freud, S. (2010b). *O mal-estar na cultura* Vol. 850. (Coleção L&PM Pocket). Porto Alegre: L&PM. (Obra original publicada em 1930).

Frost, P. J., Moore, L. F., Louis, M. R., Lundberg, C. C., & Martin, J. (1985). *Organizational culture*. Beverly Hills: Sage.

Gajardo, M. (1986). *Pesquisa participante na América Latina* (T. Pellegrini, Trad.). São Paulo: Brasiliense.

Gajardo, M. (1987). Pesquisa participante: propostas e projetos. In C. R. Brandão (Org.). *Repensando a pesquisa participante* (3a ed.). (J. A. Simões, Trad.). (pp. 15-50). São Paulo: Brasiliense. (Obra original publicada em 1984).

Garret, A. (1974). *A entrevista: seus princípios e métodos*. (6a ed.). (M. M. Sampaio, G. I. A. Camargo, H. I. Junqueira, N. G. Kfouri & H. M. Faria, Trad.). Rio de Janeiro: Livraria Agir.

Gaskell, G. (2003). Entrevistas individuais e grupais. In M. W. Bauer & G. Gaskell (Orgs.). *Pesquisa qualitativa com texto, imagem e som: um manual prático* (2a ed.). (P. A. Guareschi, Trad.). (pp. 64-89). Petrópolis: Vozes. (Obra original publicada em 2000).

Geertz, C. (1976). *The religion of java*. Chicago: University of Chicago Press Edition. (Obra original publicada em 1960).

Geertz, C. (1989). *A interpretação das culturas.* Rio de Janeiro: LTC. (Obra original publicada em 1973).

Gianotten, V., & De Wit, T. (1987). Pesquisa participante em um contexto de economia camponesa. In C. R. Brandão (Org.). *Repensando a pesquisa participante.* (3a ed.). (pp. 158-188). São Paulo: Brasiliense. (Obra original publicada em 1980).

Goffman, E. (2008). *A representação do eu na vida cotidiana* (15a ed.). Petrópolis: Vozes. (Obra original publicada em 1964).

Gofin, R., Palti, H., & Gordon, L. (2002). Bullying in jerusalem schools: victims and perpetrators. *Public Health, 116*, pp. 173-178.

Gonçalves-Filho, J. M. (1998). Humilhação social: um problema político em psicologia. *Revista de Psicologia da USP, 9* (2), pp. 11-67.

Gonzalez-Trijeque, D., & Gómez, J. L. G. (2009). El acoso psicologico en el lugar de trabajo: prevalencia y analisis descriptivo en una muestra multiocupacional. *Psicothema Revista De Psicologia, 21*(2), pp. 288-293.

Griesser, M., & Ekman, J. (2005). Nepotistic mobbing behaviour in the siberian jay: perisoreus infaustus. *Animal Behaviour, 69*, pp. 345-352.

Griffin, R. S., & Gross, A. M. (2004). Childhood bullying: current empirical findings and future directions for research. *Agression and Violent Behavior, 9*, pp. 379-400.

Guedes, M. N. (2003). *Terror psicológico no trabalho.* São Paulo: LTr.

Guérin, F., Laville, A., Daniellou, F., Duraffourg, J., & Kerguelen, A. (2001). *Compreender o trabalho para transformá-lo: a prática da ergonomia* (G. Ingratta & M. Maffei, Trad.). São Paulo: Edgard Blücher. (Obra original publicada em 1997).

Guimarães, S. P. (2003). Globalização, guerra e violência. In A. Novaes (Org.). *A crise do estado nação.* (pp. 483-519). Rio de Janeiro: Civilização Brasileira.

Hansena, A. M., Hogha, A., & Perssona, R. (2011, January). Frequency of bullying at work, physiological response, and mental health. *Journal of Psychosomatic Research, 70*(1), pp. 19-27.

Harguette, T. M. F. (2001). *Metodologias qualitativas na sociologia* (8a ed.). Petrópolis: Vozes. (Obra original publicada em 1987).

Hatch, M. J. (1993). The dynamics of organizational culture. *Academy of Management Review*, *18*(4), pp. 657-693.

Hatch, M. J., & Schultz, M. (1997). Relations between organizational culture, identity and image. *European Journal of Marketing*, *31*(5), pp. 356-365.

Hebdige, D. (1979). *Subculture: the meaning of style.* London: Methuen & Co.

Heloani, J. R. M. (2003, agosto/outubro). Violência invisível. *Revista RAE*, *2*(3), pp. 57-61.

Heloani, J. R. M. (2004, janeiro/junho). Assédio moral: um ensaio sobre a expropriação da dignidade no trabalho. *RAE-eletrônica*, *3*(1), Art. 10. Disponível em: http://www.rae.com.br.

Heloani, J. R. M. (2008). Contribuições da psicologia do trabalho em casos de assédio moral. In L. A. P. Soboll (Org.). *Violência psicológica e assédio moral no trabalho: pesquisas brasileiras*. (pp. 95-104). São Paulo: Casa do Psicólogo.

Henderson, J. L. (n.d.). Os mitos antigos e o homem moderno. In C. G. Jung (Org.). *O homem e seus* símbolos (3a ed.). (pp. 104-157). Rio de Janeiro: Nova Fronteira.

Herrera, F. (1977). Introdução às políticas culturais. In F. Herrera, M. Diégues-Jr., & B. SILVA. *Novas frentes de promoção da cultura*. (Série Informação e Comunicação). (pp. 220-238). Rio de Janeiro: Fundação Getúlio Vargas: MEC/DAC.

Herskovits, M. J. (1948). *Man and his works: the science of cultural anthropology*. New York: Alfred A. Knopf.

Hirigoyen, M. F. (2002). *Mal-estar no trabalho: redefinindo o assédio moral* (R. Janowitzer, trad.) Rio de Janeiro: Bertrand Brasil. (Obra original publicada em 2001).

Hirigoyen, M. F. (2003). *Assédio moral: a violência perversa no cotidiano* (M. H. Kühner, Trad.). Rio de Janeiro: Bertrand Brasil. (Obra original publicada em 1998).

Hobsbawm, E. J. (1996). *A era do capital: 1848-1875* (2a impr., 5a ed. rev.). (L. C. Neto, Trad.). Rio de Janeiro: Paz e Terra. (Obra original publicada em 1979).

Hoebel, E. A. (1972). A natureza da cultura. In H. L. Shapiro. *Homem, cultura e sociedade*. (pp. 208-222). Rio de Janeiro: Editora Fundo de Cultura.

Hoebel, E. A., & Frost, E. L. (1976). *Antropologia cultura e social*. São Paulo: Cultrix.

Hoel, H., Sparks, K., & Cooper, C. L. (2001). *The cost of violence/stress at work and the benefits of a violence/stress-free working environment.* Geneva: International Labour Organization.

Hofstede, G. (1980). *Culture's consequences: international differences in work related values.* Beverly Hills: Sage.

Houaiss, A. (2001). *Dicionário Houaiss da língua portuguesa.* Rio de Janeiro: Objetiva.

Hulya, G. (2009). An Important Psychosocial Risk in Occupational Health: Mobbing. *Preventive Medicine Bulletin, 8*(6), pp. 515-520.

Iida, I. (1997). *Ergonomia: projeto e produção.* São Paulo: Edgard Bücher. (Obra original publicada em 1990).

Jacobs, J. L. (2000, May). Preventing Workplace*Violence. Surgical Services Management,* 6(5), pp. 42-46.

Jung, C. G. (1985). *Mysterium coniunctionis: pesquisas sobre a separação e a composição dos opostos na alquimia.* (Obras completas de C. G. Jung, Vol. XIV/1). Petrópolis: Editora Vozes.

Jung, C. G. (1986a). *Natureza da psique* (2a ed.). (Obras completas de C. G. Jung, Vol. VIII/2). Petrópolis: Editora Vozes.

Jung, C. G. (1986b). *Símbolos da transformação: análise dos prelúdios de uma esquizofrenia.* (Obras completas de C. G. Jung, Vol. V). Petrópolis: Editora Vozes.

Kaltiala-Heino, Matti-Rimpelä, Rantanen & Arja-Rimpelä (2000). Bullying at school: an indicator of adolescents at risk for mental disorders. *Jornal of adolescence, 23*, pp. 661-674.

Kennedy, D. B. (2000). Workplace Violence. In *Encyclopedia of criminology*. Chicago: Fitzroy Dearborn Publishers.

Kingma, M. (2001). Workplace violence in the health sector: a problem of epidemic proportion. *International Council of Nurses, 48*, pp. 129-130.

Kingma, M. (2001). Workplace violence in the health sector: a problem of epidemic proportion.*International Council of Nurses,*48, pp. 129-130.

Komarovsky, M., & Sargent, S. (1949). Research into sub-cultural influences upon personality. In S. SARGENT & M. SMITH (Eds.). *Culture and Personality*. (pp. 123-147). New York: The Viking Fund.

Kondro, W. (2000, September 23). Canadian scientists vindicated over whistleblowing. *The Lancet,* 356, 1091.

Kroeber, A. L. (1948). *Anthropology: race, language, culture, psychology and prehistory*. New York: Harcourt, Brace and Company.

Kroeber, A. L., & Kluckhohn, C. (1952). *Culture: a critical review of concepts and definitions*. New York: Vintage Books.

Krull, A. (1996, October). Whistleblowers and informants (Part 2). *Computers Fraud & Security*, pp. 7-11.

Kumpulainen, K., & Räsänen, E. (2000). Children involved in bullying at elementary school age: their psychiatric symptoms and deviance in adolescence: an epidemiological sample.*Child Abuse & Neglet, 24*(12), 1567-1577.

Lac, G., Dutheil, F., Brousse, G., Triboulet-Kelly, C., & Chamoux, A. (2012). Saliva DHEAS changes in patients suffering from psychopathological disorders arising from bullying at work. *Brain and Cognition*, pp. 80-277-281.

Lakatos, E. M. (1985). *Sociologia Geral* (5a ed. rev. ampl.). São Paulo: Atlas.

Laplantine, F. (2000). *Aprender antropologia* (M. Chauvel, Trad.). São Paulo: Brasiliense. (Obra original publicada em 1988).

Laraia, R. B. (2004). *Cultura: um conceito antropológico* (17a ed.). (Coleção Antropologia Social). Rio de Janeiro: Zahar.

Laurentiis, D., & Schumacher, M. (Produtores), & Ratner, B. (Diretor). (2002). *Red Dragon* (Filme). Los Angeles: Universal Pictures.

Laurentiis, D., & Schumacher, M. (Produtores), & Scott, R (Diretor). (2001). *Hannibal* (Filme). Los Angeles: Universal Pictures.

Lavigne, E., & Bourbonnais, R. (2010). Psychosocial work environment, interpersonal violence at work and psychotropic drug use among correctional officers. *International Journal of Law and Psychiatry, 33*(2), pp. 122-129.

Laville, C., & Dionne, J. (1999). *A construção do saber: manual de metodologia da pesquisa em ciências humanas* (H. Monteiro & F. Settineri, Trad.). Porto Alegre: Artmed; Belo Horizonte: Editora UFMG. (Obra original publicada em 1997).

Le Boterf, G. (1987). Pesquisa participante: propostas e reflexões metodológicas. In C. R. Brandão (Org.). *Repensando a pesquisa participante* (3a ed.). (M. F. S. Francisco, Trad.).

(pp. 51-81). São Paulo: Brasiliense. (Obra original publicada em 1980).

Le Guillant, L., Roelens, Begoin, Béquart, Hausen, & Lebreton (1984). La névrose des téléphonistes. In L. Guillant (Org.). *Quelle psyquiatrie pour notre temps? Travaux e écrits de louis le guillant*. (pp. 379-391). Toulouse: Erès. (Obra original publicada em 1956).

Lei n. 8112, de 11 de dezembro de 1990. (1991). Dispõe sobre o Regime Jurídico dos Servidores Públicos Civis da União, das Autarquias e das Fundações Públicas Federais. *Diário Oficial da União*.

Lenhard, R. (1988). *Sociologia Geral (Manuais de Estudos)* (7a ed.). São Paulo: Pioneira.

Lévi-strauss, C. (1978). *Mito e significado*. (Colecção Perspectivas do Homem). Lisboa: Edições 70.

Leymann, H. (1996). *La persécution au travail* (E. Jacquemot, Trad.). Paris: Seuil. (Obra original publicada em 1993).

Leymann, H. (2000). *The mobbing encyclopaedia*. Disponível em: http://www.leymann.se.

Linton. R. (1972). O Indivíduo, a cultura e a sociedade. In F. H. Cardoso & O. IANNI. *Homem e sociedade: leituras básicas de sociologia geral* (7a ed.). (pp. 98-102). São Paulo: Cia. Editora Nacional.

Lodi, J. B. (1991). *A entrevista: teoria e prática* (7a ed.). São Paulo: Pioneira. (Obra original publicada em 1970).

Lorenz, K. (2001). *A agressão: uma história natural do mal* (I. Tamen, Trad.). Lisboa: Relógio d'Água Editores. (Obra original publicada em 1963).

Lowie, R. H. (1937). *The history of ethnological theory*. New York: Farrar & Rinehart.

Luft, C. P. (1984). *Pequeno dicionário da língua portuguesa* (2a ed.). São Paulo: Scipione.

Machado, J. P. (1977). *Dicionário etimológico da língua portuguesa* (3a ed.). Lisboa: Horizonte.

Macintosh, J., Wuest, J., Gray, M. M., & Aldous, S. (2010). Effects of workplace bullying on how women work. *Western journal of nursing research, 32*(7), pp. 910-931.

Magdoff, H. (1979). *Imperialismo: da era colonial ao presente* (R. Jungman, Trad.). Rio de Janeiro: Zahar (Obra original publicada em 1978).

Maklakov, A. (2002, October). Snake-directed mobbing in a cooperative breeder: Anti-predator behaviour or self-advertisement for the formation of dispersal coalitions? *Behavioral Ecology and Sociobiology, 52*(5), pp. 372-378.

Malinowski, B. (1962). *Uma teoria científica da cultura*. Rio de Janeiro: Zahar.

Malinowski, B. (1976). *Argonautas do Pacífico Ocidental* Vol. XLIII. (Os Pensadores). (A. P. Carr & L. A. Cardieri, Trad.). São Paulo: Abril Cultural e Industrial. (Obra original publicada em 1922).

Marconi, M. A., & Lakatos, E. M. (1999). *Técnicas de pesquisa.* (4a ed. rev. ampl.). São Paulo: Atlas. (Obra original publicada em 1985).

Marconi, M. A., & Presotto, A. M. N. (2006). *Antropologia: um introdução* (6a ed.). São Paulo, Atlas.

Martin, W., & La Van, H. (2010). Workplace bullying: a review of litigated cases. *Employee Responsibilities and Rights Journal, 22*(3), pp. 175-194.

Martiningo-Filho, A., & Siqueira, M. V. S. (2008). Assédio moral e gestão de pessoas: uma análise do assédio moral nas organizações e o papel da área de gestão de pessoas. *Revista de Administração Mackenzie, 9*(5), pp. 11-34.

Marx, K. (2003). *O capital: crítica da economia política* (Livro I, Vols. 1-2). (21a ed.). (R. SantAnna, Trad.). Rio de Janeiro: Civilização Brasileira. (Obra original publicada em 1890).

Marx, K & Engels, F. (2003). *Manifesto do partido comunista* (Coleção A Obra-prima de Cada Autor, 44). (P. Nassettii, Trad.). São Paulo: Martin Claret. (Obra original publicada em 1848).

Mathisen, G. E., Einarsen, S., & Mykletun, R. (2011). The relationship between supervisor personality, supervisors' perceived stress and workplace bullying. *Journal of business ethics, 99*(4), pp. 637-651.

McAfee, R. B., Deadrick, D. L., & Kezman, S. W. (1999, March/April). Workplace harassment: Employees vs. costumers. *Business Horizons*, pp. 79-84.

McDonald, S., & Ahern, K. (2000, November/December). The professional consequences of whistleblowing by nurses. *Journal of Professional Nursing, 16*(6), pp. 313-321.

Mead, M. (1930). *Growing up in new guinea: a comparative study of primitive education.* New York: Blue Ribbon Books.

Mello, A. F. (1999). *Marx e a globalização.* São Paulo: Boitempo.

Mendes, A. M. (1999). *Valores e vivências de prazer-sofrimento no contexto organizacional.* Tese de doutorado, Universidade de Brasília, Brasília, DF, Brasil.

Mendes, A. M. (2007). Pesquisa em psicodinâmica: a clínica do trabalho. In A. M. Mendes (Coord.). *Psicodinâmica do trabalho: teoria, método e pesquisas.* (pp. 65-87). São Paulo: Casa do Psicólogo.

Mendes, A. M., & Ferreira, M. C. (2004). Gestão de pessoas focada na qualidade de vida no trabalho: bem-estar, uma tarefa de todos. In Banco Central do Brasil (Org.). *1º Fórum de qualidade de vida: trabalhando e vivendo com qualidade.* (pp. 3-8). Brasília: Banco Central do Brasil.

Mendes, A. M., & Morrone, C. (2002). Vivências de prazer-sofrimento e saúde psíquica no trabalho: Trajetória conceitual e empírica. In A. M. Mendes, L. O. Borges & M. C. Ferreira (Orgs.). *Trabalho em transição, saúde em risco.*(pp. 25-42). Brasília: Editora Universidade de Brasília.

Mendes, R., & Dias, E. C. (1991). Da medicina do trabalho à saúde do trabalhador. *Revista Saúde Pública, 25*(5), 341-349.

Mészáros, I. (2005). *A educação para além do capital* (Coleção Mundo do Trabalho) (I. Tavares, Trad.). São Paulo: Boitempo. (Obra original publicada em 2004).

Michaelis (1998). *Moderno dicionário da língua portuguesa.* São Paulo: Companhia Melhoramentos. (Obra original publicada em 1962).

Michaelis (2001). *Dicionário prático: inglês*. São Paulo: Melhoramentos.

Morgan, G. (2006). *Images of organization.* Updated Ed. California: Sage.

Morus, T. (1966). *A utopia* (22a ed.). (L. Andrade, Trad.). Rio de Janeiro: Ediouro. (Obra original publicada em 1516).

Murdock, G. P. (1972). Como a cultura se modifica. In H. L. Shapiro. *Homem, cultura e sociedade.* (pp. 292-307). Rio de Janeiro: Editora Fundo de Cultura.

Nascentes, A. (1955). *Dicionário etimológico da língua portuguesa.* Rio de Janeiro: Jornal do Comércio.

Naylor, P., & Cowie, H. (1999). The effectiveness of peer support systems in challenging school bullying: the perspectives and experiences of teachers and pupils. *Journal of Adolescence,* 22, pp. 467-479.

Neumann, E. (n.d.). *História da origem da consciência.* São Paulo: Cultrix.

Newman, M. L., Holden, G. W., & Delville, Y. (2005). Isolation and the stress of being bullied.*Journal of Adolescence, 28*, pp. 43–357.

Nolfe, G., Petrella, C., Zontini, G., Uttieri, S., & Nolfe, G. (2010, November). Association between bullying at work and mental disorders: gender differences in the Italian people. *Social Psychiatry and Psychiatric Epidemiology, 45*(11), pp. 1037-1041.

Nolfe, G., Triassi, M., Cappuccio, A. Carbone, U., & Nolfe, G. (2012). The naples-questionnaire of work distress (nQ-WD): bullying at workplace, organizational dysfunctions and bio-psycho-social effects. *Open Journal of Psychiatry*. *2*(1), pp. 77-81.

Nova, S. V. (2000). *Introdução à sociologia* (5a ed. rev. aum.). São Paulo: Atlas. (Obra original publicada em 1992).

O'Reilly, C. A., Chatman, J., & Caldwell, D. F. (1991). People and organizational culture: a profile comparison approach to assessing person-organization fit. *Academy of Management Journal*, *34*(3), pp. 487-516.

Odalia, N. (1983). *O que é violência?* (Coleção Primeiros Passos). São Paulo: Brasiliense.

Oliveira, P. S. (2001). *Introdução à sociologia*. São Paulo: Ática.

Oliveira, R. D., & Oliveira, M. D. (1988). Pesquisa social e ação educativa: conhecer a realidade para poder transformá-la. In C. R. Brandão (Org.). *Pesquisa Participante*. (7a ed.). (pp. 17-33). São Paulo: Brasiliense. (Obra original publicada em 1978).

Ortega, A., Christensen, K. B., Hogh, A., Rugulies, R., & Borg, V. (2011). One-year prospective study on the effect of workplace bullying on long-term sickness absence. *Journal of nursing management, 19*(6), pp. 752-759

Ostreiher, R. (2003). Is mobbing altruistic or selfish behaviour? *Animal Behaviour,* 66(1), pp. 145–149.

Ott, J. S. (1989). *The organizational culture perspective.* Chicago: Dorsey Press.

Ovejero, A., Yubero, S., & Moral, M. V. (2011). Acoso laboral: un enfoque psicosocial. *Behavioral Psychology/Psicologia Conductual,* *19*(1), 183-205.

Paradiso, J. (2002). Prefácio à edição brasileira. In N. Angell (Org.). *A grande ilusão* (Clássicos IPRI, 6). (S. Bath, Trad.). (pp. IX-L). Brasília: Editora Universidade de Brasilia; São Paulo: Imprensa Oficial do Estado de São Paulo. (Obra original publicada em 1910).

Paraire, P. (2000a). Economia servil e capitalismo: um balanço quantificável. In G. Perrault (Org). *O livro negro do capitalismo* (3a ed.). (A. M. Duarte, E. Gonçalves, J. Caspurro & L. Figueiredo, Trad.). (pp. 47-58). Rio de Janeiro: Record. (Obra original publicada em 1995).

Paraire, P. (2000b). Os mortos vivos da globalização. In G. Perrault (Org). *O livro negro do capitalismo.* (3a ed.). (A. M. Duarte, E. Gonçalves, J. Caspurro & L. Figueiredo, Trad.). (pp. 463-481). Rio de Janeiro: Record. (Obra original publicada em 1995).

Pavey, C. R., Smyth, A. K. (1998, February). Effects of avian mobbing on roost use and diet in powerful owls: Ninox strenua. *Animal-Behaviour,* *55*(2), pp. 313-318.

Peterson, L., & Rigby, K. (1999). Countering bullying at an Australian secondary school with students as helpers. *Journal of Adolescence, 22*, pp. 481-492.

Piñuel y Zabala, I. (2003). *Mobbing: como sobreviver ao assédio psicológico no trabalho*. (A. A. Machado, Trad.). São Paulo: Edições Loyola. (Obra original publicada em 2001).

Plum, W. (1979). *Relatos de operários sobre os primórdios do mundo moderno do trabalho: aspectos sociais e culturais da industrialização*. Bonn: Friedrich-Ebert-Stiftung.

PNDU (2004). Relatório do Desenvolvimento Humano do Programa das Nações Unidas para o Desenvolvimento – 2004. Disponível em: http://www.pnud.org.br/pobreza_desigualdade/reportagens/index.php?id01= 526&lay=pde.

Powell, T. C. (1992). Organizational alignment as a competitive advantage. *Strategic Management Journal*, *13*, pp. 119-134.

Randall, L. M., & Coakley, L. A. (1998). Building successful partnerships in Russia and belarus: the impact of culture on strategy. *Business Horizons*, *41*(2), pp. 15-22.

Ribeiro, D. (1996). *Diários índios: os urubus-kaapor*. São Paulo: Companhia das Letras.

Richardson, R. J., Peres, J. A. S., Wanderley, J. C. V., Correia, L. M., & Peres, M. H. M. (1999). *Pesquisa social: métodos e técnicas* (3a ed. rev. e amp.). São Paulo: Atlas. (Obra original publicada em 1985).

Rigby, K., & Cox, I. (1996). The contribution of bullying at school and low self-esteem to acts of delinquency among australian teenagers. *Personality and Individual Diferences,* 21(4), 609-612.

Roberts, M. (1988, February). Schoolyard Menace: millions of bullies are making life miserable for millions of defenseless victims. What makes them mean? *Psychology Today,22*(2), pp. 52-56.

Rodrigues, A., Assmar, E. M. L., & Jablonski, B. (2001). *Psicologia Social* (20a ed.). Petrópolis: Vozes. (Obra original publicada em 1972).

Rodríguez-Carballeira, A., Escartín, J. S., Visauta, B. V., Porrúa, C. G., & Martín-Peña, J. (2010). Categorization and hierarchy of workplace bullying strategies: a Delphi survey. *Spanish Journal of Psychology, 13*(1), pp. 297-308.

Rodriguez-Munoz, A, Notelaers, G., & Moreno-Jimenez, B. (2011). Workplace bullying and sleep quality: the mediating role of worry and need for recovery. *Behavioral Psychology-psicologia Conductual, 19*(2), pp. 453-468.

Roscigno, V. J., Lopez, S. H., & Hodson, R. (2009, March). Supervisory Bullying, Status Inequalities and Organizational Context. *Social Forces, 87*(3), pp. 1561-1589.

Salinas, S. S. (1997). *Do feudalismo ao capitalismo: transições.* (16a ed.). São Paulo: Atual. (Obra original publicada em 1994).

Salmivalli, C. (1999). Participant role approach to school bullying: implications for interventions. *Journal of Adolescence,* 22, pp. 453-459.

Santos, J. L. (1994). *O que é cultura.* (14a ed.). (Coleção Primeiros Passos, 110). São Paulo: Brasiliense.

Sapir, E. (1921). *Language: an introduction to the study of speech.* New York: Harcourt, Brace and Company.

Saraiva, F. R. S., & Quicherat, L. M. (2000). *Novíssimo dicionário latino-português.* (11a ed.). Rio de Janeiro: Garnier. (Obra original publicada em 1927).

Sato, L., & Souza, M. P. R. (2001). Contribuindo para desvelar a complexidade do cotidiano através da pesquisa etnográfica em psicologia. *Psicologia USP, 12*(2), pp. 29-47.

Schein, E. H. (1990). Organizational culture. *American Psychologist, 45*, pp. 109-119.

Schein, E. H. (1995). The Role of the Founder in Creating Organizational Culture. *Family Business Review, 8*(3), pp. 221-238.

Schein, E. H. (2004). *Organizational culture and leadership.* (3a ed.). (The Jossey-Bass Business & Management Series). San Francisco: Jossey-Bass.

Schulke, O. (2002, April). Social anti-predator behaviour in a nocturnal lemur. *Folia-Primatologica,* 72(6), pp. 332-334.

Schuster, B. (1996). Rejection, exclusion, and harassment at work and in schools: An integration of results from research on mobbing, bullying, and peer rejection. *European Psychology,* 1(4), pp. 293-317.

Sheed, D. (1982, April). Seasonal variation and function of mobbing and related antipredator behaviors of the american robin (turdus migratorius). *Auk, 99*(2), pp. 342-346.

Silva N., & Zanelli, J. C. (2007). Cultura Organizacional. In J. C. ZANELLI, J. E. BORGES-ANDRADE & A. V. B. BASTOS. *Psicologia, organizações e trabalho no brasil.* (1a reimpr.). (pp. 407-442). Porto Alegre: Artemed.

Silva, M. O. S. (1991). *Refletindo a pesquisa participante*. (2a ed. rev. ampl.). São Paulo: Cortez. (Obra original publicada em 1986).

Smith, A. (1985). *A riqueza das nações: investigando sobre sua natureza e suas causas* (Os economistas, Vol. I). (2a ed). (L. J. Baraúna, Trad.). São Paulo: Nova Cultural. (Obra original publicada em 1776).

Soares, L. Q., & Ferreira, M. C. (2006). Investigando o assédio moral no trabalho: avaliação da qualidade das relações sociais de trabalho. In *Anais, II Congresso da Sociedade Brasileira de Psicologia Organizacional e do Trabalho*, 2006, Brasília, DF.

Sodré, M. (2002). *Sociedade, mídia e violência* (Coleção Comunicação, 22). Porto Alegre: Sulina/ Edipurcrs.

Soljan, I, Josipovic-Jelic, Z & Kis, A. J. (2008). Workplace mobbing. *Arhiv za higijenu rada i toksikologiju*, 59(1), pp. 37-42.

Sourander, S., & Helstelä, L (2000). Persistence of bullying from childhood to adolescence: A longitudinal 8-year follow-up study.*Child Abuse & Neglect, 24*(7), pp. 873–881.

Sperry, L. (2009a). Workplace mobbing and bullying: a consulting psychology perspective and overview. *Consulting Psychology Journal: Practice and Research, 61*(3), pp. 165-168.

Sperry, L. (2009b). Mobbing and bullying: the influence of individual, work group, and organizational dynamics of abusive workplace behavior. *Consulting Psychology Journal: Practice and Research, 61*(3), pp. 190-201.

Srivastava, A. (1991). Cultural transmission of snake-mobbing in free-ranging Hanuman langurs.*Folia-Primatologica, 56*(2), pp. 117-120.

Stevens, V., Oost, P. V., & Bourdeaudhuij, L. (2000). The effects of an anti-bullying intervention programme on peer's attitudes and behavior. *Journal of Adolescence, 23*, pp. 21-34.

Stocking-Júnior, G. W. (1966, August). Franz boas and the culture concept in historical perspective. *American Anthropologist*, *68*(4), pp. 867–882.

Stoetzel, J. (1972). *Psicologia Social* (Iniciação Científica, Vol. 29). (2a ed.). (H. C. Campos, Trad.). São Paulo: Companhia Editorial Nacional. (Obra original publicada em 1963).

Surret-Canale (2000). As origens do capitalismo: Séculos XV a XIX. In G. Perrault (Org.). *O livro negro do capitalismo*. (3a ed.). (A. M. Duarte, E. Gonçalves, J. Caspurro & L. Figueiredo, Trad.). (pp. 23-45). Rio de Janeiro: Record. (Obra original publicada em 1995).

Theriot, M. T., Dulmus, C. N., Sowers, K. M., & Johnson, T. K. (2005). Factors relating to self-identification among bullying victims. *Children and Youth Services Review*, 27, pp. 979–994.

Thiollent, M. (1986). *Metodologia da pesquisa-ação* (Coleção Temas Básicos de Pesquisa-ação).(2a ed.). São Paulo: Cortez. (Obra original publicada em 1985).

Thiollent, M. (1987). Notas para o debate sobre pesquisa-ação. In C. Brandão (Org.). *Repensando a pesquisa participante*. (3a ed.). (pp. 82-103). São Paulo: Brasiliense. (Obra original publicada em 1982).

Thiollent, M. (1997). *Pesquisa-ação nas organizações*. São Paulo: Atlas.

Toblin, R. L, Schwartz, D, Gorman, A. H., & Abou-ezzeddine, T. (2005). Social-cognitive and behavioral attributes of aggressive victims of bullying. *Applied Developmental Psychology*, 26, pp. 329-346.

Tuckey, M. R., Chrisopoulos, S., & Dollard, M. F. (2012). Job demands, resource deficiencies, and workplace harassment: Evidence for micro-level effects. International *Journal of Stress Management, 19*(4), 292-310.

Turner, J. H. (1999). *Sociologia: conceitos e aplicações* (M. M. G. Navas, Trad.). São Paulo: Makron Books. (Obra original publicada em 1994).

Tylor, E. B. (1874). *Primitive culture: researches into the development of mythology, philosophy, religion, language, art and costum* (Vol. I). (2a ed.). New York: Henry Holt and Company.

Tylor, E. B. (1881). *Anthropology: an introduction to the study of man and civilization*. New York: D. Appleton and Company.

Utt, Saxon, Bozman (Produtores) & Demme, J. (Diretor). (1991) *The silence of the lambs* (Filme). Los Angeles: Orion Pictures Corporation.

Vickers, M. (2010). Introduction: bullying, mobbing, and violence in public service workplaces: the shifting sands of "acceptable" violence. *Administrative Theory & Praxis, 32*(1), pp. 7-24.

Vie, T. L., Glasø, L., & Einarsen, S. (2012). How does it feel? Workplace bullying, emotions and musculoskeletal complaints. *Scandinavian Journal of Psychology, 53*, pp. 165-173.

Vieth, W., Curio, E., & Ernst, U. (1980, November). The adaptive significance of avian mobbing: cultural transmission of enemy recognition in blackbirds: cross-species tutoring and properties of learning. *Animal Behaviour, 28*(4), pp. 1217-1229.

Weber, M. (2004). *Economia e sociedade: fundamentos da sociologia compreensiva* (Vol. 1). (4a ed.) (R. Barbosa & K. E. Barbosa, Trad.). Brasília: Editora Universidade de Brasília; São Paulo: Imprensa Oficial do Estado de São Paulo. (Obra original publicada em 1922).

Weick, K. E. (1987). Organizational culture as a source of hich-reability. *California Management Review*, *29*(2), pp. 112-127.

White, L. A. (2009). *O conceito de cultura.* Rio de Janeiro: Contraponto.

Wilkins, A. L., & Ouchi, W. G. (1983). Efficient cultures: exploring the relationship between culture and organizacional perfomance. *Administrative Science Quarterly*, 28, pp. 468-481.

Willard, C. (2000). 1871: Traição de classe e semana sangrenta. In G. Perrault (Org.). *O livro negro do capitalismo* (3a ed.). (pp. 23-45). (A. M. Duarte, E. Gonçalves, J. Caspurro & L. Figueiredo, Trad.). Rio de Janeiro: Record. (Obra original publicada em 1995).

Williams, F. (2006, 15 de junho). Violence in the workplace: An "epidemic". *Financial Times.* Disponível em: http://www.ft.com/home/us.

Woods, S., & White, E. (2005). The association between bullying behaviour, arousal levels and behaviour problems. *Journal of Adolescence,* 28, pp. 381-395.

Woods, S., & Wolke, D. (2004). Direct and relational bullying among primary school children and academic achievement. *Journal of School Psychology,* 42, pp. 135-155.

Ximenes, S. (1999). Minidicionário Ediouro. (6a ed.). Rio de Janeiro: Ediouro.

Yin, R. K. (2005). *Estudo de caso: planejamento e métodos* (3a ed.). (D. Grassi, Trad.). Porto Alegre: Bookman. (Obra original publicada em 1984).

Yinger, J. M. (1960, October). Contraculture and subculture. *American Sociological Review, 25*(5), pp. 625-647.

Zaentz, S. (Produtor) & Forman, M. (Diretor). (1984). *Amadeus* (Filme). Los Angeles: Orion Pictures Corporation.